한눈에 꿰뚫는
세계지명
도감

지도로
읽는다

한눈에 꿰뚫는
세계지명
도감

21세기연구회 지음
김미선 옮김

이다미디어

차례

6장 · 유대인의 이산과 아랍인의 진격

7장 · 신세계 아메리카의 지명은 어떻게 만들었나?

지명의 역사를 알면
세계의 역사가 보인다

고대 그리스인은 이국의 민족을 바르바로이라고 불렀다

　지명은 한 나라의 운명을 예언하기도 한다. 동유럽의 중앙부에 자리한 폴란드의 국명은 옛 슬라브어로 '평평한 대지'라는 뜻을 지니고 있다. 평화로운 시대에는 이것이 농경에 적합한 평탄한 대지를 가리키지만, 유럽과 같이 많은 나라가 서로 국경을 마주하는 지역에서는 어디서든 쉽게 침입할 수 있는 지정학적 위치를 의미한다.

　1939년 9월 1일에 갑자기 국경을 넘어 침입한 나치 독일군과 구소련군에 의해 폴란드는 겨우 4주 만에 점령당하고 분할되었다. '평평한 대지의 나라'는 1795년의 첫 번째 망국에 이어 두 번째로 식민지가 되는 운명을 맞이했다.

　고대 그리스인은 언어가 통하지 않는 이국의 야만 민족을 바르바

폴란드의 모즈나 동화성, 세계에서 가장 아름다운 성 중 하나로 99개의 탑이 있다. ©
Poconaco, W–C

로이barbaroi라고 불렀다. 현재 북아프리카에 분포하는 베르베르인이
바르바로이의 역사를 민족명으로 계승하고 있다. 이 명칭은 3~4세
기에 절세 미녀로 전해지는 처녀 순교자의 이름이기도 한 '바르바라'
로 바뀌었다. 바르바라의 순교를 통해, 이국에 포교하는 것이 얼마나
힘들었는지를 짐작할 수 있다.

그리스도교가 유럽과 신대륙 미국으로 전해지면서 원래 야만인을
가리켰던 이 이름은 아름다운 성녀를 가리키는 것으로 바뀌었다. 그
리고 오늘날에 이르러서는 뜻밖의 대상을 가리키는 이름으로 전이되
었다. 바로 여성 이름인 '바버라'의 애칭으로 불리며, 어린이들에게
꿈을 안겨주는 장난감 '바비' 인형이다.

블라디보스토크의 골든 혼, 2014년, © Роберт Рэй, W—C

'동방을 정복하라'라는 뜻을 담고 있는 블라디보스토크

마다가스카르섬과 같이 마르코 폴로가 잘못 들었거나 오해해서 붙여진 이름도 있다. 그리고 오스트레일리아가 고대 그리스 시대에는 상상 속의 대륙 이름이었다는 점을 생각하면 지명은 우리에게 역사의 불가사의한 감동을 느끼게 해준다.

지명의 역사를 공부한다는 것은 우리에게 즐거운 시간 여행을 체험하게 해준다. 예를 들어, 지금 리무진을 타고 프랑스 파리를 여행한다고 하면 멋진 거리를 우아하게 돌아다니는 것을 상상할 것이다. 그러나 2,000년 전으로 거슬러 올라간다면, 아마 두건을 쓴 채 수레를 타고 '창을 다루는 종족의 나라'의 '야만인이 사는 마을'을 돌아다니는 상황을 상상해야 할 것이다.

블라디보스토크는 러시아가 광대한 영토의 동쪽에 건설한 최대의 항만 도시이며, 시베리아 철도의 동쪽 기점이다. 이 도시명은 '동방을 정복하라'라는 뜻을 담고 있다. 이렇게 지명은 단순히 편의상 지역을 구분하기 위해 붙인 이름일 뿐만 아니라 수천 년에 걸쳐서 역사를 담아온 타임캡슐이다.

스톡홀름말뚝으로 둘러싼 섬, 모스크바소택지의 강, 쿠알라룸푸르탁한 하구, 카이로승리의 도시, 티그리스강화살의 강, 오스트리아동쪽의 변경 지역, 그리고 여러 번 이름을 바꾼 베이징北京 등등. 몇 개만 들춰보아도 지명을 통해 수천 년에 걸쳐서 이 땅에서 일어난 민족의 흥망과 영광, 비극을 떠올리게 된다. 그 이야기를 쫓아가 보자.

21세기연구회

1장

고대 지중해와
지명의 탄생

페니키아인이 항해술로
지중해를 지배했다

키프로스섬의 지명은 '사이프러스'의 산지인 데서 유래

기원전 10세기경에 고대 지중해에서는 여러 민족이 세력을 확대하기 시작했고, 와중에 이집트는 세력이 점차 약해졌다. 한편 그런 상황에서 패권을 장악하지 않고 오로지 항해술을 무기로 성공한 민족도 있다. 바로 지금의 레바논에 거점을 둔 페니키아인이었다.

페니키아Phoenicia의 어원은 아직까지 정확히 밝혀지지 않았다. 고대 이집트어로 '케페니' 또는 '케벤'으로 불렸는데, 그것이 그리스와 로마를 거치며 와전되고 라틴어의 지명 접속사 '-ia'가 붙어서 페니키아가 된 것으로 추정될 뿐이다. 또한 현재 레바논의 수도 베이루트Beirut, 우물와 트리폴리Tripoli, 세 개의 마을, 사이다Saida, 어장와 같은 도시를 그들이 건설했다고 알려져 있다. 그렇다면 페니키아인이 동분서

주해 건설한 지중해의 주요 지역과 도시를 몇 군데 살펴보자.

먼저 페니키아에서 가장 가까운 섬 키프로스Cyprus는 '사이프러스측백나무의 변종'를 뜻하는 이름으로 사이프러스의 산지인 데서 유래했다. 목재가 귀한 이집트에서는 레바논삼나무와 사이프러스를 사용했다. 그리고 키프로스에서는 동鋼을 생산했다. 당시 지중해 각지에서는 키프로스산 동을 귀하게 여겼고, 여기에서 유래해 영어의 쿠퍼copper. 동는 키프로스의 지명을 그 어원으로 한다. 키프로스의 서쪽에 있는 크레타섬은 페니키아인이 활약하기 시작했을 때 이미 과거의 영광만을 기억할 뿐이었다.

그런데 크레타Crete의 어원은 명확하지 않다. 페니키아인이 다음으

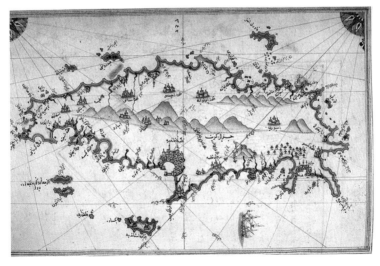

크레타 고지도, 피리 레이스

로 도착한 곳은 이탈리아반도 남쪽에 있는 시칠리아^{Sicilia}섬이었다. 이름은 '시크리꽹이를 가진 사람의 땅'이라는 의미를 지니고 있는데, 선주민의 생활을 알 수 있어서 흥미롭다. 지금의 팔레르모^{Palermo}는 이전부터 그리스어로 '큰 항구'라는 뜻의 파노르모스^{Panormos}라고 불렸으며, '모든 항구의 어머니'라는 별칭이 있다.

그 남쪽에 있는 몰타^{Malta}섬은 해안선에 바위가 많고 배를 대피시키기 위한 피난처로 적합한 지형이 이어져서 몰타^{피난소}라고 불렸다. 더 남쪽으로 가면 튀니지의 수도인 튀니스^{Tunis}에서 가까운 카르타고^{Carthago}가 나온다. 카르타고는 기원전 9세기에 페니키아인이 건설한 도시로, 페니키아어의 칼트^{kalt, 도시}와 하다슈트^{hadasht, 새로운 도시}를 합성한 '칼트하다'가 '카르타고^{신도시, 뉴타운}로 바뀌었다. 튀니스는 페니키아의 여신 타니스의 이름과 관련 있다.

그리고 기원전 225년경에 지중해에서 세력을 확대해가던 카르타고가 스페인 연안의 각지에 도시를 건설했다. 그중에 이름이 라틴어로 카르타고 노바^{Carthage Nova}, 영어로는 뉴뉴타운^{new new town}인 마을이 있었다. 그곳은 현재 카르타헤나^{Cartagena}라는 이름으로 알려져 있다. 그로부터 약 1,700년 후 스페인인이 그 이름을 신대륙으로 가져가 1533년에 남미의 콜롬비아에 카르타헤나를 건설했다. 콜롬비아는 고대 페니키아인들은 생각지도 못한 장소였다.

카르타고를 중계 기지로 삼은 페니키아인은 다음으로 코르시카^{Corsica, 코르스섬}, 사르데냐^{Sardegna}섬에 이르렀다. 코르시카는 이탈리아명이고, 코르스는 프랑스명인데 모두 '삼림이 울창하다'라는 뜻을 지니고 있다. 2,700미터나 되는 높은 산이 많고, 일찍이 이름 그대로 밀림의 섬이었다. 사르데냐는 사르도Sardo, 즉 발자취라는 뜻으로 그 섬에 처음으로 상륙한 것을 기념해 이름 붙였다는 설도 있다. 그리고 사르데냐에는 정어리가 유명해서 정어리를 가리키는 '사딘sardine'이 라는 단어는 바로 이 섬의 이름에서 유래했다.

로마인이 '포에니'라고 부른 카르타고인의 멸망

스페인령에는 발레아레스Baleares 제도가 있다. '서아시아의 풍요의 신 바알Baal의 섬들'이라는 이름에서 알 수 있듯이 페니키아인들은 여기에서 고향의 신을 모셨다. 바알 신에 대한 신앙은 페니키아의 식

1563년의 바르셀로나, 윈게르데 드로잉

페니키아인이 지배한 지중해

프랑스

이드리아해

리구리아해

코르시카섬

이탈리아

로마

스페인

발레아레스 제도

사르데냐섬

티레니아해

포르투갈

마요르카섬

└ 팔마데마요르카

말라가

지브롤터 해협

대서양

탕헤르

시칠리아섬

튀니지

몰타섬

모로코

알제리

페니키아 문명

서양 문명의 시작이라고
할 수 있는 페니키아
문명은 현재의 레바논,
시리아, 이스라엘 북부 등
지중해 해안을 따라가며
발달했다. 지중해 여러
곳과 아프리카에까지
식민지를 두었으며,
알파벳을 최초로
사용하여 알파벳의
기원을 만들었으며,
갤리선을 사용했을 만큼
문명이 발달했다. 티레와
시돈이 페니키아의 가장
강력한 도시였다고 알려져
있다.

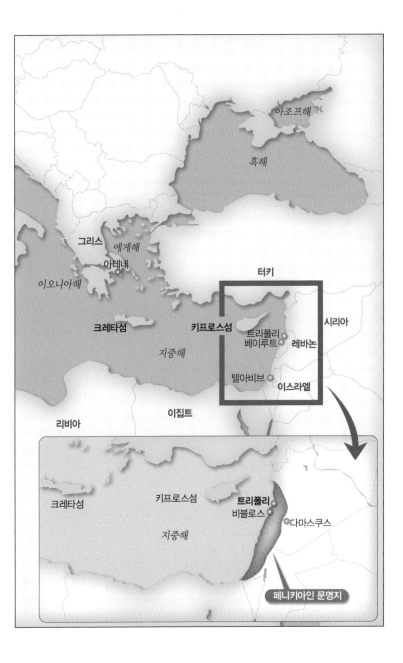

민지 건설을 통해 유럽으로 전파되고 민간 신앙으로 자리 잡았다.

올림픽 개최지로 일약 유명해진 스페인 북동부의 항만 도시 바르셀로나Barcelona는 그리스인이 건설한 도시이다. 기원전 230년에 카르타고의 장군 바르카스가 점령해 새로운 도시를 건설하고, 바르카가 家의 도시라는 뜻의 바르시노Barcino라고 이름 붙였다.

라틴어로 '큰 섬'을 뜻하는 마요르카섬의 도시 팔마데마요르카Palma de Mallorca도 식민시植民市로 건설되었는데 여기에는 종려나무가 무성했다. 그래서 '종려나무palm tree가 무성한 큰 섬'이라는 이름이 붙여졌다. 지브롤터 해협에서 가까운 곳에는 스페인 도시 말라가Malaga가 있다. 이는 말라카일. 소금가 와전된 것으로, 그 유래를 살펴보면 이 도시가 과거에 교역을 위한 도시였는지 제염소였는지는 확실하지 않다. 또 모로코에는 페니키아인이 건설한 도시 탕헤르Tangier, 아프리카 북서부 끝에 있는 모로코의 항구 도시가 있다. 이 도시의 이름은 해협을 뜻하는 베르베르어에서 유래했다.

페니키아인들은 지브롤터 해협 밖에서도 활동했다. 포르투갈의 리스본Lisbon도 기원전 1200년에 페니키아인이 건설한 도시이다. 페니키아어로 '좋은 항구'라는 뜻의 '아리스 인보alis-inbo'가 로마 시대에 '올리시포Olisipo'로 와전되고 다시 '리스본Lisbon'이 되었다는 설이 유력하다.

페니키아는 기원전 1200년경에 현재 레바논 부근에 세워진 나라이다. 이 지역은 기원전 3000년경부터 이미 품질이 좋은 레바논삼나무의 집산지로 번성했으며, 그 중심지인 비블로스Byblos, 파피루스 수출로 유명했으며, '파피루스'를 뜻하는 그리스어에서 유래에서 생산된 삼나무는 메소포타미아, 이집트, 에게해의 여러 나라에서 큰 인기를 끌었다. 페니키아인은 조선술과 항해술에도 뛰어났지만, 페르시아의 지배를 받은 뒤 알렉산드로스 대왕의 동방 정복으로 헬레니즘 세계에 편입되었다. 그리고 로마인이 포에니Poeni라고 부른 카르타고인은 기원전 146년에 로마와 수차례 전쟁을 벌인 끝에 멸망했다. 포에니란 라틴어로 페니키아인을 가리킨다.

고대 그리스는
지명에 살아 있다

아테네는 지혜와 예술의 여신인 아테나의 이름에서 비롯

기원전 2600~2200년에 발생한 에게 문명은 크레타 문명, 미케네 문명과 함께 번영을 이어갔다. 고대 그리스인들이 인식한 세계는 에게해와 이집트, 서아시아와 교역해 알게 된 지중해 동부, 그리고 그리스의 서쪽 이오니아해, 이탈리아반도 남부가 전부였다.

육지로 둘러싼 바다를 뜻하는 지중해를 문자 그대로 'Mediterranean 지중해'으로 부른 것은 '세계'의 범위가 크게 확대된 로마 시대부터였다.

이러한 지역에서 고대 문명의 자취가 남은 지명을 찾아보자. 먼저 '그리스'라는 이름을 붙인 것은 고대 로마인이며, 고대 그리스인은 자국을 헬라스Hellas, 자신들을 헬레네스Hellenes라고 불렀다. 그리스

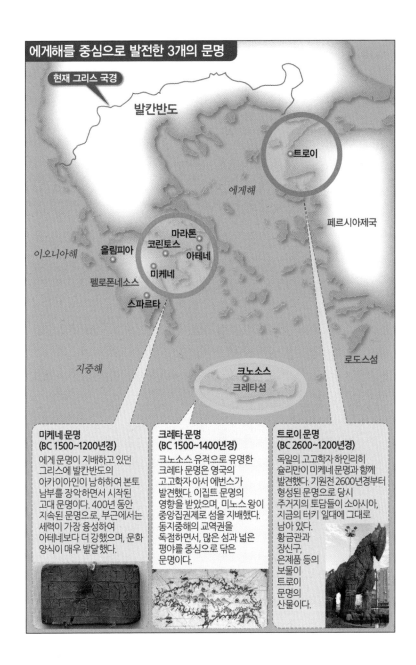

에게해를 중심으로 발전한 3개의 문명

현재 그리스 국경

발칸반도

트로이

에게해

페르시아제국

이오니아해

마라톤
코린토스
올림피아
아테네
미케네

펠로폰네소스

스파르타

지중해

로도스섬

크노소스
크레타섬

미케네 문명
(BC 1500~1200년경)
에게 문명이 지배하고 있던 그리스에 발칸반도의 아카이아인이 남하하여 본토 남부를 장악하면서 시작된 고대 문명이다. 400년 동안 지속된 문명으로, 부근에서는 세력이 가장 융성하여 아테네보다 더 강했으며, 문화 양식이 매우 발달했다.

크레타 문명
(BC 1500~1400년경)
크노소스 유적으로 유명한 크레타 문명은 영국의 고고학자 아서 에번스가 발견했다. 이집트 문명의 영향을 받았으며, 미노스 왕이 중앙집권제로 섬을 지배했다. 동지중해의 교역권을 독점하면서, 많은 섬과 넓은 평야를 중심으로 닦은 문명이다.

트로이 문명
(BC 2600~1200년경)
독일의 고고학자 하인리히 슐리만이 미케네 문명과 함께 발견했다. 기원전 2600년경부터 형성된 문명으로 당시 주거지의 토담들이 소아시아, 지금의 터키 일대에 그대로 남아 있다. 황금관과 장신구, 은제품 등의 보물이 트로이 문명의 산물이다.

전설상의 홍수그리스 신화에 나오는 이야기로, 철의 시대에 이르자 인간의 사악함이 극에 달해 제우스가 큰 홍수를 일으켰다는 전설에서 유일하게 살아남은 헬렌의 자손이라고 믿었기 때문이다.

고대 로마인이 헬레네스와 만난 곳은 그리스의 서쪽, 장화 모양인 이탈리아반도의 굽 부분이었다. 로마인은 그 지역에서 그라이코이라고 불리던 사람들을 라틴어로 그라이키Graeci라고 불렀다. 그들은 이른바 '헬레네스'를 대표하는 이들은 아니었지만 어쨌든 이 이름이 '그리스'의 유래가 되었다고 한다.

이오니아Ionia해도 헬렌의 손자인 이온Ion의 이름에서 유래했다. 현재 그리스의 수도인 아테네는 그리스 신화에 나오는 '올림포스의 12신' 중 지혜와 예술의 여신인 아테나의 이름에서 따온 것이다. 아테네는 최고의 교육을 받기 위해 각지에서 청년이 모이는 장소가 되었는데, 여기에서 유래해 '애틱Attic', 즉 '아테네적的'이라는 말이 지적이고 우아함을 뜻하게 되었다.

근세 서양에서는 파르테논 신전이 대표적인 고대 그리스 건축 양식을 모방해 삼각 지붕의 건물이 인기를 끌었다. 이 삼각 지붕의 측면 벽에는 장식을 달았고, 처음에 그 모습이 고전적이라고 해서 애틱이라고 불렀다. 그 안쪽에 생기는 공간은 창고로 사용했으며, 여기에서 유래해 지금은 다른 사람에게 보이고 싶지 않은 공간을 '애틱다락방'이라고 부른다.

서쪽에서 바라본 파르테논 신전, 2006년, ⓒ Mountain, W–C

스파르타는 건국왕 라케다이몬의 아내 이름에서 유래

올림피아Olympia는 4년에 한 번 열리는 스포츠 제전인 올림픽의 발상지이다. 이 지명은 그리스어가 아니라 인도·유럽어족에서 나온 것으로, 아득한 태고의 동양 문화의 영향을 받았을 것으로 추정되는데, 지명이 어떤 의미를 나타내는지는 잘 알려지지 않았다. 이 땅은 올림포스 12신 중에서도 최고 신인 제우스를 모시는 성지로 로마 시대에 이르기까지 신성하게 여겨진 도시였다.

혹독한 군사 훈련으로 유명한 스파르타Sparta는 신화상의 선조인 라케다이몬의 아내 이름에서 나라 이름이 유래했다. 스파르타는 또한 '스파르타 교육'의 일환인 '잡담을 하지 않는' 것으로도 유명했다. 스파르타가 최초로 지배한 지역은 라코니아였는데 여기에서 유래한 영어 'laconic'은 '말수가 적다'라는 뜻이다.

코린토스라는 마을은 대륙과 펠로폰네소스반도를 연결하는 지협과 접해 물자의 중계 지역으로 번성했다. 또 이곳은 선원과 상인들의 휴식처이며, 사치스럽고 방탕한 상류층 인사들이 모여드는 곳이었다. 여기에서 유래해 영어로 '코린티안corinthian'은 방탕자, 풍류인이라는 뜻이 있다. 그리고 이곳에서 씨 없는 작은 건포도를 배에 실어 무역했기 때문에 씨 없는 포도를 '코린토스 포도'라고 했으며, 요즘은 커런트currant라고 불린다.

장거리 경주의 기원이 된 마라톤은 도시국가 시큐온의 왕자 마라톤이 아버지의 악정에서 벗어나고자 자신의 이름을 붙인 마을을 세우면서 시작되었다고 한다. 흥미로운 것은 요즘 'Marathon'의 '-thon'이 다른 말의 어미에 사용되어 인내력이 필요한 경기의 이름으로 쓰이고 있다는 점이다. 한 예로 음악을 장시간 방송하는 '뮤직톤musicthon'이 그러하다.

지중해의 패자 그리스, 동서양을 연결하다

나폴리는 뉴타운을 뜻하는 '네아폴리스'의 와전

기원전 750년경부터 약 200년 동안 그리스인은 당시의 '세계'였던 지중해 연안 각지로 출항해 그 땅에 정착했다. 동쪽으로는 지금의 터키, 시리아, 레바논, 이스라엘, 이집트, 서쪽으로는 아드리아해 연안, 남이탈리아, 프랑스 남부에서 스페인 동안까지, 북쪽으로는 보스포루스 해협을 빠져나가 흑해 연안, 남쪽으로는 리비아까지 이르렀다.

이러한 식민 도시는 본국인 그리스에서 독립했기 때문에 외세의 간섭을 받지 않아서 크게 발전할 가능성이 있었다. 그 당시에 도시는 기본적으로 광물 자원 획득, 교역 확대, 그 도시를 키우기 위한 농지 개척을 위해 세워졌다. 이후 대로마제국으로 발전한 이탈리아는 한 때 그리스인이 많이 정착한 반도의 남부를 마그나그라이키아^{대그리스}

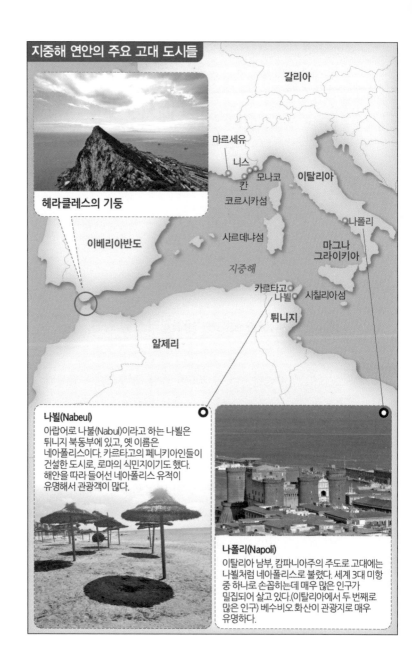

지중해 연안의 주요 고대 도시들

헤라클레스의 기둥

갈리아

이탈리아

마르세유

니스

모나코

칸

코르시카섬

이베리아반도

사르데냐섬

나폴리

마그나 그라이키아

지중해

카르타고
나빌

시칠리아섬

튀니지

알제리

나빌(Nabeul)
아랍어로 나불(Nabul)이라고 하는 나빌은
튀니지 북동부에 있고, 옛 이름은
네아폴리스이다. 카르타고의 페니키아인들이
건설한 도시로, 로마의 식민지이기도 했다.
해안을 따라 들어선 네아폴리스 유적이
유명해서 관광객이 많다.

나폴리(Napoli)
이탈리아 남부, 캄파니아주의 주도로 고대에는
나빌처럼 네아폴리스로 불렸다. 세계 3대 미항
중 하나로 손꼽히는데 매우 많은 인구가
밀집되어 살고 있다.(이탈리아에서 두 번째로
많은 인구) 베수비오 화산이 관광지로 매우
유명하다.

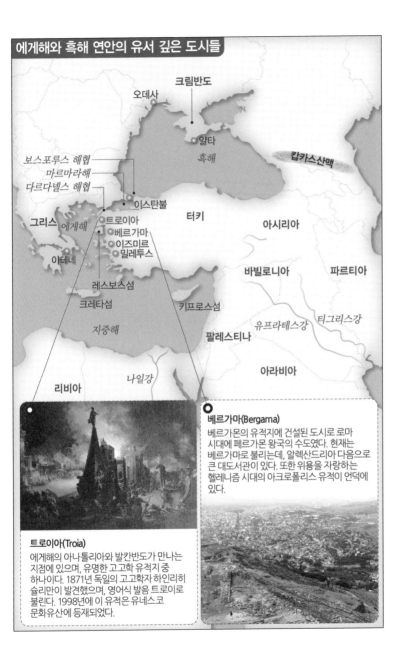

에게해와 흑해 연안의 유서 깊은 도시들

크림반도

오데사

얄타

흑해

칸카스산맥

보스포루스 해협
마르마라해
다르다넬스 해협

이스탄불

그리스   에게해

터키

아시리아

트로이아
베르가마
이즈미르
밀레투스

아테네

바빌로니아   파르티아

레스보스섬

크레타섬   키프로스섬

유프라테스강   티그리스강

지중해

팔레스티나

아라비아

리비아   나일강

베르가마(Bergama)

베르가몬의 유적지에 건설된 도시로 로마
시대에 페르가몬 왕국의 수도였다. 현재는
베르가모로 불리는데, 알렉산드리아 다음으로
큰 대도서관이 있다. 또한 위용을 자랑하는
헬레니즘 시대의 아크로폴리스 유적이 언덕에
있다.

트로이아(Troia)

에게해의 아나톨리아와 발칸반도가 만나는
지점에 있으며, 유명한 고고학 유적지 중
하나이다. 1871년 독일의 고고학자 하인리히
슐리만이 발견했으며, 영어식 발음 트로이로
불린다. 1998년에 이 유적은 유네스코
문화유산에 등재되었다.

라고 부르기도 했다.

나폴리는 뉴타운을 뜻하는 '네아폴리스Neapolis'가 와전되어 'Napoli'가 되었으며, 영어로는 네이플스Naples이다. 기원전 600년경에 건설되어 아직도 '뉴타운'으로 불리는 것이다. 마찬가지로 튀니지의 나불Nabul도 로마 시대에 네아폴리스라고 이름 붙여진 것이 아랍어의 영향을 받아 와전되어 지금에 이르고 있다.

지금까지 남아 있는 고대 지명 중에 그리스인이 많은 관심을 기울였던 아시아에 대해 알아보자. 슐리만이 발굴한 '트로이의 목마'로 유명한 전설의 도시 트로이아Troia, 트로이Troy는 그리스인이 이 마을을 세운 전설적인 인물인 트로스Tros의 이름을 따서 지었다. 지금은 베르가마Bergama라고 불리는 이 마을의 교외에는 페르가몬Pergamon이라는 왕도王都의 유적이 있다.

페르가몬은 당시에 한창 번영했던 이집트 알렉산드리아의 앞선 문명을 배워 학예를 부흥하는 데 힘을 기울였다. 그리하여 백 년이라는 짧은 기간에 알렉산드리아의 도서관과 맞먹는 도서관을 세웠다. 당시 책을 만드는 데 사용된 파피루스 종이 시장을 독점했던 이집트가 페르가몬으로 수출하는 것을 금지할 정도였다. 그래서 페르가몬에서는 양과 같은 동물의 가죽을 부드럽게 해서 양면을 사용할 수 있는 양피지를 발명했다. 덕분에 페르가몬의 도서관은 알렉산드리아의 도서관에 버금가는 규모까지 발전할 수 있었다.

이때의 필기용 가죽을 그리스인은 페르가메네, 로마인은 페르가메나스라고 불렀다. 양피지를 뜻하는 '파치먼트parchment'는 이러한 페르가몬의 역사에서 유래했다.

터키 서부의 에게해에 접한 이즈미르Izmir는 고대 그리스의 전설에 나오는 '밀라'라는 몰약沒藥, 천연고무 수지을 얻기 위해 향나무로 변신한 뮈라혹은 스미르나Smyrna라는 여성의 이름과 관련된 마을이라고 전해진다. 일설에는 그리스 신화의 여전사인 아마존의 여왕 스미르나가 건설해 그녀의 이름에서 따왔다고도 한다. 당시 유럽인은 터키의 북부에 아마존의 나라가 있다고 믿었다. 이즈미르의 북서쪽에 있는 레스보스섬은 여성의 동성애가 성행했다고 해서 레즈비언이라는 말의 어원이 되었는데, 원래는 '숲이 깊다'라는 뜻을 지니고 있었다.

보스포루스는 보스와 포루스가 합쳐져 '암소의 선착장'이라는 뜻

밀레투스Miletus는 기원전 11세기경에 세워진 오래된 마을로, 음악과 예언의 신인 밀레투스가 건설했다고 전해진다. 기원전 8세기부터 기원전 7세기까지 항만 도시로 번창했으며, 밀레투스인은 에게해에서 북쪽의 흑해 연안에 여러 식민지를 세웠다. 철학 분야에서 밀레투스학파가 생겨나는 등 예술과 문화도 발전했다. 밀레투스는 마이안드로스Maiandros, 라틴어로 메안데르Meander, 지금의 멘데레스Menderes강이 바다로 흘러드는 어귀에 자리한 마을이다. 이 강은 구불구불 크게 굽이쳐 흐르는데, 마을의 이름과 함께 유명해져서 영어의 '구불구불 흐르다', '한가로이 거닐다'를 뜻하는 미앤더meander의 어원이 되었다.

그리스의 동쪽에 있는 터키의 아나톨리아Anatolia고원은 그리스어

헤카타이오스(Hecataeos)의 세계 지도를 토대로 그린 고대 그리스인의 세계관

오케아노스

히페르보레이오스의 나라

리바이오스산맥

에우로페　**유럽**　이스트로스강 (도나우강)　돈강

켈트인　아드리아

트라키아　비잔티움 (이스탄불)

헤라클레스의 기둥　흑해　**칵카스산맥**

인더스강

팅기스　카르타고　지중해　아마존족　**아시아**

시리아　티그리스강

리비아　나일강　유프라테스강

에티오피아인

오케아노스

세계의 중심에 지중해가 있으며, 아프리카 대륙도 아시아와 이어진 것을 볼 수 있다.

히페르보레이오스
고대 그리스인들이 상상한 세계는?
지구가 평평하다고 생각한 고대 그리스인들은 세계의 중심에 지중해가 있고, 자신들은 그 중앙에 산다고 믿었다. 그리고 지구의 북쪽 끝에 완벽한 행복을 누리는 히페르보레이오스족이 산다고 여겼다. 죽지도 않고 영원한 행복을 누리며 사는 히페르보레이오스족을 고대 그리스인들은 에티오피아인이라고도 불렀다

아나톨레anatole, 일출, 동쪽에서 유래했다.

동쪽의 '메소포타미아'도 그리스인이 명명했다. 이 지방에 바빌로니아, 아시리아 등의 대국이 존재했던 것은 잘 알려져 있다. 바빌로니아의 명칭은 바벨Babel, 신의 문에서 유래했으며, 아시리아는 '최고신 아슈르의 땅'을 뜻한다.

그리스인은 에게해의 북쪽에도 관심을 보였다. 북쪽에는 폭 2~6킬로미터, 길이 60킬로미터의 다르다넬스 해협Dardanelles, 제우스 신의 아들 다르다노스Dardanos의 이름에서 따왔다이 있는데, 당시에는 헬레스폰트그리스의 문라고 불렀다. 여기서부터는 그리스 밖이라고 생각했기 때문일 것이다.

다르다넬스 해협을 빠져나가면 마르마라해가 펼쳐진다. 마르마라는 '대리석'이라는 뜻으로, 이 부근이 대리석 산지라는 이유로 붙여진 이름이다. 그 앞에는 보스포루스Bosporus 해협이 있으며, 폭이 좁은 곳은 750미터밖에 되지 않는다. 보스포루스는 보스암소와 포루스선착장가 합쳐진 말로 '암소의 선착장'이라는 뜻이다. 제우스가 아내 헤라의 질투에서 벗어나려고 연인인 이오를 암소로 둔갑시켜서 이 해협을 건너게 했다는 전설에서 유래했다.

보스포루스 해협에 붙어 있는 이스탄불Istanbul도 그리스 시대부터 있었던 도시이다. 옛날에는 비잔티움Byzantium이라고 불렀다. 흑해와 마르마라해, 에게해를 연결하는 교역로이며, 아시아와 유럽의 만남의 장소로 번영한 항만 도시였다. 330년에는 로마 황제 콘스탄티누스가 정략상 수도를 로마에서 비잔티움으로 천도했다고 해서 콘스탄

이스탄불 골든 혼의 황혼, 1845년, 이반 아이바좁스키

티노폴리스Constantinopolis, 콘스탄티노플가 되었고, 1453년에 오스만튀르크가 점령할 때까지 이 이름으로 불렸다.

이후 터키가 점령하면서 이 땅은 이스탄불로 개칭되었고, 1923년에 터키공화국이 수립되고 나서도 대외적으로는 콘스탄티노플이라고 불렸다. 이스탄불이 정식 명칭이 된 것은 그 후 7년이 지난 1930년이다. 이스탄불은 그리스어의 에이스 텐 폴린eis ten polin : to the city, 도시로이 터키어로 와전된 것이다. 이 말은 원래 다른 지방에서 이스탄불로 갈 때에만 사용할 수 있는 특별한 표현이었다.

그리스인의 흔적은 러시아에 접한 흑해 북안北岸에까지 이른다. 1945년에 제2차 세계대전의 전후 처리 회담이 열린 얄타는 2세기에 그리스인이 건설한 마을로, 그 이름은 '해안'이라는 뜻을 지니고 있다. 또 얄타의 크림Krym, 영어명 크리미아반도 서쪽에는 항만 도시로 번영한 오데사Odessa, 그리스의 영웅 오디세우스의 이름에서 유래가 있다. 다만, 이 지명은 예카테리나 2세의 그리스화 정책에 따라 지어진 것이다. 원래 오데사는 흑해 서안의 불가리아에 건설되었다.

이 밖에도 흑해 동안에는 고대 그리스 시대에서 유래한 매우 재미있는 이름의 마을이 있다. 지금은 기레순Giresun이라고 불리는데, 당시에는 그리스어로 케라수스cerasus, 붉은 열매라고 불렸다. 이 지방의 특산물인 달고 붉은 열매가 열리는 나무가 유명했기 때문이다. 이 나무의 열매도 케라수스라고 불렸다. 기원전 74년에 로마의 루클루스Lucllus 장군이 이 나무가 마음에 들어서 로마로 가져가 재배하기 시작한 이래 로마에서는 이 열매를 케라시아cerasia라고 불렀다. 나중에 프랑스에서는 세리스cerise라고 불렸고, 영어로는 체리cherry, 버찌라고 부르게 되었다.

이번에는 남프랑스에서 그리스인이 개척한 지명을 알아보자. 마르세유Marseille는 페니키아인이 건설했고, 기원전 600년경에 그리스인이 점령했다. 페니키아어로 '식민지'를 뜻하는 '마살리아Massalia'에서 도시 이름이 유래했다고 한다.

모나코도 페니키아인이 식민 도시를 건설하면서 시작되었다고 한다. 그것을 그리스인이 합병해 '헤라클레스 모나이코스 포르투스헤라클레스 은재隱者의 항구'라고 불렸는데, 나중에 독신자라는 의미의 '모나이코스'로 불리다가 모나코로 이름이 바뀌었다. 니스Nice는 고대 니케아에서 유래한 이름으로 '승리의 여신 니케의 도시'를 뜻한다. 국제적인 관광 휴양지이면서 국제영화제 등으로 유명해진 칸Cannes은 '갈대'라는 뜻으로, 당시에는 갈대가 무성한 땅이었나 보다.

에티오피아, '볕에 그을린 사람의 나라'라는 뜻이다

고대 그리스 시대 초기에는 에게해와 그 해안선을 따라 자리한 페니키아, 그 아래에 있는 이집트, 그리고 아프리카라는 '대륙'의 존재를 알지 못했다.

그러다 기원전 12세기에는 에게해에서부터 지중해를 남하해 이집트로 침입하려고 한 '바다의 백성'이라는 무장 난민 집단이 있었다. 그 바다의 백성 중에는 펠리시테인Pelishte, 블레셋인도 섞여 있었으며, 그들이 지금의 이스라엘 남부 연안 지대에 정착하면서 팔레스타인Palestine이라는 지명이 생겨났다.

그리고 이집트와 리비아의 사하라 사막 이남에 흑인의 나라가 있다는 것을 알게 된 그리스인은 그곳을 '아이토스볕에 그을린'와 '오프스사람, 얼굴'에 지명 접미사 '-ia'를 붙여서 '볕에 그을린 사람의 나라'라는 뜻의 아이토스오프시아라고 불렀다. 이것이 나중에 '에티오피아'로 와전되어 지금도 국명으로 남아 있다.

'아프리카'의 이름도 옛날부터 있었을 것이다. 아프리카는 그리스인에게 야만인으로 불렸던 베르베르인이 자신들보다 깊은 곳에서 사는 이들을 아프리동굴에 사는 사람들라고 부른 데서 유래했다는 말이 있지만 그 기원은 확실하지 않다. 또는 그리스어로 바다의 '거품'을 아프로스라고 하는데, '거품'이 떠오르는 바다의 저편이라는 의미로 아프리카Africa라고 불렀을지도 모른다.

그렇다면 아프리카를 큰 대륙으로 인식한 것은 언제부터였을까? 사실 이것도 문헌을 보고 추측할 수밖에 없는데, 기원전 610년에 이집트 파라오로 즉위한 네카우Nekau 2세의 명령으로 항해를 떠난 페니키아인과 관련 있을 것이다.

당시 이집트에서는 지중해와 홍해, 인도양을 잇는 대운하를 건설하려고 시도하는 등 교역을 중요한 사업으로 인식했다. 왕은 새로운 교역 장소를 찾고자 홍해에서 남쪽으로 페니키아인 선단船團을 보내 지중해 끝에 있는 '헤라클레스의 기둥'을 지나서 되돌아오라고 명령

북아프리카를 배경으로 한 헤라클레스의 기둥, 앞쪽은 지브롤터 해협이다.

했다. '헤라클레스의 기둥'이란 헤라클레스가 처자식을 죽인 벌로 열두 가지 과업을 받고 땅끝으로 갔을 때 지중해와 대서양 사이에 기둥두 개를 세웠다는 신화에서 비롯된 이름이다. 지금의 지브롤터 해협을 가리킨다.

기원전 5세기의 그리스인 역사가 헤로도토스Herodotos에 의하면, 홍해에서 남하한 선단은 남쪽 바다인도양에서 2년 동안 각지를 항해했고, 3년째에 '헤라클레스의 기둥'을 지나 이집트로 돌아왔다.

그때 페니키아인들은 항해 중에 태양이 항상 오른쪽에 있다는 것을 의아하게 생각했다. 인도양으로 남하한 선단은 머지않아 남반구에 들어갔는데, 동쪽에서 서쪽으로 향하는 배에서는 당연히 오른쪽에 태양이 보인다. 이 이야기가 진실이라면, 페니키아인이야말로 아프리카가 바다로 둘러싸인 대륙이라는 것을 확인한 최초의 사람들이다.

'아프리카'라는 이름이 처음 역사에 언급된 것은 기원전 2세기경으로, 지금의 튀니지에 있던 카르타고의 주변을 그렇게 불렀다. 그러나 나중에는 카르타고를 포함한 광범한 지역을 가리켰다. 그리고 아프리카 전체가 하나의 대륙이라는 것이 확인되고 나서 먼 훗날 르네상스 시대 이후 아프리카 대륙으로 부르기 시작했다.

알렉산드로스 원정과 로마의 지중해 통일

알렉산드로스가 식민 도시 알렉산드리아를 건설

마케도니아의 필리포스Philippos 2세는 기원전 357년부터 기원전 336년에 걸쳐 그리스의 전 영토를 지배했다. 그러던 중에 암살되어, 갓 스무 살이 된 그의 아들 알렉산드로스 3세가 뒤를 이어 광대한 페르시아제국을 정복하기 시작했다. 그는 각지에서 승리를 거두었고, 서른세 살에 세상을 떠날 때까지 고대 역사상 가장 광활한 영토를 획득했다.

그의 정복 사업에서 특징적인 것은 페르시아 영토를 진군하면서 각 요지에 일흔 곳이 넘는 도시를 건설했다는 것이다. 이 도시 건설은 '전 인류는 동포이다'라는 그의 세계관에 따른 것으로, 그는 그리스인과 아시아인이 함께 살며 융화하는 것을 도모하려 했다. 이를 위

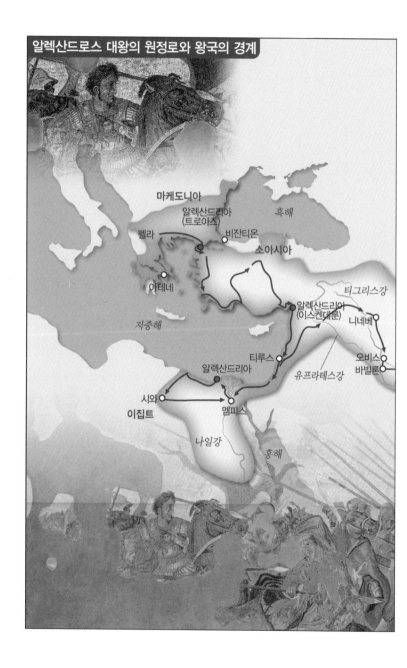

알렉산드로스 대왕의 원정로와 왕국의 경계

마케도니아

알렉산드리아
(트로아스)

흑해

펠라

비잔티온

소아시아

아테네

티그리스강

지중해

알렉산드리아
(이스켄데룬)

니네베

티루스

오비스

알렉산드리아

바빌론

유프라테스강

시와

이집트

멤피스

나일강

홍해

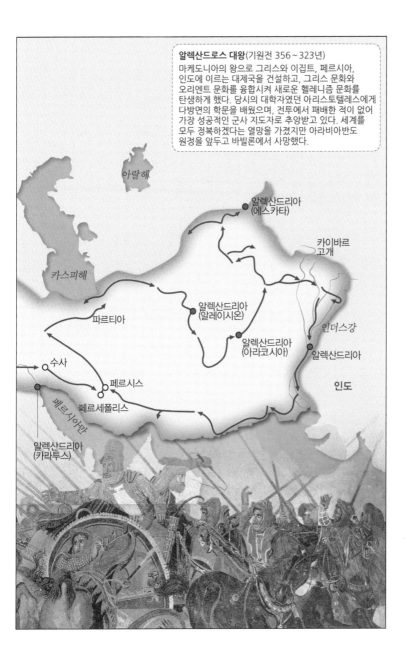

알렉산드로스 대왕(기원전 356~323년)
마케도니아의 왕으로 그리스와 이집트, 페르시아, 인도에 이르는 대제국을 건설하고, 그리스 문화와 오리엔트 문화를 융합시켜 새로운 헬레니즘 문화를 탄생하게 했다. 당시의 대학자였던 아리스토텔레스에게 다방면의 학문을 배웠으며, 전투에서 패배한 적이 없어 가장 성공적인 군사 지도자로 추앙받고 있다. 세계를 모두 정복하겠다는 열망을 가졌지만 아라비아반도 원정을 앞두고 바빌론에서 사망했다.

아랄해

카스피해

알렉산드리아
(에스카타)

카이바르
고개

파르티아

알렉산드리아
(알레이시온)

인더스강

수사

알렉산드리아
(아라코시아)

알렉산드리아

페르시스

인도

페르세폴리스

페르시아만

알렉산드리아
(카라투스)

해 페르시아에서 부하 일만 명을 페르시아 여성과 강제로 결혼시키기도 했다. 도시를 건설할 때에는 교역 경로의 위치, 외적의 공격을 막기 위한 지리적인 조건도 고려했다. 그리고 대부분의 도시에 자신의 이름을 붙였다. 동쪽 지역에는 현재 아프가니스탄의 칸다하르 Qandahar, 'Alexandoros'의 'xandoros'가 와전된 것만 남아 있고, 일찍이 페르시아와 이란고원의 동쪽에는 알렉산드리아가 여덟 개나 있었다.

알렉산드리아 중에 가장 유명한 것은 기원전 332년에 이집트의 나일강 삼각주 지대에 건설한 알렉산드리아이다. 알렉산드로스 대왕이 죽은 뒤에도 그의 부하였던 프톨레마이오스가 이집트를 다스렸고, 그대로 프톨레마이오스 왕조의 수도로 삼았기 때문에 이후 약 700년 동안 학문과 예술의 중심지로 번성했다. 640년에 알렉산드리아에 침공한 아랍인이 그 이름을 아랍어식으로 이스칸다르Iskandar라고 불렀다. 지금도 통칭은 알렉산드리아이지만 정식 명칭은 알이스칸다리야 al-iskandarīyah이다.

로마인의 식민지 지명에 남아 있는 '온천 문화'

대중탕은 예상외로 역사가 깊다. 고대 문명 가운데 인더스 문명기원전 2300년~기원전 1800년경의 모헨조다로와 하라파 유적에서 길이 10미터가 넘는 직사각형의 대중탕이 발견되었다. 고대 이집트에서는 신전에 냉수욕 시설이 있어서 신관神官들이 이용했다. 지중해에서 번창한 크레타 문명과 미케네 문명의 궁전에서도 오늘날 서양식 욕조의

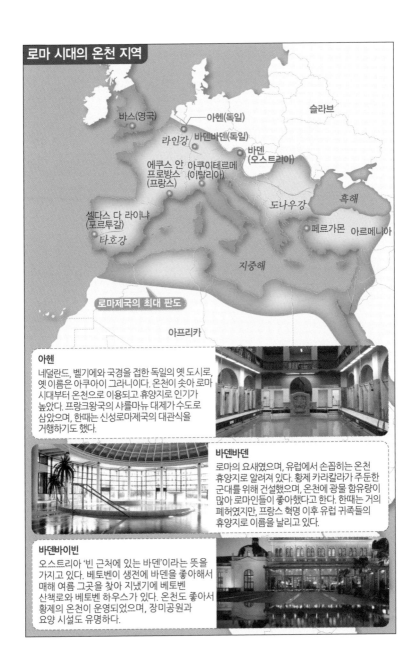

로마 시대의 온천 지역

바스(영국)

아헨(독일)

라인강

바덴바덴(독일)

에쿠스 안
프로방스
(프랑스)

아쿠이테르메
(이탈리아)

바덴
(오스트리아)

슬라브

셀다스 다 라이냐
(포르투갈)

타호강

도나우강

흑해

페르가몬 아르메니아

지중해

로마제국의 최대 판도

아프리카

아헨

네덜란드, 벨기에와 국경을 접한 독일의 옛 도시로,
옛 이름은 아쿠아이 그라니이다. 온천이 솟아 로마
시대부터 온천으로 이용되고 휴양지로 인기가
높았다. 프랑크왕국의 샤를마뉴 대제가 수도로
삼았으며, 한때는 신성로마제국의 대관식을
거행하기도 했다.

바덴바덴

로마의 요새였으며, 유럽에서 손꼽히는 온천
휴양지로 알려져 있다. 황제 카라칼라가 주둔한
군대를 위해 건설했으며, 온천에 광물 함유량이
많아 로마인들이 좋아했다고 한다. 한때는 거의
폐허였지만, 프랑스 혁명 이후 유럽 귀족들의
휴양지로 이름을 날리고 있다.

바덴바이빈

오스트리아 '빈 근처에 있는 바덴'이라는 뜻을
가지고 있다. 베토벤이 생전에 바덴을 좋아해서
매해 여름 그곳을 찾아 지냈기에 베토벤
산책로와 베토벤 하우스가 있다. 온천도 좋아서
황제의 온천이 운영되었으며, 장미공원과
요양 시설도 유명하다.

원형이라고 할 수 있는 욕조가 발견되었다. 호메로스의 서사시 《오디세이아》에도 '늙은이의 즐거움은 따뜻한 물속에서 식사한 다음 푹신한 침대에서 잠을 자는 것'이라고 묘사된다.

고대 로마에서도 입욕이 유행해 기원전 1세기경부터 각지에 대중탕이 지어져 4세기경에는 로마에 욕탕이 400곳이나 되었다고 한다. 욕탕은 냉욕실, 온욕실, 사우나를 겸한 열욕실, 마사지실, 운동장, 도서실을 갖춘 로마 시민의 휴식 시설이었다.

이러한 습관이 있는 로마인은 원정했을 때 온천을 찾는 것을 즐겼다. 런던에서 서쪽으로 15킬로미터 정도 떨어진 곳에 바스bath라는 마을이 있다. 기원전 43년에 로마인이 이곳에 욕탕을 짓고 아쿠아이 술리스Aquae Sulis, 술리스의 물라고 이름을 붙였다.

'바스'라는 지명은 이름 그대로 '대중탕'이라는 의미이며, 지금도 온천 휴양지로 인기가 있다. 이렇게 로마인이 '온천', '대중탕'이라는 의미의 이름을 붙인 지명이 훗날 같은 의미의 현지 언어로 바뀐 예가 또 있다.

서기 50년경에 로마인들은 지금의 독일 남서부를 흐르는 라인강 상류에서 온천을 발견하고, 황제 아우렐리우스의 이름을 따서 '아우렐리우스의 샘'이라는 이름을 붙였다. 이곳은 바로 오늘날 세계적으로도 유명한 온천 휴양지 바덴바덴Baden-Baden이다. '바덴'은 독일어로 '대중탕'이라는 뜻으로, 바덴바덴이라는 지명은 '대중탕 안의 대중탕'이라는 뜻을 지니고 있다. 이 도시를 포함해 라인강의 동안 일대는 1871년에 독일제국에 합병되기까지 바덴대공국으로 번창했다.

오스트리아에도 고대 로마 시대의 바덴온천이 있다. 19세기에 합스부르크 왕가의 여름 별궁이 있었던 것으로 유명한데, 현재 이곳의 정식 명칭은 '빈 근교의 온천'이라는 뜻의 바덴바이빈Baden bei Wien이다.

로마인들은 현재 독일 남서부의 벨기에와의 국경에서 광물 함유량이 풍부한 온천을 발견했다. 이곳에서 '낟알이 많은 물'이 분출한다고 해서 아쿠아이 그라니Aquae Granni, 그라누스의 샘라고 불렸다. 그라니는 식물 등의 낟알grain이다. 그러나 이후 이곳의 지명에는 '바덴'도 '그라니'도 아닌 고대 명칭인 '아쿠아이물'만 남아 독일어로 아헨Aachen이라 불렸다.

인류는 그동안 온천에서 요양해왔기 때문에 '온천'이라는 뜻의 지명은 로마뿐만 아니라 전 세계에 많다. 이탈리아에는 아쿠이테르메온천의 물가 있고, 아이슬란드에는 고대 노르만어의 '분출하다, 간헐천'이라는 뜻의 말에서 유래한 '가이저Geysir', 그리고 포르투갈에는 1484년에 레오노르Leonor 왕비가 발견했다는 셀다스 다 라이냐셀다스 온천가 있다. 또한 '온천 마을'이라는 뜻의 '스파광천'라는 이름도 많다. 중국에는 라듐천이 있는 탕강즈湯崗子, 온천이 있는 동산가 유명하다. 미국에도 캘리포니아주에 팜스프링스Palm Springs, 야자나무의 샘가 있고, 조지아의 수도 트빌리시Tbilisi는 '뜨거운 샘'이라는 뜻을 지니고 있다.

아시아는 동쪽,
유럽은 서쪽을 뜻한다

에게해의 서쪽 지방을 '에레브', 동쪽을 '아수'라고 구분

기원전 8세기부터 기원전 7세기에 고대 오리엔트 지방에서는 티그리스Tigris강 상류에 거점을 둔 아시리아가 세력을 확장해나갔다.

당시에는 현재의 레바논 지역에 조선술이 뛰어난 페니키아인이 살았으며, 이들은 지중해에서 교역하기 위해 아시리아를 섬겼다. 그 무렵의 항해술은 지금의 터키 지중해 연안의 여러 항구를 다닐 수 있는 수준이었다. 능숙한 항해사였던 페니키아인은 그러던 중 에게해에 들어섰고, 그리스인이 발전시킨 화려한 에게 문명에 이끌려 그리스까지 이르게 되었다. 그리고 에게해의 서쪽 지방을 에레브ereb, 동쪽을 아수assu라고 구분해서 불렀다.

이 말들은 원래 지중해 연안의 일부 지역을 일컫는 말이었으나 후에 지중해 세계의 패권을 장악한 그리스인에게까지 전해졌다. 그리고 기원전 133년에 터키 서부의 페르가몬이 로마에 항복한 후 페르가몬을 중심으로 한 터키 서부 지역을 속주屬州 '아시아'동쪽라고 부르면서 이때 처음으로 아시아라는 행정상의 지명이 등장했다. 동쪽이라는 뜻의 '아수'에 라틴어의 지명 접미사 '-ia'가 붙어서 '아시아동쪽 땅'가 된 것이다. 이와 함께 범위도 연안부에서 내륙으로 300킬로미터 정도는 확대되었을 것이다.

에우로페 납치 사건, 1726~1727년, 노엘 니콜라 코이플, 필라델피아 미술관

참고로 라틴어의 '-ia'가 지명 접미사로 사용되는 전통은 시대와 지역에 상관없이 남아 있으며, 미크로네시아, 멜라네시아, 폴리네시아 등이 그 예이다.

그 후 로마제국이 확대됨에 따라 '아시아' 지역도 점점 확대되었다. 에게해 동부에서 지중해 동쪽 연안에 이르기까지 아시아에 속하면서 다시금 동쪽에 대한 관심이 높아지는 가운데, '아시아'라는 지역명은 그 범위가 동쪽으로 극에 달할 때까지 계속 퍼져갔다. 지금은 아시아가 지구의 육지 면적 중 3분의 1을 차지하는 가장 큰 지역명이 되었다.

그러나 너무 광범위해져서 이 지역을 세분화할 필요가 생겼다. 그래서 유럽인의 시각에서 유럽과 가까운 근동, 동남아시아, 인도와 그 주변의 남아시아, 중동 여러 나라의 서아시아와 같이 나뉘었다. 오래 전에 '아시아'라고 불린 터키는 지금은 소아시아라고 불린다.

에게해의 서쪽인 에레브는 일찍이 에우로페Europe가 되었고, 나중에 다시 유럽으로 이름이 바뀌었다. 유럽으로 바뀌기 전에 불렀던 에우로페라는 이름은 그리스 신화에서 페니키아의 왕녀인 에우로페가 소로 둔갑한 제우스 신에게 유괴되어 에레브 땅에 정착했다고 해서 붙여졌다.

지리적으로 에게해와 흑해를 연결하는 보스포루스 해협에서 아시아와 유럽으로 나뉜다. 이후 사람들의 관심이 점차 북쪽으로 확대되면서 흑해의 북부에서 아시아와 유럽이 분명히 연결된다는 사실을 발견했다. 그래서 아시아의 서쪽 끝에 돌출된 큰 반도와 같은 유럽에서 아시아를 동쪽과 서쪽으로 구분해 부르는 것은 불가능하다는 것을 알게 되었다.

그래서 서로 반대 방위를 나타내는 '동東'과 '서西'를 연결해 이 대륙을 Euro-Asia, 즉 유라시아Eurasia 대륙이라고 부르게 되었다.

오리엔트와 옥시덴트, 해가 뜨는 곳과 지는 곳이라는 의미

앞에서 말했듯이 '아시아동쪽' 지역은 고대 지중해 세계의 시각에서 이름이 붙여졌다. 이 아시아를 근동Near East, 중동Middle East, 극동Far East으로 나누는 또 다른 분류 방법이 있다. 이러한 분류는 당시 패권을 장악했던 나라가 이름을 붙인 것이다. 이 세 '동쪽'은 19세기에 세계 육지 면적의 4분의 1을 지배하고, 일곱 개의 바다를 차지한 대영제국이 자국을 세계의 중심으로 삼아 동쪽과 서쪽으로 나눈 기준에 따른 것이다.

영국은 자국의 '동쪽'에 있는 나라들을 영국과의 거리에 따라 세 가지로 분류했다. 근동은 1800년경에 오스만튀르크가 지배한 발칸반도의 불가리아, 유고슬라비아와 같은 유럽 남동부에서 이집트, 사우디아라비아, 이라크까지를 포함한 것이다. 참고로 발칸반도의 '발칸'은 터키어로 '산맥'을 뜻한다.

이러한 나라 중에서도 그리스에서 이집트에 걸친 지중해 동부 연안의 나라들, 특히 시리아지금의 터키 남동부에서 레바논, 이스라엘, 요르단을 포함는 레반트Levant라고 불렸다. 레반트는 프랑스어로 '태양이 떠오른다'

라는 뜻으로, 지중해의 동쪽에 있어 그쪽에서 해가 떠오른다는 이유에서 붙여진 이름이다. 이란, 아프가니스탄, 인도는 중동으로 묶인다. 그리고 한국, 중국, 일본은 극동에 속한다.

한편, 제1차 세계대전 후 오스만튀르크에서 독립한 유럽 남동부의 나라들은 지금껏 아시아에 저항하고 유럽 문화를 지켜왔다고 주장하며, 근동에 속하는 것을 거부했다. 그래서 유고슬라비아, 불가리아 등은 '근동'에 포함되지 않게 되었다. 그리고 그 옆의 중근동 또는 중동이라고 하면 대체로 터키에서 이집트, 수단, 예멘, 아프가니스탄까지의 나라들을 가리킨다.

오늘날에는 '중동'이 이란을 포함한 이슬람의 여러 나라를 가리키는 것으로 범위가 바뀌었다. 즉 이집트, 수단은 물론 리비아부터 경도상 영국보다 서쪽에 있는 모로코 등 북아프리카의 모든 이슬람 지역을 중동이라고 한다.

간혹 터키에서 이집트까지 지중해 동부 연안의 여러 나라, 즉 동쪽으로는 이란까지, 그리고 남쪽으로는 예멘까지를 오리엔트Orient라고 부른다. 이 역시 '태양이 떠오른다'라는 라틴어 오리리Oriri에서 파생된 오리엔스동쪽에서 유래했다. 방향성을 나타내는 오리엔테이션과 '기원'을 뜻하는 오리진도 어원이 같다.

이 오리엔트를 로마 서쪽의 유럽 지역과 대서양, 그리고 남북 아메리카에서는 그와 정반대의 의미인 옥시덴트Occident, 태양이 진다라고 부른다. 대서양이라는 한자 표기도 로마인이 이름을 붙인 '태양이 지는 큰 바다'라는 뜻의 오케아누스 옥시덴탈리스Oceanus Occidentalis에서 유래했다.

유럽의 중심인 오스트리아는 왜 '동쪽'이 되었을까?

훗날 유럽의 여러 나라에서는 '아시아'의 어원이 된 아수assu가 '동쪽'이라는 말의 어원이 되었다. 'assu'에서 유래해 독일어로는 오스트ost, 프랑스어로는 에스트est, 스페인어로는 에스테este, 영어로는 이스트east라고 한다. 그러면 유럽의 중심으로 '동쪽의 나라'라고 이름 붙여진 오스트리아는 어째서 '동쪽'이 되었을까? 이것은 8세기에 지금의 프랑스, 독일을 중심으로 세력을 과시한 프랑크왕국과의 위치와 관련 있다.

768년에 샤를마뉴Charlemagne 대제가 즉위하고 나서 프랑크왕국은 본격적으로 동방으로 영토 확장에 나서 지금의 오스트리아에 해당하는 지역에 동부의 변경구邊境區를 뜻하는 오스트마르크Ostmark를 설치했다.

당시에는 오스트마르크라는 게르만어 지명이었는데, 이후 라틴어가 중세 유럽의 공용어가 되면서 오스트ost에 라틴어의 지명 접미사 '-ia'가 붙어 '오스트리아'가 되었다. 오스트리아인은 자국을 '외스터라이히Österreich, 오스트리아의 독일명'라고 부른다. 20세기에 들어와 1938년에 독일이 오스트리아를 병합했을 때, 짧은 기간이었지만 게르만족의 피를 숭배하는 히틀러에 의해 '오스트마르크'라는 이름이 부활하기도 했다. 참고로 프랑크왕국의 동부 변경구와 같이 덴마크도 북쪽에 변경구를 설치했으며, 덴마크라는 지명은 '데인족과의 경계'라는 뜻이었다.

고대 로마 시대에 유럽의 북쪽 끝에 있는 땅은 발티아Baltia라고 기록되었다. 그래서 덴마크의 동쪽 바다를 발트해라고 한다. 중세 유럽에서는 발트해가 게르만족 거주지의 동쪽에 있었기 때문에 오스트제Ostsee, 즉 '동해'라고 불렀다.

에스토니아Estonia도 '동쪽의 나라'라는 뜻으로, 에스토니아인은 자국을 에스티Esti라고 부른다. 그리고 벨기에의 항만 도시 오스텐드Oostende는 모래 해변의 '동쪽 끝'이라는 뜻이다.

한편 에레브ereb. 서쪽는 후에 유럽의 어원이 된 것처럼 켈트의 고어古語에서는 에이레Eire의 어원이 되었다고 전해진다. 또한 그레이트브리튼섬에 사는 켈트계 브리튼족은 서쪽에 있는 섬 혹은 켈트계 게르족을 '서쪽에 사는 사람'이라는 뜻으로 에린Erin이라고 불렀다. 에린은 곧 엘Ere로 바뀌었고, 12세기에 앵글로색슨의 지배를 받아 켈트어 지명 엘이 영어식으로 아일Ire로 바뀌고 여기에 '나라'를 뜻하는 랜드land가 붙어서 아일랜드Ireland가 되었다.

아틀란티스의 전설은
지명에 살아 있다

'애틀랜틱 오션' 대서양은 '아틀라스의 바다'라는 뜻이다

인간은 공상을 한다. 더욱이 인간의 발길이 닿지 않은 미지의 세계가 펼쳐져 있던 시대에 인간은 적은 정보로 상상의 나래를 펼쳤다.

'대서양'은 영어로 애틀랜틱 오션Atlantic Ocean이라고 표기하는데, 이것은 그리스 신화에 나오는 아틀라스의 이름에서 유래한 것이다. 고대 그리스인들은 헤라클레스의 기둥과 별도로 또 다른 세계의 끝이라고 여겼던 지중해의 서쪽 끝에서 거인 신 아틀라스가 지구를 받치고 있다고 믿었다. 그리고 페르세우스Perseus가 나타나 메두사의 머리를 보여주자 아틀라스가 돌이 되어 산맥이 되었다고 전해진다. 대서양은 이 아틀라스산맥 끝에 있는 바다로 '아틀라스의 바다'라는 뜻의 아틀란티코스Atlanticos, 즉 'Atlantic Ocean'이 되었다.

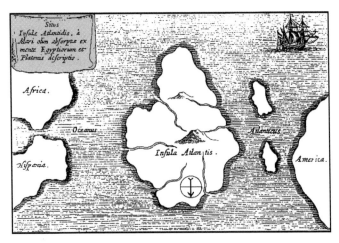

대서양 한가운데 자리 잡고 있는 아틀란티스, 남쪽이 위쪽으로 되어 있는 지도, 1669년,
아타나시우스 키르허

콜럼버스가 탐험에 나서기 전까지 유럽인들은 서쪽 바다에 신화
와 전설로 전해지는 섬이 많다고 여겼다. 그것은 철학자 플라톤^{기원전}
427~347이 남긴 저작의 영향을 받았기 때문이다.

　플라톤에 의하면, 일찍이 헤라클레스의 기둥^{지브롤터 해협} 서쪽에 리
비아^{아프리카}와 소아시아를 합친 정도의 큰 섬이 있었다. 이 섬은 아주
오랜 옛날 여러 신이 세계를 나누었을 때 바다의 신 포세이돈의 것이
었다. 이 섬에는 땅이 비옥해서 아름다운 열매가 풍성하게 열렸다. 포
세이돈은 섬의 딸 크레이트와 결혼해 자식을 낳았는데, 첫 번째로 태
어난 자식에게 아틀라스라는 이름을 붙여주고 그를 왕으로 세웠다.
그리고 섬의 이름도 아틀라스와 관련해 '아틀란티스'라고 지었다.

　아틀라스의 후손 중에는 뛰어난 인물이 많이 나왔고, 관개용 수로

를 만드는 등 땅을 쓸모 있게 활용해 자급자족했다. 그리고 금과 은 같은 광물 자원 외에 빛이 나는 귀한 광석인 청동광석을 대량으로 채취해 아틀란티스 사람들의 생활은 풍요로웠고 번영이 극에 달했다.

그러던 중 불손한 왕이 즉위하고 나서 사람들의 생활이 점차 타락하기 시작했다. 그러자 어느 날 대지진과 대홍수가 일어나 아틀란티스가 하루아침에 바닷속으로 가라앉았다.

플라톤은 이 신화를 통해 사람들에게 교훈을 주려고 했던 것일까? 아직도 이 이야기를 실화로 믿고, 대서양의 섬들은 아틀란티스의 흔적이며 그 자손들이 지금도 이어지고 있다고 믿는 사람들이 있다.

그리고 대항해 시대의 포르투갈에서는 유럽의 전방前方과 대서양 연안에 전설의 섬이 있다고 믿는 이들이 그 섬을 안틸리아Antilia라고 불렀다. 콜럼버스가 대서양에서 서인도 제도를 발견하고 그곳을 전설의 안틸리아라고 확고하게 믿은 것은 당시의 상황을 고려하면 당연한 일이다. 그래서 이 섬들을 앤틸리스Antilles, 안틸 제도라 불렀다.

1장 고대 지중해와 지명의 탄생 — 55

2장

지명을 바꾼
게르만족의 대이동

유럽 지명에 남아 있는
켈트족의 유산

알프스산맥은 켈트어에서 바위산을 뜻한다

'켈트Celt족'은 언어를 비롯한 공통의 문화적 특질을 보이는 사람들의 명칭이다. 그들은 지중해 세계에서 그리스인이 활약할 때, 지금의 체코와 폴란드의 국경에 있는 수데티Sudety산맥, 우크라이나와 루마니아 사이에 있는 카르파티아Carpathian산맥부터 프랑스 서부를 흐르는 가론강에 걸쳐 알프스 북쪽 부근에 널리 분포했다. 이들이 살던 곳의 동쪽은 슬라브족의 땅이었고, 북해 연안은 게르만족의 고향이었다. 그리고 일부는 이베리아반도에도 분포했다.

여기에서 언급한 카르파티아산맥은 고대 슬라브어에서 산맥을 가리키는 콜바트Chorwat라는 말에서 유래했다.

그러나 알프스Alps산맥은 켈트어에서 바위산을 뜻하는 알프alp라

로마군의 유럽 켈트족 침공

로마군 침공 이전의 켈트족 거주지

북해
스코틀랜드
맨섬
도버 해협
아일랜드섬
런던
게르만인
슬라브인
라인강
수데티산맥
카르파티아산맥
콘월반도
센강
도나우강
루아르강
대서양
코냑
리모주
알프스산맥
론강
흑해
에브로강
가론강
트라키아
콘스탄티노플
타호강
앙카라
지중해

로마군의 켈트족 침공

켈트족에 대한 최초의 로마 침공은 카이사르가 골족을 지원한 켈트족들을 응징하기 위해
이루어졌다. 하지만 그때 로마는 켈트족 점령이 목적이 아니라, 영국의 켈트족에게 로마를 따르라는
경고를 보내는 정도에 그쳤다.
이후 로마는 잠잠하다가 100년이 흐른 후 켈트족이 살던 영국 남부를 점령했다. 이때부터
로마인들은 점령지에 살던 켈트족을 'Britons'라고 부르면서, 점령지를 'Britannia'라고 했다. 영국
Britain, 프랑스 북서부 해안 지역의 Brittany는 모두 여기서 파생된 말이다.
많은 로마인들이 이 전쟁에서 목숨을 잃었지만 켈트족의 영국은 로마제국으로 흡수되지 않았다.
특히 지금의 스코틀랜드에 있던 부족들은 끝까지 독립적으로 남아 로마제국과 싸웠다.

는 말에서 유래했고, 스위스의 관광지인 레만Leman 호수는 느릅나무를 뜻하는 레만leman에서, 그리고 서쪽 끝의 가론Garonne강은 거칠다는 뜻의 가루garw와 강이라는 뜻의 온onn이 합쳐져서 '급류'라는 뜻을 나타내게 된 것처럼, 고대 켈트어에서 유래한 지명이 아직도 남아 있다.

원래 켈트족은 도나우강 상류의 초원 지대에 살면서 일찍이 말을 사육하는 방법을 터득한 기마 민족이다. 기원전 5세기부터 기원전 3세기에는 기병 부대를 앞세워서 그리스와 로마의 영토를 위협한 적도 있다. 기원전 385년에 전투에 패한 로마인의 뒤를 밟아 로마의 성채까지 뒤쫓은 일은 유명하다. 로마인은 그들을 갈리아 혹은 갈라티아라고 불렀다. 골족켈트족의 한 부족이라 불린 사람들도 같은 지역에서 살았다.

기원전 3세기에는 로마 주변에서 영토를 확장해나가던 켈트족이 소아시아의 중앙부로 모여들어 이곳에 갈라티아라는 이름이 붙었다. 그리고 그 중심지는 골짜기라는 뜻의 앙키라Ancyra라고 이름 지어졌고, 이는 중세에 '앙고라'로 바뀌었다. 그 주변에서 모피를 얻기 위해 생산된 앙고라는 지금도 세계적으로 유명하다. 《신약성경》의 '갈라티아 신자들에게 보낸 서간'으로 유명한 갈라티아가 바로 이 지방이다.

오늘날 이곳은 터키의 수도 앙카라가 되었다. 제1차 세계대전에서 패한 후 1930년에 앙카라로 이름이 바뀌었고, 1932년에 패전국의 분할을 꾀하는 그리스에 대항하기 위해 콘스탄티노플이스탄불에서 앙카

시테섬에서 바라본 노트르담 대성당, 2006년, © Diliff

라로 수도를 옮겼다.

기원전 3세기 말경에 로마가 갈리아 땅에서 영토를 확장하기 시작하자 켈트족은 알프스의 북쪽으로 밀려났다. 그리고 기원전 2세기에 북쪽과 동쪽에서 몰려온 게르만족의 이동으로 다시 라인강 서쪽으로 쫓겨났다. 참고로 라인Rhine강의 이름도 켈트어에서 흐름을 뜻하는 'ri'와 강을 나타내는 접미사 'n'이 합쳐진 것으로 '강'을 의미한다.

이후 켈트족은 머지않아 지금의 프랑스 중부, 북부와 브리튼 제도로 몰려갔다. 프랑스 수도 파리Paris의 이름도 센강의 시테섬에 거점을 둔 켈트계 파리시Parisii족의 이름에서 유래했다. 시테섬의 시테cité는 '시市'를 뜻하며 파리시는 '난동꾼, 촌놈'이라는 뜻이다.

오늘날 파리의 이미지와는 매우 상반되는 느낌이다. 센강도 켈트어에서 '여유가 있는 모양'을 뜻하는 'sog'와 강을 뜻하는 'han'이 합쳐진 이름으로, '여유롭게 흐르는 강'을 라틴어로 세콰나Sequana라고 부른 것이 와전된 것이다. 벨기에 남동부에 있는 아르덴고원도 켈트어에서 고지高地를 뜻하는 'ard'에 접미사가 붙은 것이고, 프랑스 서부의 코냑브랜디 명칭의 기원이 된 지명 지방도 켈트어에서 유래했다고 한다.

기원전 52년경에 로마인의 지배를 받는 것을 싫어한 켈트족은 브리튼 제도를 마지막 울타리로 여겼다. 그들이 건넌 도버Dover 해협은 도버강의 이름을 딴 것으로, 역시 켈트어에서 강을 뜻하는 'dobra'에서 유래했다. 런던도 옛날에는 켈트어로 카엘루드CaerLudd, 전쟁의 신 루드의 성라고 불렸는데, 후에 이곳을 침공한 로마인이 켈트계 선주민인 론디누스Londinus족이 사는 땅이라는 의미에서 론디니움Londinium이라고 이름 붙였다. 그 어원인 론도londo는 켈트어로 '야생적인', '용감한'이라는 뜻이다.

그러나 결국 브리튼섬도 로마가 지배했으며, 마지막까지 유럽갈리아에 남은 켈트족도 로마에 동화되는 등 켈트족의 정체성은 시간이 지나면서 차츰 사라졌다.

브리튼섬에서 벌어진 켈트족과 게르만족의 항쟁

그 후 3세기경에 이르러 로마의 세력이 쇠퇴하고 게르만족의 움직임이 활발해졌다. 그리고 게르만족의 일파인 앵글로색슨족이 브리튼

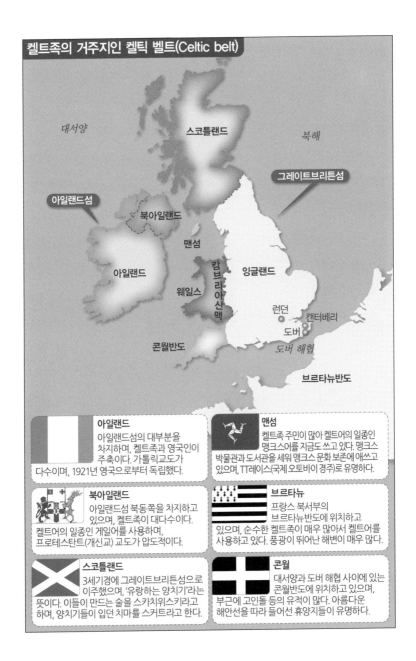

켈트족의 거주지인 켈틱 벨트(Celtic belt)

대서양

스코틀랜드

북해

그레이트브리튼섬

아일랜드섬

북아일랜드

맨섬

아일랜드

캄브리아산맥

잉글랜드

웨일즈

런던

캔터베리

도버

콘월반도

도버 해협

브르타뉴반도

아일랜드
아일랜드섬의 대부분을 차지하며, 켈트족과 영국인이 주축이다. 가톨릭교도가 다수이며, 1921년 영국으로부터 독립했다.

맨섬
켈트족 주민이 많아 켈트어의 일종인 맹크스어를 지금도 쓰고 있다. 맹크스 박물관과 도서관을 세워 맹크스 문화 보존에 애쓰고 있으며, TT레이스(국제 오토바이 경주)로 유명하다.

북아일랜드
아일랜드섬 북동쪽을 차지하고 있으며, 켈트족이 대다수이다. 켈트어의 일종인 게일어를 사용하며, 프로테스탄트(개신교) 교도가 압도적이다.

브르타뉴
프랑스 북서부의 브르타뉴반도에 위치하고 있으며, 순수한 켈트족이 매우 많아서 켈트어를 사용하고 있다. 풍광이 뛰어난 해변이 매우 많다.

스코틀랜드
3세기경에 그레이트브리튼섬으로 이주했으며, '유랑하는 양치기'라는 뜻이다. 이들이 만드는 술을 스카치위스키라고 하며, 양치기들이 입던 치마를 스커트라고 한다.

콘월
대서양과 도버 해협 사이에 있는 콘월반도에 위치하고 있으며, 부근에 고인돌 등의 유적이 많다. 아름다운 해안선을 따라 들어선 휴양지들이 유명하다.

섬으로 건너와서 켈트그 무렵에는 브리튼족으로 불렸다와 항쟁을 반복했다.

켈트의 전설적인 영웅 아서 왕과 원탁의 기사 이야기는 게르만족과 켈트족의 항쟁이 한창이던 6세기경에 완성되었다. 최종적으로 켈트족의 일파인 브리튼족이 앵글로색슨족에게 패해 웨일스Wales, 콘월Cornwall반도, 맨섬, 그리고 아일랜드로 밀려났으나 아서 왕의 전설은 사라지지 않고 지금까지 전해진다.

그중 웨일스는 앵글로색슨 시대부터 사용해온 지명으로 'wealas', 즉 '적敵'이라는 뜻이다. 지명에 적지敵地라는 뜻이 있기 때문에 영국 황태자를 나타내는 프린스 오브 웨일스Prince of Wales의 칭호는 매우 의미심장하다.

켈트어로 콘월의 'corn'은 산골짜기, 'wall'은 웨일스족을 가리키므로, '콘월'은 '웨일스족의 산골짜기'라는 뜻이다. 그리고 브리튼섬과 아일랜드 사이에 있는 맨섬은 켈트어로 '작은 섬'을 뜻한다.

이처럼 켈트어에서 유래한 지명을 살펴보면, 그들이 이름 붙인 지명은 고유명사가 아니라 단지 산, 강, 고원, 섬이라는 일반명사였다. 이를 나중에 침입한 로마인과 앵글로색슨족이 자신들의 언어로 기록한 것이 현재의 지명이 된 것으로, 보통 지명의 유래와는 다른 점이 흥미를 끈다.

기원전 1세기경에 로마에 정복된 갈리아, 즉 지금의 프랑스 중서부에는 오늘날 '도자기 마을'로 알려진 리모주Limoges라는 마을이 있으며, 이 마을을 포함한 지역을 리무쟁Limosin 지방이라고 부른다. 이 지방 사람들은 두건을 쓰는 관습이 있었는데, 이 두건의 이름도 지명에서 따와 리무쟁이라고 불렀다. 이러한 풍습과 지명은 프랑스인들의 기억에 오래도록 남았다. 19세기 말에 프랑스의 자동차 회사는 운전석과 객석 사이에 차단막을 설치한 자동차를 개발했는데, 겉에서 본 모습이 마치 리무쟁 사람이 두건을 쓴 모습과 같다고 해서 리무쟁이라고 불렀다. 영어로는 리무진으로 발음하며, 오늘날 이 자동차는 전 세계의 도로를 달리고 있다.

유럽 지도를 바꾼
게르만족의 대이동

'게르만족의 대이동'으로 현대 유럽의 기본적인 민족의 판도가 정해졌다고 한다. 이제 이 게르만족이 어떤 이들이며 어디에서 어떻게 이동했는지, 어떤 나라와 어떤 도시를 세웠는지, 그리고 그곳에 어떤 이름을 붙였는지를 알아보기로 하자.

우선 게르만족에 대해 알아보자. 게르만족은 특정 민족을 가리키지 않으며, 스칸디나비아Scandinavia반도 남부에서 덴마크 동부, 독일과 폴란드 사이를 흐르는 오데르강 하구 부근을 거점으로 하는 인도·유럽어족 계열의 민족 집단을 총칭했다.

참고로 스칸디나비아는 유럽에서 바라볼 때 반도가 암녹색의 침엽수가 무성한 큰 섬처럼 보인다고 해서 '어두운'이라는 뜻의 'Skad'와 섬이라는 뜻의 'aujo'를 합해 '어두운 섬'이라고 불렀다.

게르만족의 이동은 광범위한 로마제국 안에서 교역하고 영토 확장을 꾀하는 등 이미 기원전에 시작되었다. 그러다 3세기에 들어서면서 로마가 쇠퇴의 길을 걸었다. 정복 시대가 끝나고 팍스로마나를 이룬 후, 서민들의 생활 풍속은 문란해지고 관료는 권력 투쟁을 일삼으며 대제국을 세운 로마 군대는 용병에게 전쟁을 맡기는 등 점차 타락하기 시작했다.

이렇게 로마제국이 쇠락하기 시작한 무렵부터 5세기에 걸쳐 게르만족이 대규모로 움직였다. 이때 게르만족은 크게 북게르만, 동게르만, 서게르만 등 셋으로 나뉘었다.

로마제국을 지배한 동게르만의 고트족

동게르만에는 고트, 반달, 부르군트, 롬바르드 등의 집단이 있었다. 그들은 이미 기원전에 이동을 시작해 로마제국과 전쟁하기도 하고, 때로는 용병이 되어 로마제국의 세력 확장에 동참하거나 소작인 콜로누스이 되기도 하며 차츰 남쪽으로 내려갔다.

그중에서도 376년에 가장 활발하게 민족 이동이 이루어졌다. 로마제국의 번영에 그늘이 드리워지기 시작할 무렵, 우랄산맥의 서쪽에 거점을 둔 훈족이 볼가강을 건너 침입해 왔다. 그러자 도나우강부터 흑해 연안에 걸쳐 거주하던 서고트족은 도니에플강의 동쪽에서 서쪽으로 넘어가 로마제국으로 도망쳐 들어갔다. 이러한 움직임이 각지로 퍼지면서 마침내 민족의 대이동이 시작되었다.

제일 먼저 이동한 서고트족은 흑해 부근에서 이탈리아반도로 나

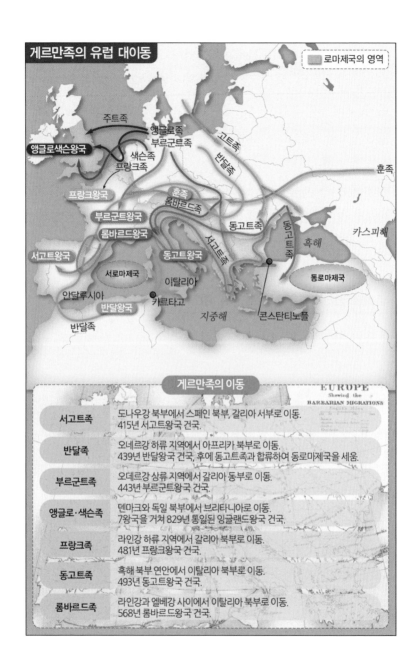

게르만족의 유럽 대이동

로마제국의 영역

주트족
앵글로족
부르군트족
고트족
반달족
훈족
앵글로색슨왕국
색슨족
프랑크족
프랑크왕국
훈족
롬바르드족
부르군트왕국
롬바르드왕국
동고트족
동고트족
흑해
카스피해
서고트왕국
서고트족
동고트왕국
서로마제국
이탈리아
동로마제국
안달루시아
반달왕국
카르타고
지중해
콘스탄티노플
반달족

게르만족의 이동

서고트족	도나우강 북부에서 스페인 북부, 갈리아 서부로 이동. 415년 서고트왕국 건국.
반달족	오네르강 하류 지역에서 아프리카 북부로 이동. 439년 반달왕국 건국, 후에 동고트족과 합류하여 동로마제국을 세움.
부르군트족	오데르강 상류 지역에서 갈리아 동부로 이동. 443년 부르군트왕국 건국.
앵글로·색슨족	덴마크와 독일 북부에서 브리타니아로 이동. 7왕국을 거쳐 829년 통일된 잉글랜드왕국 건국.
프랑크족	라인강 하류 지역에서 갈리아 북부로 이동. 481년 프랑크왕국 건국.
동고트족	흑해 북부 연안에서 이탈리아 북부로 이동. 493년 동고트왕국 건국.
롬바르드족	라인강과 엘베강 사이에서 이탈리아 북부로 이동. 568년 롬바르드왕국 건국.

아가 410년에 로마시를 점령하고, 지금의 프랑스 서부에 정착했다. 이후 489년에 동고트족이 이탈리아에 침입해 서고트족을 밀어내고 554년까지 로마를 지배했다. 이때 서고트족은 이베리아반도로 이동해 8세기 초까지 에스파냐의 이베리아반도에서 거주하다가 아랍의 침공을 받고 그 모습을 감추었다. 비록 역사상 사라지기는 했으나 지금도 세계 지도의 여러 지명에서 그들의 흔적을 볼 수 있다. 그들이 원래 거점으로 삼았던 스칸디나비아반도 남쪽의 고틀란드섬Gotland은 이름의 뜻이 바로 '고트족의 나라'이다. 그리고 지질학에서 말하는 고틀란드기紀는 이 섬의 지층에서 유래했다.

고트족에 이어서 지금의 독일 동부, 오데르강 상류를 거점으로 삼았던 반달족이 북해 연안으로 이동해 갈리아 지방지금의 프랑스 서부을 거쳐 이베리아반도에서 북아프리카로 건너갔다. 그리고 지금의 튀니지에 있던 카르타고 부근에 나라를 세우고, 다시 이탈리아반도로 향하는 대이동을 했다. 455년에 반달족이 로마시를 점령했고, 476년에 게르만족의 용병 대장 오도아케르Odoacer가 로마 황제를 폐위시켜서 마침내 서로마제국은 멸망했다.

반달족의 이러한 광범위한 이동의 흔적은 오늘날에도 곳곳에서 발견할 수 있다. 스페인의 안달루시아Andalucía 지방은 고대 이베리아족의 땅이었는데 기원전 12세기에는 페니키아가, 기원전 5세기에는 카르타고가 식민시를 건설했다. 기원전 197년에 로마의 지배를 받기 시작했고, 서기 5세기에 로마 세력이 쇠퇴하면서 반달족의 침입을 받아 '반달족의 나라'라는 뜻인 '반달루시아Vandalucía'로 불렸다. 그러다 8세기 초에 아랍의 지배를 받으며 안달루스Andalus가 되었고, 나중에 지금의 안달루시아가 되었다. 이것은 원래 이베리아반도 전역을 가리키는 지명이었다.

서고트족과 동고트족이 이탈리아로 침입해 로마를 지배

마찬가지로 프랑스 중동부의 부르고뉴Bourgogne 지방은 부르간디아, 즉 '부르군트인의 나라'를 뜻하고, 이탈리아 북부의 롬바르디아Lombardia는 '롬바르드인의 나라'를 뜻한다. 단, 동게르만은 일찍부터 이동해 바로 로마제국에 동화되었기 때문에 지명에서 그들의 특징이 될 만한 흔적을 발견할 수 없다.

410년에는 서고트족, 489년에는 동고트족이 이탈리아를 침입했는데, 이탈리아를 파괴한 것만은 아니었다. 오히려 쇠퇴기에 있던 이탈리아에 다시 한번 번영을 가져다주었다. 그러나 어쨌든 자신들보다 못한 게르만족의 지배를 받았다는 사실은 로마인에게 치명적인 굴욕으로 여겨졌을 것이다.

이것은 고트족의 이름인 '고트'의 어원을 살펴보면 바로 알 수 있다. 외국어 사전에서 '고트Goth'는 '교양이 없는 무례한', '무식한 야만인', '문화를 파괴하는 자'라고 설명된다. 프랑스어로는 '촌 여자', '스스로 타락한 여자'를 의미하고, 독일어와 스페인어에서도 '거칠고 천함', '야만'이라는 뜻을 지니고 있으므로 좋은 이미지는 아니다.

554년에 비잔틴동로마제국의 군대가 로마에서 고트족을 몰아내기는 했으나, 고트족에 대한 혐오감을 좀처럼 떨쳐버리기 어려웠을 것이다. 그들이 떠난 후 중세에 이르러서도, 이탈리아인은 알프스의 건너편을 고트족실제로는 프랑크족이지만의 땅으로 여겼다. 프랑스 북부에서 발달해 12세기부터 16세기에 걸쳐 유럽에 널리 퍼진 건축 양식은 당시에는 획기적이었는데, 이탈리아에서는 이를 고트족의 것이라는 뜻으로 '고딕Gothic 양식'이라고 불렀다. 그리고 영국에서는 고딕 건축의 성城과 성당을 무대로 한 괴기 소설을 '고딕 로맨스'라고 일컬었다.

또한 북유럽에서는 거칠게 손으로 쓴 서체를 고딕체라고 하고, 이에 비해 약간의 경사를 주어 세련되게 쓴 서체를 이탤릭체Italic라고 부른다.

켈트족을 침략한
앵글로족의 '잉글랜드'

프랑크푸르트는 프랑크족이 건설한 선착장이라는 뜻

서게르만은 프랑크, 앵글로, 색슨, 주트와 같은 부족이 속하며, 기원후 5세기 중반경에 이동하기 시작했다. 프랑크Frank족의 명칭이 그대로 국명이 된 서유럽의 프랑스와, 유럽 중동부에 작센색슨인의 나라이라는 지명을 남긴 독일이 형성된 데에는 이 서게르만족이 중요한 역할을 했다. 그리고 북부의 앵글로, 색슨, 주트가 브리타니아로 이주해 영국을 구축했다.

3세기경, 프랑크족이 게르마니아에서 라인강을 넘어 지금의 프랑스 지역인 갈리아에 침입해 들어왔다. 그들은 서로마제국이 붕괴한 뒤 481년에 프랑스 지역에서 서고트족을 이베리아반도로 쫓아내고 프랑크왕국을 세웠다. 그들은 프랑카franka, 창를 주요 무기로 사용해

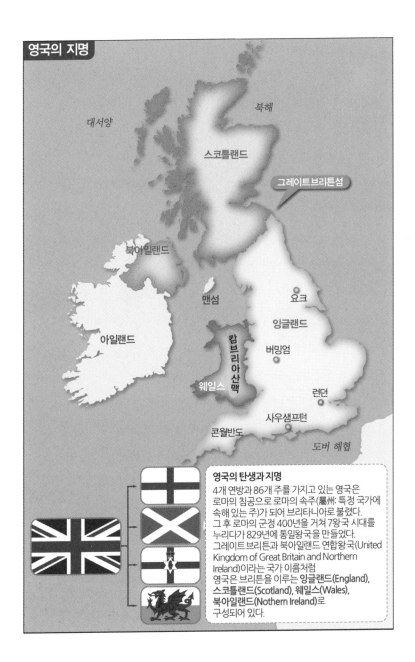

영국의 지명

대서양

북해

스코틀랜드

그레이트브리튼섬

북아일랜드

맨섬

요크

아일랜드

잉글랜드

버밍엄

칼브리아산맥

웨일스

런던

사우샘프턴

콘월반도

도버 해협

영국의 탄생과 지명

4개 연방과 86개 주를 가지고 있는 영국은
로마의 침공으로 로마의 속주(屬州: 특정 국가에
속해 있는 주)가 되어 브리타니아로 불렸다.
그 후 로마의 군정 400년을 거쳐 7왕국 시대를
누리다가 829년에 통일왕국을 만들었다.
그레이트브리튼과 북아일랜드 연합왕국(United
Kingdom of Great Britain and Northern
Ireland)이라는 국가 이름처럼
영국은 브리튼을 이루는 잉글랜드(England),
스코틀랜드(Scotland), 웨일스(Wales),
북아일랜드(Nothern Ireland)로
구성되어 있다.

프랑크족으로 불렀다고 한다. 그리고 독일 중앙부, 즉 라인강의 지류인 마인강이 내다보이는 프랑크푸르트Frankfurt는 부족 이름인 프랑크와 선착장을 뜻하는 푸르트가 합쳐진 것으로 프랑크족이 건설한 선착장이라는 뜻이다. 지금은 프랑크푸르트 암 마인Frankfurt Am Main, 마인강변의 프랑크푸르트으로 불린다.

플랑드르Flandre 지방은 프랑스 북동부에서 벨기에 서부, 네덜란드 남부에 걸친 지역을 가리키며, 이 이름은 게르만족이 북해에서 불어오는 강한 해풍과 관련해 강하게 분다는 뜻의 'flanderen'이라고 부른 데서 유래했다. 네덜란드어로는 플란데렌Vlaanderen, 영어로는 플랜더스Flanders라고 부르며, 영국인 작가 위다Ouida가 쓴 《플랜더스의 개》의 무대이기도 하다.

잉글랜드England의 이름은 '앵글로족의 나라'를 뜻한다. 게르만족이 침입하기 이전에 브리튼으로 건너와 자리 잡은 켈트족에게는 나중에 이주해온 사람들은 게르만족의 어느 집단에 속하든 상관없이 모두 침입자이며 이민족이다. 그중에 가장 대표적인 이민족은 앵글로족으로, 당시 켈트족은 브리튼에 들어온 게르만족 전체를 켈트어로 앵글리Anglii 또는 앵글리아Anglia라고 불렀다. 이것이 나중에 'Englise'가 되어 1000년경에는 엥글라랜드Englaland라는 지명이 생겨났다.

역사적으로 여러 민족의 침입을 받아온 영국에는 런던과 같은 켈트어 지명 외에 또 다른 침입자인 앵글로색슨족에 의한 지명도 적지 않다. 그중에서도 잉-ing, 어토우-atowe, 스테드-sted, 턴ton과 같은 지명 어미는 모두 색슨족의 언어에서 기원했다.

색슨족이 남긴 유명한 지명으로는 청교도가 아메리카 대륙으로 출항한 곳인 사우샘프턴Southampton이 있다. '남쪽'을 뜻하는 사우스South와 '개척지, 영지'를 뜻하는 홈튼humtun이 합쳐져 '남쪽의 개척지'를 가리킨다.

미국의 뉴욕이 영국의 요크 지명에서 유래

럭비의 발상지인 버밍엄 남서쪽에 럭비Rugby라는 도시가 있다. 1200년경의 기록에 있는 로케베리Rockeberie 또는 록비Rokebi는 '로크족켈트족의 한 분파의 성새城塞, 시가를 지키기 위해 세운 성 도시'를 뜻하는 말이었다. 이 로크가 바이킹에 의해 러그Rug로 바뀌고 지명 어미도 그들이 '성새 도시'를 나타낼 때 사용한 'by'를 붙여서 럭비Rugby가 되었다.

웨일스는 로마의 속주 시대에 켈트계 브리튼족인 킴브리족이 사는 지방이었던 데에서 킴브리에 라틴어 지명 접미사 '-ia'를 붙여 캄브리아Cambria, 즉 '킴브리족의 나라'로 불렸다. 로마인이 이 지방에 붙인 최초의 이 이름은 캄브리아산맥에 지금도 남아 있다. 그리고 이 산지에서 5억 7,000만 년 전에서 5억 년 전까지의 삼엽충 화석이 많이 출토되어 지질학계에서는 해당 시기를 '캄브리아기'라고 명명했다.

1세기에 영국이 로마의 속주가 되었을 때, 이 지방에 사는 선주민 브리튼족 중에 에브로스라는 이름이 가장 많았기 때문에 로마인은 이를 선주민 집단의 이름으로 여기고, 이 지방의 명칭을 그대로 에브로스Eburos라고 기록했다. 그 후에 이곳을 침입한 색슨족은 로마인이 이름을 붙인 에브로스를 그들의 발음 방식으로 읽은 에포윅Eoforwic, 에브로스 마을이라고 불렀다. 962년 이후 바이킹이 지배한 시대에는 이것이 요르빅Iorvik으로 와전되었고, 나중에 이것을 줄여 요크Iork라고 했다. 그리고 바이킹 다음으로 앵글로색슨이 다시 이곳을 지배했을 때 I가 Y로 바뀌어 지금의 요크York가 되었다. 이렇게 이름이 여러 차례 바뀌었지만 그동안 특별하게 뜻이 바뀌지는 않았다. 단순히 에브로스가 와전되어 요크가 된 것이다. 미국의 뉴욕이 이 지명에서 유래한 것은 널리 알려진 사실이다.

노르만족 바이킹이
유럽 전역으로 진출?

북게르만은 스칸디나비아반도 남부에서 덴마크를 거점으로 삼았다. 덴마크, 스웨덴, 노르웨이, 영국 북부, 아이슬란드에 분포한 북게르만은 8세기 말경부터 바이킹으로 불렸다. 정식 명칭은 노르만족이며, 이들은 9세기 중반경부터 유럽 연안 각지에서 활발하게 교역 및 해적 활동을 하며 세력을 확대해나갔다.

7, 8세기경 북게르만의 데인Dane족이 스칸디나비아반도 남부에서 지금의 덴마크 지역으로 이동해 주트족을 몰아내고 그곳에 정착했다. 주트족은 해안선을 따라 프랑크왕국을 공격했다는 이유로 과거에 프랑크왕국이 그들에 대항해 오스트마르크를 설치했듯이, 자신들도 데인족에 대항해 덴마크Dane Mark, 변경구를 설치했다. 이것이 오늘날 덴마크 국명의 유래가 되었다는 사실은 이미 앞에서 이야기했다.

유럽 대륙에 살던 게르만족은 발트해 건너편을 이국으로 여겼다.

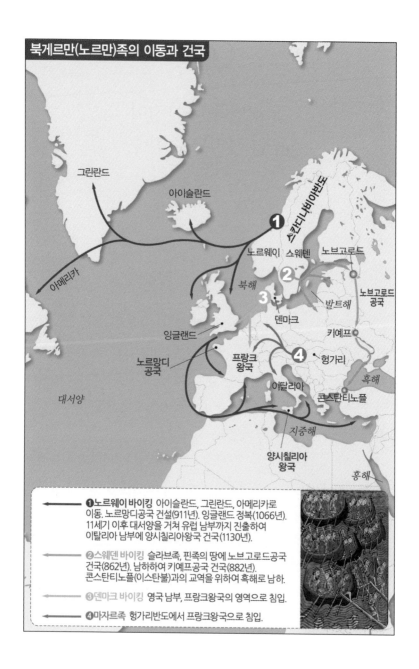

북게르만(노르만)족의 이동과 건국

그린란드

아이슬란드

스칸디나비아반도

아메리카

노르웨이 스웨덴

노브고로드

①

②

북해

발트해

③

덴마크

노브고로드
공국

잉글랜드

키예프

노르망디
공국

프랑크
왕국

④ 헝가리

대서양

이탈리아

흑해

콘스탄티노플

지중해

양시칠리아
왕국

홍해

❶**노르웨이 바이킹** 아이슬란드, 그린란드, 아메리카로
이동. 노르망디공국 건설(911년). 잉글랜드 정복(1066년).
11세기 이후 대서양을 거쳐 유럽 남부까지 진출하여
이탈리아 남부에 양시칠리아왕국 건국(1130년).

❷**스웨덴 바이킹** 슬라브족, 핀족의 땅에 노브고로드공국
건국(862년). 남하하여 키예프공국 건국(882년).
콘스탄티노플(이스탄불)과의 교역을 위하여 흑해로 남하.

❸**덴마크 바이킹** 영국 남부, 프랑크왕국의 영역으로 침입.

❹**마자르족** 헝가리반도에서 프랑크왕국으로 침입.

그러던 중 그들 가운데 스베리족이 바다를 건너가 스베리예Sverige왕국을 건국했다. 스베리족은 북게르만 중에서도 흰 피부, 금발, 장신이라는 게르만족의 신체적인 특징을 가장 잘 이어갔다. 단, 세계적으로는 스베리예왕국이라는 정식 명칭보다 영어식 명칭인 스웨덴으로 통용되고 있다.

마찬가지로 노르웨이Norway도 정식 국가명은 아니다. 그들은 노르게Norge왕국이라 말하며, 이 이름은 '북쪽 항로의 땅'이라는 뜻을 지니고 있다. 당시 노르만족의 항로로는 발트해의 동쪽에 있는 오스트베크Ostweg, 동쪽 항로와, 북해의 서쪽으로 나아가 영국에 이르는 베스테르베크Westerbeg, 서쪽 항로, 그리고 스칸디나비아반도를 따라 북쪽으로 나아가 그린란드에 이르는 노르레베크Norreweg, 북쪽 항로가 있었는데, 노르웨이는 그 북쪽 항로를 따르는 땅이라는 의미에서 이름이 붙여졌다.

러시아는 바이킹족 '루시의 나라'라는 뜻이다

북유럽의 각 도시명에도 노르만족의 문화가 반영되어 있다. 덴마크의 수도 코펜하겐Copenhagen은 '무역항'이다. 원래는 하운Havn, 항구이라고 불렸을 법한 자그마한 천연의 항구였으나, 스웨덴과 10킬로미터밖에 떨어지지 않은 해상 교통의 요충지였으므로, 1167년에 성새가 세워지면서 사람들이 모여들어 항만 도시로 발전했다. 수십 년 후 더욱 발전한 이 항구는 키오프만Kiopman, 상인을 뜻하는 말에

슬레이프니르(노르딕 신화에 나오는, 다리 8개를 가진 말)를 타고 있는 오딘, 1760년, 일러스트

서 유래해 키오프만하운Kiopmanhavn, 무역항이 되었다. 그리고 1443년에 수도가 되면서 덴마크어로 쾨벤하운København, 영어로는 코펜하겐Copenhagen으로 불리게 되었다.

그리고 북유럽 신화에서 유래한 이름도 있다. 퓐섬에 있는 오덴세Odense는 고대 북유럽 신화의 창조신 오딘Odin의 이름에서 유래했다. 이곳은 동화 작가 안데르센의 출생지이기도 하다.

스웨덴의 수도 스톡홀름Stockholm은 스칸디나비아반도의 본토가 아닌 빙하로 형성된 피오르fjord, 빙하의 침식으로 만들어진 골짜기에 빙하가 없어진 후 바닷물이 들어와서 생긴 좁고 긴 만. 육지로 깊이 파고든 모양으로, 양쪽 해안은 경사가 급하며 횡단면은 'U'자 모양을 이룬다를 이용해 건설되었다. 스웨덴에서 가장 오래된 이 도시는 1255년에 멜라렌 호수의 작은 섬에 건설되어 도시로 발전했다. 스톡은 말뚝, 홀름은 섬이라는 뜻으로, 말뚝을 박아서 세운 성벽이 섬을 둘러싸고 있다는 이유에서 그렇게 부르는 듯하다.

노르웨이의 수도 오슬로Oslo도 큰 피오르의 안쪽에 건설되었다. 오슬로에는 겨울에도 얼지 않는 이른바 부동항不凍港이 있는데, 1048년에 바이킹의 왕 하랄 하르드로데 3세가 건설한 이 도시의 이름은 신神을 뜻하는 '아수'와 숲을 뜻하는 '로'가 합쳐져 '신성한 숲'이라는 의미를 지니고 있다. 오슬로는 매년 12월 10일에 노벨평화상 수상식이 열리는 것으로도 유명하다.

9세기 초에 노르만족은 프랑크왕국이 내부 분열로 세력이 약해지자 노르웨이, 스웨덴, 덴마크 등의 근거지에서 유럽 각지로 정복 활동을 펼쳤다. 911년에는 지금의 프랑스 지역 북부에 노르망디공국을 세웠다. 노르망디Normandie란 말 그대로 '노르만족의 나라'라는 뜻이다. 노르망디의 바이킹은 1066년에 에든버러 남쪽의 잉글랜드를 정복하고, 1130년에는 대서양에서 지중해로 들어와 남이탈리아의 시칠리아섬에 양시칠리아왕국을 건설했다.

또 스웨덴에서 동쪽으로 이동한 바이킹은 862년에 러시아에 노브고로드공국을 세웠다. 러시아어로 '새로운'을 뜻하는 'novyj'와 '도시'라는 뜻의 'gorod'가 합쳐진 이 지명은 '신도시'라는 뜻을 지니고 있으며, 러시아에서 가장 오래된 도시이다.

참고로 국명 러시아Russia는 스웨덴 바이킹의 총칭인 루시Rus에 라틴어 지명 접미사 '-ia'가 합쳐진 것으로 '루시의 나라'라는 뜻이다. 역사를 거슬러 올라가 이 말의 뜻을 살펴보면, 루시는 옛날에 '노를 젓는 사람'이라는 뜻으로 바이킹의 모습을 그대로 나타낸 말이다.

독일 북동부에 있었던 프러시아Prussia. 독일어로는 프로이센도 러시아와 어원이 같다. '러시아'를 뜻하는 'Rus'와 '가까운'을 뜻하는 'po'가 합쳐져 '러시아에서 가까운'을 뜻한다.

러시아에 노브고로드공국을 세운 바이킹은 882년에 올레그Oleg가 다시 키예프공국을 세웠다. 키예프Kiev는 바이킹 왕의 장남인 키Kiy가 번영의 절정기에 있던 비잔티움지금의 이스탄불과 교역하기 위해 건설한 도시였다. 그들은 비잔틴제국에서 용병으로도 활약했다.

유럽에 진출한 기마 민족인 훈족과 마자르족

바이킹의 이동이 활발하던 9세기에 중앙아시아에서 기마 민족 마자르족이 흑해 북부로 이동했다. 그리고 프랑크왕국이 동쪽에서 외적이 침입해 오는 것을 경계하기 위해 설치한 오스트마르크오스트리아의 동쪽 평원까지 들어섰다. 이곳은 450년에 훈족의 왕 아틸라Attila가 말기의 로마제국을 공격할 때 거점으로 삼은 곳이었다. 그래서 이 평원은 '훈족의 땅'이라는 뜻으로 헝가리라고 불렀다.

그러나 그곳에 정착한 마자르인은 누가 어떻게 부르든 상관없이 지금도 자신들을 가리켜 '마자르'라고 하고, 국명도 마자르오르사그

아틸라의 초상, 1604년, 빌헬름 딜리 히

Magyarorszag, 마자르족의 나라이다.

마자르는 모굴몽골인이 와전된 것이라는 설이 있으며, 페르시아어로 '강한 사람'을 뜻한다. 그들이 이름을 표기할 때 성부터 쓰는 것으로 볼 때 아시아에서 온 이주자라는 것을 알 수 있다.

마자르족은 기마 민족의 힘을 발휘해 동프랑크왕국 등으로 세력을 넓혀나가다가 곧이어 조직된 유럽 기사단에 반격당해 955년에 패했다. 그러나 이들은 기원전 1000년경에 볼가강 유역에서 지내던 유목민 오노구르족Onogur과 관련 있는 우그리아족 Ugrian의 한 파라는 이유로 오거Ogre, 사람 잡아먹는 도깨비, 괴물라는 말의 어원이 될 정도로 유럽인에게 강한 공포심을 심어주었다.

강대국이 유린한
발칸반도 지명의 역사

인도 · 유럽어족이 켈트족을 밀어내고 알바니아로 이주

알바니아라는 지명을 사전에서 찾아보면 터키어로는 '산맥'을 뜻하고, 원래는 발칸반도 북동부 지역의 지명이다. 또한 영국 스코틀랜드 지방의 북부 하일랜드 또는 하일랜드 사람들을 가리킨다는 것을 알 수 있다. 그리고 기원전 3세기에는 캅카스코카서스산맥의 북쪽 카스피해와 접한 지방에 알바니아라는 지명이 있었다고 한다.

알바니아란 눈의 색인 흰색을 뜻하는 알부스albus에 라틴어 지명 접미사 '-ia'가 합쳐진 말이다. 참고로 알바니아가 있던 지역을 가리키는 명칭인 캅카스는 기원전 6세기에서 기원전 3세기에 걸쳐 흑해 연안에서 번성한 유목 국가 스키타이의 언어에서 하얀 눈을 의미한 크로우카시스라는 말에서 유래했다는 설이 있다.

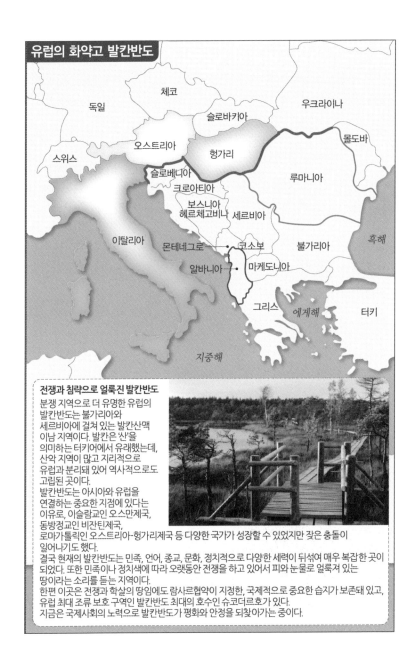

유럽의 화약고 발칸반도

독일   체코   우크라이나

슬로바키아

오스트리아   헝가리   몰도바

스위스   슬로베니아   루마니아

크로아티아

보스니아
헤르체고비나   세르비아

이탈리아   몬테네그로   코소보   불가리아   흑해

알바니아   마케도니아

그리스   에게해   터키

지중해

전쟁과 침략으로 얼룩진 발칸반도

분쟁 지역으로 더 유명한 유럽의 발칸반도는 불가리아와 세르비아에 걸쳐 있는 발칸산맥 이남 지역이다. 발칸은 '산'을 의미하는 터키어에서 유래했는데, 산악 지역이 많고 지리적으로 유럽과 분리돼 있어 역사적으로도 고립된 곳이다. 발칸반도는 아시아와 유럽을 연결하는 중요한 지점에 있다는 이유로, 이슬람교인 오스만제국, 동방정교인 비잔틴제국, 로마가톨릭인 오스트리아-헝가리제국 등 다양한 국가가 성장할 수 있었지만 잦은 충돌이 일어나기도 했다.

결국 현재의 발칸반도는 민족, 언어, 종교, 문화, 정치적으로 다양한 세력이 뒤섞여 매우 복잡한 곳이 되었다. 또한 민족이나 정치색에 따라 오랫동안 전쟁을 하고 있어서 피와 눈물로 얼룩져 있는 땅이라는 소리를 듣는 지역이다.

한편 이곳은 전쟁과 학살의 땅임에도 람사르협약이 지정한, 국제적으로 중요한 습지가 보존돼 있고, 유럽 최대 조류 보호 구역인 발칸반도 최대의 호수인 슈코더르호가 있다.

지금은 국제사회의 노력으로 발칸반도가 평화와 안정을 되찾아가는 중이다.

현재의 알바니아에는 기원전 1000년경, 선주민 켈트족을 밀어내고 들어온 인도·유럽어족이 살았으며, 고대 그리스인과 로마인은 그들을 '일리리아'라고 불렀다. 지중해 세계에서 늘 조연의 역할을 해온 나라였으며, 고대 로마 시대에는 해적 행위를 일삼던 야만족이었다. 그리고 기원전 227년경에는 두 번이나 로마의 침공을 받았다. 그때에도 슬라브족과 오스만튀르크의 지배하에서 많은 사람이 이슬람교로 개종했으며, 이 땅을 떠나는 사람은 없었다.

1913년에 이 지방이 터키에서 독립할 때, 알바니아의 북부는 슬라브족에 동화되어 현재는 몬테네그로가 되었다. 몬테네그로는 '흰 땅'이라는 원래의 이름과는 대조적으로 '검은 산'이라는 뜻을 지니고 있다. 슬라브어로 이 지방을 '츠르나 고라Crna Gora, 침엽수림의 검은 산'라고 부른 이름이 이탈리아어로 번역되어 '몬테네그로'가 된 것이다. 1878년에 오스만튀르크가 러시아에 패한 뒤 몬테네그로는 한때 독립을 이루었다. 그러나 제1차 세계대전 이후 다른 슬라브계 나라들과 합병해 유고슬라비아의 한 지방이 되었다. 그리고 1989년에 시작된 동유럽 혁명으로 분열된 후 세르비아와 함께 신생 유고슬라비아를 구성했다가 2006년 다시 분리 독립했다.

알바니아 국기

한편 '알바니아'는 영어명이며, 알바니아 사람들

은 스스로 자신들을 슈키퍼리서Shqiperise, 독수리의 나라라고 부른다. 이것은 15세기에 24년 동안 오스만튀르크와 벌인 전쟁에서 승리한 이 나라의 영웅 스칸데르베그Skanderbeg의 선조가 독수리라는 전설에서 유래했다. 알바니아의 국기에는 적색 바탕에 머리가 둘 달린 검은색 독수리가 그려져 있다. 이는 이 나라가 동양과 서양의 중간 지점에 있기 때문이다. 그래서 독수리 두 마리는 각각 동쪽과 서쪽을 바라보고 있다.

로마제국의 후예를 자처하는 다키아, 몰도바, 루마니아

고대 로마 시대에 지금의 불가리아와 루마니아의 국경에는 도나우강이 있었다. 도나우강의 북쪽에는 다키아Dacia라고 하는 나라가 있었는데 기원후 85년경에 로마제국을 침입했다. 그러자 당시의 황제인 트라야누스가 다키아를 제압하고 101년에 정복했다.

이미 팍스로마나로마의 평화 시대였기 때문에 이 지방이 마지막 정복지가 되면서 로마제국의 영토는 최대 규모가 되었다. 그리고 로마의 영토에는 로마 문화와 라틴어가 널리 전해져 많은 사람들에게 큰 영향을 주었다. 그러나 3세기가 되자 로마제국은 점차 쇠퇴해갔고, 다키아에 신경 쓸 여력이 없어졌다.

다키아인이 로마에 동화되는 과정에서 슬라브족과 혼혈이 이루어졌는데 그들을 블라크족Vlachs이라고 불렀다. 다키아의 북쪽 지역은 13세기에 한때 몽골 킵차크한국의 지배하에 놓였는데, 14세기에 왈라키아블라크에서 유래와 몰다비아Moldavia, 슬라브어로 '검은 강'라는 두 공국이 세워졌다.

왈라키아는 도나우강을 이용한 동서 교역으로 관세 수입을 올리며 번창했는데, 14세기 말에 오스만튀르크가 세력을 넓혀왔다. 그러자 헝가리의 지원을 받아 끊임없이 저항했지만, 결국 독립을 조건으로 오스만튀르크에 공물을 바치게 되었다.

한편, 오스만튀르크와의 전쟁에서 현재 루마니아 중서부 지역인 트란실바니아Transylvania의 영웅 블라드 공은 포로와 배반자에게 창으로 찔러 죽이는 형벌을 내렸다고 해서 '창으로 찔러 죽이는 공公'이라는 별명이 붙었다. 19세기 말에는 아일랜드의 소설가 브램 스토커가 헝가리 지방에 전해 내려오는 흡혈귀 전설과 블라드 공의 이야기를 조합해《흡혈귀 드라큘라》를 창조한 것으로 유명하다.

참고로 트란실바니아란 라틴어의 '넘어서'라는 뜻의 트란스trans와 '삼림'을 뜻하는 실바silva가 합쳐진 것으로 '숲을 넘은 곳의 나라'라는 로맨틱한 뜻을 지닌 지명이다.

한편, 몰다비아는 오스만튀르크뿐만 아니라 헝가리, 폴란드가 압박해오자 버티지 못하고 결국 왈라키아와 같은 길을 걷게 되었다. 이 두 나라를 아울러 도나우공국이라고 부른다.

1878년에 러시아가 오스만튀르크와의 전투에서 승리해 일찍이 다키아와 도나우공국이 독립하고 서로 합병해 하나의 나라가 되었다. 이때 그들은 자신들이 고대 로마인의 자손이라는 의미로 스스로 루마니아Rumania, 로마인의 나라라고 불렀다. 그들은 1,300년 동안 다양한 민족에 침략당하고 압박을 받으면서도 라틴어계 언어를 계속 사용해 왔다.

참고로 루마니아의 동북쪽에 있는 몰도바는 소비에트연방 시기에 소비에트 내에 살던 루마니아인이 건국한 나라였는데, 소비에트연방이 붕괴할 때 독립했다. 이것을 계기로 두 나라의 통일을 요구하는 소리도 높아지기 시작했다.

다키아와 몰도바, 루마니아 등의 기나긴 역사가 이 지명들에도 나타나 있다.

3장

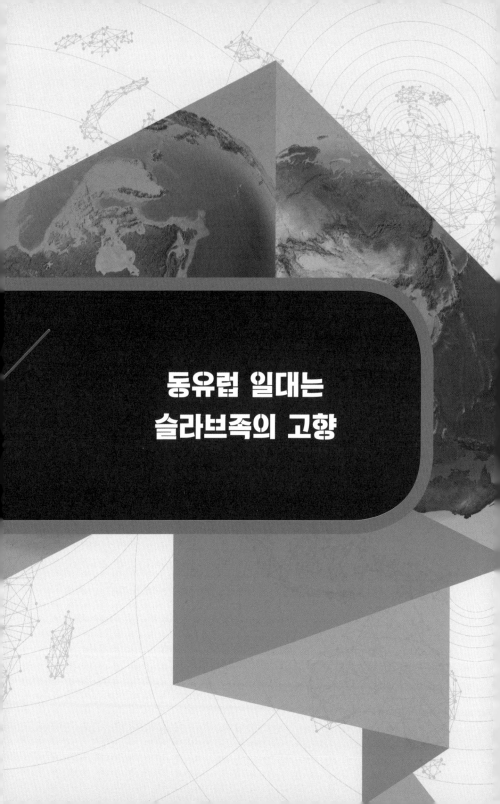

동유럽 일대는
슬라브족의 고향

슬라브족의 나라인
폴란드의 비극

동유럽의 대부분 나라가 슬라브족에 속한다

　'슬라브'는 독립과 재편 등이 활발히 이루어져서 언뜻 유고슬라비아 주변의 좁은 지역을 연상하게 되는데, 사실 슬라브족은 유럽의 동쪽 중 절반을 차지하고 있으며, 인구도 유럽 여러 민족 가운데 가장 많다.

　슬라브족은 러시아, 우크라이나, 벨라루스, 폴란드, 체코, 슬로바키아, 불가리아, 세르비아, 크로아티아, 유고슬라비아, 보스니아 헤르체고비나, 슬로베니아 등의 나라에 널리 분포하는 사람들을 가리킨다. 이처럼 동유럽의 대부분 나라가 슬라브족에 속하는데, 마자르족의 나라인 헝가리, 루마니아, 알바니아는 이들과 민족이 다르다.

　슬라브계의 나라 이름들을 보면 슬로바키아, 슬로베니아, 세르비아 등은 모두 '슬라브족의 나라'라는 뜻을 담고 있으며, 유고슬라비아도 '남슬라브족의 나라'라는 뜻이다.

슬라브 민족이라는 것을 드러내는 이름은 지명뿐 아니라 인명에도 나타난다. 동유럽 각국의 군주는 접미사로 '슬라브-slav'를 붙여 '브라치슬라브'와 같이 불렀다. 참고로 인명에 붙은 슬라브는 '영광'을 뜻한다. '슬라브'라는 민족명도 이러한 인명을 어원으로 해서 지어졌는지도 모른다.

한편, 게르만족이 이동해 슬라브족과 접촉했을 때 그들의 온순하고 부드러운 성격을 보고 동고트족의 말로 '말수가 적은 사람'을 뜻하는 슬로보slovo라고 불렀다는 설도 있다. 그리고 이들을 지칭하는 슬라브Slav가 노예slave의 어원이 되었다는 굴욕적인 설도 있다.

이렇게 슬라브족을 멸시하는 호칭 그대로 비극의 주인공이 된 나라가 바로 폴란드이다. 유대인처럼은 아니지만, 폴란드인이 123년이라는 긴 세월 동안 나라를 잃은 채 다른 나라의 지배를 받거나 새로운 정착지를 찾아 떠나는 어려운 선택을 강요당했다는 사실은 잘 알려지지 않았다. 이로써 생겨난 1,000만 명이나 되는 유랑자는 유대인과 화교 다음가는 규모라고 한다.

폴란드의 정식 명칭은 '폴레인의 나라'라는 뜻의 폴스카

폴란드의 정식 명칭은 '폴레인의 나라'라는 뜻의 폴스카Polska이다. '폴레'는 중세 고지高地를 뜻하는 독일어독일 남부와 중부에서 사용되는 독일어의 '폴라닌폴레의 사람들'이라는 말에서 유래했으며, 옛 슬라브어로 평원이라는 뜻의 '폴리예Polije'이다. 광대한 평원은 농지로 이용하기에 좋은 환경이지만, 한편으로는 어디서든 쉽게 침략당할 수 있다는 것을 뜻한다. 실제로 이 땅은 열강의 표적이 되어 분할과 소멸을 반복해왔다.

14~18세기에는 반대로 유리한 지리 조건을 이용해 세력을 확대하고, 러시아를 위협하는 존재가 되기도 했지만 1795년에는 러시아, 프로이센, 오스트리아로 분할되며 나라가 소멸해버렸다.

1918년 공화국으로 독립했으나 제2차 세계대전으로 인해 서부 지역은 독일, 동부 지역은 소련에 분할 점령되면서 단 4주 만에 다시 소멸해버렸다. 그리고 세계대전이 끝나고 1945년 해방되었다. 아우슈비츠는 비극의 극치를 보여주는 대표적인 유대인 강제수용소이다.

02

러시아 지명에 남은
슬라브어의 흔적

오비강과 이르티시강 사이에 시베리아를 개척

바이킹, 즉 루시가 스웨덴에서 발트해를 건너 동유럽의 광대한 토지로 이주해 러시아라는 지명이 생겼다는 것은 앞에서 언급했다. 이후 그들은 슬라브족에게 흡수되었지만 그들의 이름에서 비롯된 '러시아'는 오늘날까지 남아 있다.

러시아는 과거에 나폴레옹과 히틀러에게도 굴복하지 않았다. 하지만 13세기에 몽골인이 러시아의 동쪽을 침략하기 시작할 때 서쪽에서 폴란드, 그리고 남쪽에서 오스만튀르크가 동시에 침입해 오자 곤란한 상황에 빠졌다.

빼앗긴 영토를 회복하기 시작한 것은 러시아 중앙부를 흐르는 모스크바강 유역에 살던 사람들이었다. 모스크바Moskva는 소택지라는

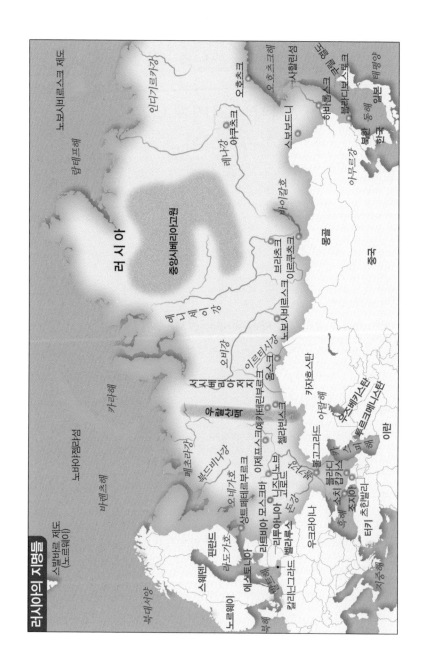

러시아의 지명들

뜻의 '모스크mosk'와 핀어에서 물을 뜻하는 '바va'가 합쳐진 이름으로 '소택지의 강'을 뜻한다.

참고로 몽골이 세력을 확대해나가던 우랄산맥의 동쪽은 13세기에 몽골제국 킵차크한국의 영역이 되었으며, 오비강과 이르티시강 사이에 시비르Sibir라는 토지가 개척되었다. 이 시비르에 라틴어 지명 접미사 '-ia'를 붙여 시베리아Siberia가 되었다. 시비르는 몽골어로 '소택지'를 뜻하므로 사실 시베리아와 모스크바는 같은 뜻이다.

1480년에 모스크바인이 몽골의 세력을 물리치고 시비르 지방까지 지배했고, 북방의 토착 민족에게 모피를 바치도록 했다. 러시아가 시베리아까지 본격적으로 관여하기 시작한 것은 모피 상인이 이주했기 때문이었으며, 이후 교역 장소가 설치되고 급속도로 개발이 진행되었다. 1880년경에 이르러서는 태평양까지 광대한 지역을 지배했다.

그 동쪽 끝이 바다까지 닿았는데도 동쪽에 대한 러시아의 욕망은 멈추지 않았다. 1700년 무렵 표트르 대제는 덴마크인 탐험가 베링을 고용해 시베리아 동부를 탐험하게 했다. 그 결과 아메리카 대륙과 아시아 대륙 사이에 있는 해협을 발견했다. 이곳은 탐험가의 이름을 따서 베링 해협으로 명명되었다. 이 해협의 남쪽을 베링해라고 부르며, 그가 죽은 1741년에 캄차카반도의 동쪽 섬을 베링섬이라고 이름 지었다. 그리고 그 섬을 포함한 여러 섬을 코만도르스키예사령관 제도라고 이름 지었는데, 이것은 베링의 당시 신분을 나타낸 이름이다.

레닌그라드의 '그라드'는 마을을 뜻하는 접미사

1860년에 러시아 동남쪽 끝에 세워진 도시 블라디보스토크는 '동방을 정복하라'라는 뜻으로, 러시아의 극동 진출 정책을 정확하게 표현한 말이기도 하다. 1903년에 시베리아 철도가 개통되자 이곳은 극동 진출을 위한 전략적인 요충지가 되었다. 제2차 세계대전 후의 소비에트연방 시대에도 이곳에 태평양함대 사령부가 설치되어 도시는 항상 긴장감이 넘쳤다. 블라디보스토크라는 이름 그대로였다. 그러나 지금은 러시아 내에서 아시아 교역의 거점이 되고 있다.

한편, 러시아는 동쪽 끝에서 서쪽 끝까지 거리가 약 1만 킬로미터나 되고 시차도 10시간이나 나는 광대한 영토이므로 지역별로 문화적인 차이가 있는 것은 당연한 일이다. 소비에트가 붕괴하기 전에 동부의 광대한 지역을 '대러시아', 우크라이나를 '소러시아'라고 불렀다. 참고로 서슬라브에서도 끝에 있다는 이유로 '변경의 나라'로 불렸던 우크라이나는 라틴어로 러시아인을 뜻하는 루테니아Ruthenia, 루시인의 땅라고 불리기도 했다.

그리고 일찍이 폴란드의 지배를 받은 '백白러시아'가 있다. 이곳이 타타르족의 지배를 받지 않았다고 해서 그렇게 불렀다고 한다. 영어로는 화이트 러시아라 하고, 러시아어로는 벨로루시Byelorussia라고 한다. 그리고 독립한 지금은 벨라루스Belarus, 백러시아라고 부른다.

국명 러시아Russia에는 라틴어 지명 접미사 '-ia'가 붙어 있는데, 슬라브어의 지명 접미사에는 어떤 것들이 있는지 살펴보기로 하자.

상트페테르부르크의 성 이삭 대성당, 2012년, © Florstein, W-C

가장 인상적인 것은 앞에서 소개한 바와 같이 노보시비르스크 Novosibirsk의 '-스크'와 오호츠크 등의 '-츠크'이다. '-스크'가 붙는 예로는 사할린Sakhalin의 유즈노사할린스크Yuzhno Sakhalinsk, 남사할린의 마을가 있다. '사할린'이라는 이름은 만주인이 헤이룽강아무르강을 사할리얀 울라sahaliyan ula, 검은 강라고 부르는 것을 러시아인이 듣고 그 하구에 있는 섬을 '사할린'이라고 한 것에서 유래했다.

오호츠크도 아무르강 유역의 한 마을 이름에서 유래한 것이다. 러시아 동남부에서 사용하는 퉁구스어로 오호타Okhota, 강는 '강 마을'을 뜻한다. 또 중국어로 아무르강을 헤이룽강이라고 부른 것은 고어 '경천鯨川'에서 유래했다. '경鯨'은 이 강에 서식하는 철갑상어를 말하며, 고래를 닮았다고 해서 '경천'으로 불렀다고 한다.

그 밖에 '-스크'에는 탐험가 하바로프의 이름에서 따온 하바롭스크와, 옴강서부 시베리아 평원을 흐르는 강의 이름에서 따온 옴스크 등이 있다. '-츠크'에는 야쿠츠크야쿠트인의 마을, 브라츠크브리야트인의 마을, 이르쿠츠크구불구불 굽이치는 강의 마을 등이 있다.

레닌그라드지금의 상트페테르부르크의 '-그라드'도 귀에 익숙한 소리이다. 원래는 산과 언덕을 뜻했는데, 그곳에 세워진 성새 도시 주변의 마을을 가리키는 접미사가 되었다. 우랄산맥 서쪽의 동유럽에 이와 같은 이름이 많은 것은 도시 간에 싸움이 격해서 성새화된 마을이 많았기 때문이다. '볼가강의 마을'이라는 뜻의 볼고그라드Volgograd, 유고슬라비아의 수도인 '하얀 마을'이라는 뜻의 베오그라드Beograd, '새로운 마을'이라는 뜻의 노브고로드Novgorod의 '-고로드gorod'도 같은 뜻의 지명 접미사이다.

03

사회주의 혁명으로
바뀐 러시아 지명

상트페테르부르크는 '성 베드로의 도시'라는 뜻

1905 · 1917년에 일어난 러시아 혁명은 제정帝政을 무너뜨리고 세계에서 최초로 사회주의 국가를 수립하는 데 성공했다. 그리고 그해 11월에 수립한 소비에트 정권은 제정 시대를 잊게 하기 위한 방책으로 도시와 마을의 이름을 대거 바꾸었다.

그러나 사회주의는 100년도 가지 못하고 1991년 소비에트연방이 붕괴했다. 그러자 이번에는 새로운 지명을 과거의 이름으로 되돌리려는 움직임이 일어나 지도가 다시 바뀌었다. 이 지명들을 살펴보자.

1703년에 러시아의 표트르 대제는 스웨덴에서 빼앗은 영토 중에서 핀란드만灣에 접한 곳에 한 도시를 건설했다. 황제는 새롭고 서구화된 도시를 건설하기 위해 모스크바에서 이곳으로 수도를 옮기는

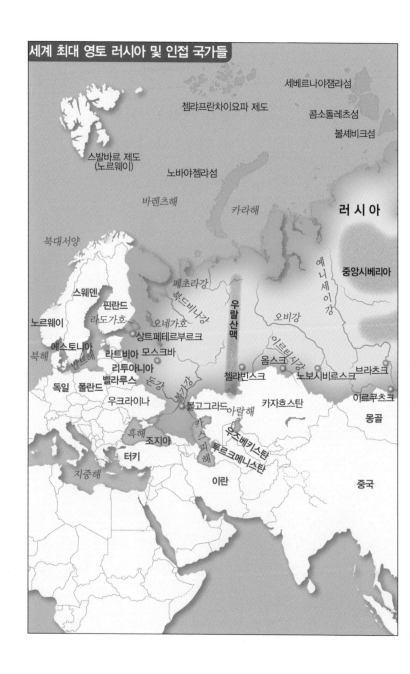

세계 최대 영토 러시아 및 인접 국가들

세베로나야잼랴섬

젬랴프란차이요파 제도

콤소돌레츠섬

볼셰비크섬

스발바르 제도
(노르웨이)

노바야젬랴섬

바렌츠해

카라해

러 시 아

북대서양

예니세이강

중앙시베리아

페초라강

스웨덴

핀란드

노르웨이

라도가호

드비나강

우랄산맥

에스토니아

오네가호

오비강

상트페테르부르크

이르티시강

라트비아 모스크바

북해

옴스크

브라츠크

리투아니아

첼랴빈스크

노보시비르스크

벨라루스

돈강

볼가강

이르쿠츠크

독일 폴란드

카자흐스탄

몽골

우크라이나

볼고그라드

아랄해

흑해

조지아

카스피해

우즈베키스탄

터키

투르크메니스탄

지중해

이란

중국

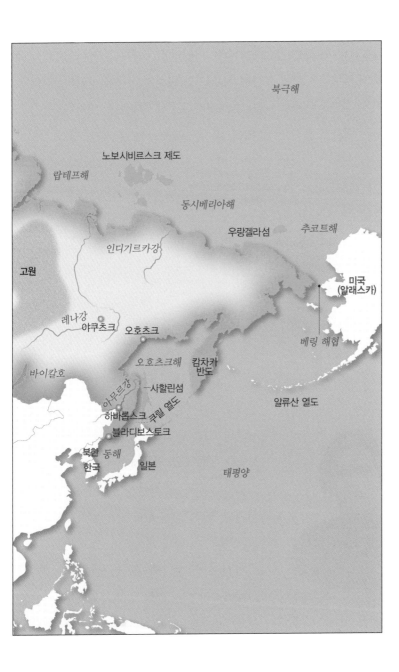

것도 생각해보았다. 그는 자신의 이름의 어원이 《성서》의 열두 사도 중 하나인 베드로라는 점에 착안해 이 도시를 자신의 이름에서 따와 상트페테르부르크Sankt Peterburg라고 명명했다. '성스러운'을 뜻하는 상트Sankt와 '베드로'를 뜻하는 페테르Peter, '도시'라는 뜻의 부르크burg가 합쳐져서 이 도시는 '성 베드로의 도시표트르의 도시'가 되었다. 참고로 상트페테르부르크는 독일어인데, 이는 당시 러시아가 독일을 근대화의 본보기로 삼았기 때문이다.

소비에트 시대에는 소비에트연방의 초대 지도자인 레닌의 이름과 관련해 이 도시를 레닌그라드Leningrad, 레닌의 마을로 개명했다. 그 시대에 클래식 발레의 세계 최고봉이라는 찬사를 받던 레닌그라드 발레단은 상트페테르부르크라는 이름이 부활함과 동시에 다시 개명할 수밖에 없었다.

사회주의 리얼리즘 소설가 막심 고리키의 출생지로 새롭게 이름 붙여진 고리키시도 원래 명칭이었던 니즈니노브고로드Nizhny Nov-gorod, 하류의 신도시라는 뜻로 되돌아갔다.

막심 고리키

상트페테르부르크와 거의 비슷한 시기인 1721년에 우랄산맥 남쪽에 또 하나의 도시가 세워졌다. 그곳은 왕비 예카테리나 1세의 이름을 따 '예카테리나의 도시'라는 뜻의 예카테린부르크Yekaterinburg라고 이름 지어졌는

볼고그라드의 카잔 대성당, 2012년, © Alexandr Vers, W-C

데, 1924년에 공산당 중앙집행위원회 의장이던 스베르들로프의 이름을 따서 스베르들롭스크가 되었다. 이곳은 1918년에 로마노프 왕조의 마지막 황제 니콜라이 2세 일가가 처형된 장소이며, 구소련이 붕괴한 후에 옐친 대통령의 정치 기반이 된 도시로 유명한 곳이다.

계몽 전제 군주로 유명한 예카테리나 2세를 기념한 '예카테리나 2세의 선물'이라는 의미의 도시 예카테리노다르Yekaterinodar도 다르선물만 남겨서 크라스노다르Krasnodar. 크라스노가 적赤을 나타내므로 '혁명의 선물'이라는 뜻으로 바뀌었다.

'볼가강의 도시' 볼고그라드는 스탈린그라드를 개명

러시아 남서부에 볼가강 하류와 차리치아강여왕이라는 뜻이 합류하는 지점에 건설된 '여왕의 마을'이라는 뜻의 차리친현재 볼고그라드은 수운과 군사의 요충지라서, 혁명이 계속된 내란 시기에도 스탈린이 지휘하는 혁명군의 보호를 받았다.

그래서 1925년에 스탈린이 레닌 대신 지도자가 되었을 때 이 마을은 스탈린그라드Stalingrad, 스탈린의 성새 도시로 개명되었다. 제2차 세계대전 중에 소비에트는 러시아를 침공한 독일군에 반격했는데, 이때 스탈린그라드는 독일군을 베를린까지 쫓아낸 기점이 되었다. 그러나 레닌의 후계자가 된 스탈린은 죽은 후에 흐루쇼프의 맹렬한 비판을 받았으며, 그 결과 스탈린그라드는 볼고그라드볼가강의 도시로 개명했다. 이 밖에도 스탈린이 자신의 이름을 따서 지은 지명이 100곳이 넘었는데, 냉전 시대를 종식하려고 했던 흐루쇼프의 지시로 모두 개명되었다. 흐루쇼프의 후계자 브레즈네프 서기장의 시대에도 그들을 기념한 지명이 남아 있었다. 페레스트로이카구소련의 개혁·개방 정책 시대에 특히

미하일 이바노비치 칼리닌, 1922년, 러시아 국립역사박물관

영향력이 강했던 브레즈네프, 국방상이었던 우스치노프, 서기장이었던 안드로포프, 서기였던 자고르스키의 이름을 따서 지은 지명들이 우선적으로 바뀌었다.

모스크바의 남서쪽에 있는 트베르Tver는 1932년에 죽은 소비에트 연방 최고회의 간부회 의장 칼리닌을 기념해 도시 이름이 칼리닌이 된 적도 있었다. 이뿐만 아니라 러시아의 행정 구역 중 리투아니아와 폴란드 사이에 자리하고 발트해에 접하는 쾨니히스베르크왕Konings과 언덕berg이 합쳐져 '왕의 언덕'이라는 뜻도 '칼리닌의 마을'이라는 뜻의 칼리닌그라드로 불린 적이 있었다. 이곳은 프로이센의 영토였던 시대에 독일의 유명한 철학자 임마누엘 칸트가 태어난 곳으로도 유명하다.

페레스트로이카 이후에 변경된 러시아 지명

- 백러시아 → 벨라루스
- 카자흐공화국 → 카자흐스탄
- 우즈베크공화국 → 우즈베키스탄
- 투르크멘공화국 → 투르크메니스탄
- 타지크공화국 → 타지키스탄
- 안드로포프(공산당 서기장) → 루이빈스크
- 우스치노프(국방상) → 이젭스크
- 울리야놉스크(레닌의 본명 울리야노프) → 심비르스크(하얀 강의 마을)
- 엥겔스(사회주의 학자) → 포크롭스크
- 오르조니키제(공산당 운동가) → 블라디캅카스(캅카스인의 점령지)
- 칼리닌(최고회의 간부회 의장) → 트베르
- 칼리닌그라드 → 쾨니히스베르크(왕의 언덕)
- 칼 마르크스슈타트(칼 마르크스의 도시) → 켐니츠(돌의 강)(옛 동독)
- 쿠이비셰프(국가계획위원회 위원장) → 사마라쿠이비셰프스카 → 스보보드니
- 크라스노다르(혁명의 선물) → 예카테리노다르(예카테리나 2세의 선물)
- 고리키(사회주의 리얼리즘 소설가) → 니즈니노브고로드(하류의 신도시)
- 자고르스크(공산당 서기 자고르스키) → 세르기예프포사드(성 세르게이의 거리)
- 스탈리나바드(공산당 서기장 스탈린) → 두샨베(토요일에서 이틀째)
- 스탈리노 → 도네츠크(강의 도시)

- 스탈린 → 브라쇼브 〔루마니아〕
- 스탈린 → 바루나(검은 마을) 〔불가리아〕
- 스탈린그라드 → 볼고그라드(볼가강의 도시)
- 스탈린산(공산주의 봉峰) → 이스마일 사마디산(성 이스마일의 산) 〔타지키스탄〕
- 스베르들롭스크(중앙집행위원회 의장 스베르들로프) → 예카테린부르크(예카테리나 2세의 도시)
- 프룬제(공산당 운동가) → 비슈케크(페르시아어로 '태수太守, 각 고을의 으뜸 벼슬')
- 브레즈네프(공산당 서기장) → 나베레주녜 첼니(통나무배가 있는 강변의 마을)
- 레닌그라드 → 상트페테르부르크(성 베드로의 도시)
- 레닌스크쿠즈네츠키(스탈린스크) → 노보쿠즈네츠크(새 대장장이의 마을)

4장

대항해 시대가
큰 세상을 열다

아프리카 서해안을
개척한 포르투갈

모로코의 항만 도시 카사블랑카는 '하얀 집'

10세기경에 이베리아반도에서 그리스도교도가 이슬람교도에게
지배를 받던 땅을 되찾고자 레콘키스타^{국토 회복} 운동을 일으켰다. 그
무렵 지중해 세계에 대한 사람들의 관심은 차츰 사라졌다. 이미 문화
및 경제적인 자극이 사라졌기 때문이다.

1143년에 레콘키스타 운동에 의해 포르투갈이 독립했다. 그러나
스페인의 카스티야^{성새}왕국에 둘러싸인 데다 대서양을 등지고 있는
까닭에 포르투갈이 스페인의 식민지가 되는 것은 시간문제였다. 그
런데 프랑스가 카스티야왕국을 지원하자 영국이 이에 맞서 포르투갈
을 지원했고, 이에 힘입어 포르투갈은 1386년에 대국 카스티야왕국
과 싸워 독립했다.

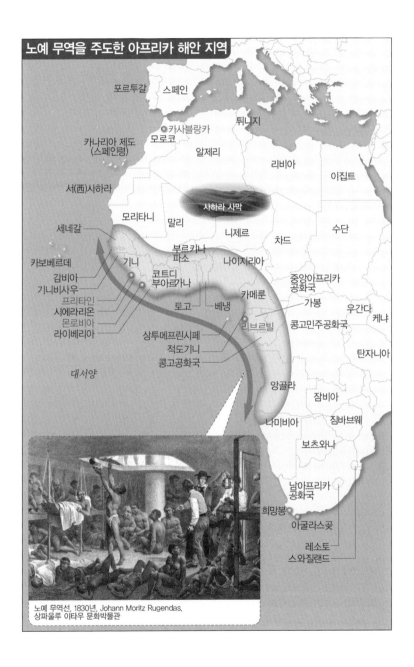

노예 무역을 주도한 아프리카 해안 지역

포르투갈
스페인
카사블랑카
튀니지
카나리아 제도
(스페인령)
모로코
알제리
리비아
이집트
서(西)사하라
사하라 사막
모리타니
말리
니제르
차드
수단
세네갈
카보베르데
기니
부르키나
파소
나이지리아
감비아
코트디
부아르
가나
중앙아프리카
공화국
기니비사우
프리타인
시에라리온
토고
베냉
카메룬
가봉
우간다
케냐
몬로비아
라이베리아
상투메프린시페
리브르빌
콩고민주공화국
적도기니
탄자니아
콩고공화국
대서양
앙골라
잠비아
나미비아
짐바브웨
보츠와나
남아프리카
공화국
희망봉
아굴라스곶
레소토
스와질랜드

노예 무역선, 1830년, Johann Moritz Rugendas,
상파울루 이타우 문화박물관

그러나 여전히 이베리아반도 내에서 고립된 상태였던 포르투갈은 필연적으로 대서양 너머로 교역할 곳을 찾아 나설 수밖에 없었다. 15세기에 접어들자 포르투갈은 설탕 생산을 위해 모로코에 진출했다. 영화로도 유명한 모로코의 도시 카사블랑카는 1515년에 포르투갈이 해적 문제를 해결하기 위해 세운 도시이다. 포르투갈어인 카사casa, 집와 블랑코blanco, 흰색가 합쳐진 말로 '하얀 집'이라는 뜻이다. 나중에 스페인의 지배를 받게 되면서 스페인어식으로 카사블랑카가 되었다.

15세기 초에 포르투갈인이 모로코 앞바다 500킬로미터 지점에 있

마데이라섬 파하 도스 파드레스, 2013년, © Maximovich Nikolay, W–C

는 마데이라Madeira 제도를 발견했다. 이곳은 고대 로마 시대부터 이미 잘 알려진 곳이었다고 하나 포르투갈인인 페레스트레로가 다시 발견했다는 것이 정설이다. 마데이라는 '숲, 목재'를 뜻하며, 발견된 당시에는 그 이름의 뜻처럼 질 좋은 수목이 무성했다. 포르투갈인은 이곳의 토지를 개간해 밭에서 곡물을 기르고 포도원을 세우며 사탕수수를 재배하는 데 이용했다. 발효시킨 포도 과즙에 브랜디를 첨가한 마데이라 와인은 지금도 유명하다. 참고로 마데이라 제도의 초대 총독이 된 페레스트레로의 딸 펠리페는 탐험가 콜럼버스와 결혼했다.

포르투갈인은 점점 남쪽으로 항해하면서 아프리카의 서해안을 따라 북상하는 해류와 바람을 피해 귀환할 항로를 찾으려 했다. 그 결과 1427년에 디오고 디 실베스Diogo de Silves가 리스본 서쪽 앞바다 1,500킬로미터 지점에 무리 지어 떠 있는 섬 아홉 개를 발견했다. 그는 이 섬들에 아조레스매라는 이름을 붙였고, 오늘날 이곳은 아조레스Azores 제도로 불린다. 화산섬의 형태를 띠어 전설 속 아틀란티스 대륙의 일부로 추측되기도 했다.

포르투갈인은 금金 산지에도 관심을 보였다. 이슬람교도들이 서아프리카에서 사하라 사막을 넘어 북아프리카로 금을 운반한다는 사실을 알게 된 포르투갈인은 서아프리카의 서북 해안 지역을 리오데오로Rio de Oro, 사금의 강라고 명명하고 그곳으로 선단을 보냈다. 과거에 스페인령 사하라였던 이곳은 지금의 서사하라이다. 그러나 황금은 완전히 고갈되어 단어 그대로 사하라Sahara, 황폐한 땅가 되어 있었다.

1460년에 포르투갈인은 기니와 라이베리아 사이에 있는 시에라리온을 발견했다. 반도와 반도의 배후에 있는 산이 사자의 등과 닮았다고 해서 세라 다 리오아Serra da Lioa, 사자의 등반도라는 이름이 붙여졌다. 그러나 스페인에서 출판된 지도에 시에라리온Sierra Leone, 사자의 산으로 기재되면서 이 이름이 일반적인 지명이 되었다.

아프리카 서해안을 노예 무역의 중심지로 개척

포르투갈인이 아프리카 대륙의 시에라리온 부근까지 남하했을 무렵, 농업과 상업에 필요한 노동력을 얻기 위해 노예 무역을 시작했다. 이전까지는 소규모로 흑인 노예를 사서 부렸으나, 이 무렵부터는 노예 무역이 성행해 기니만 연안이 노예 무역의 중심지가 되었다.

시에라리온 부근의 라이베리아에는 곡물 해안 또는 후추 해안이라고 불리는 장소가 있다. 이곳은 말 그대로 후추를 시작으로 해서 향료의 수출항으로 번성했다. 그 동쪽 부근에 있는 코트디부아르의 연안은 일찍이 상아 및 노예 수출항, 상아 해안으로 유명했다. 코트디부아르라는 국명은 프랑스어로 코트Côte, 해안와 디부아르d'Ivoire, 상아를 합성한 것이다.

지금은 지도에서 사라졌지만 나이지리아에는 인류사의 오점이라할 만한 지명이 있었다. 나이지리아의 옛 수도 라고스의 해안은 노예무역의 중심지로 번성해 일찍이 노예 해안이라고 불렸다. 16세기 이후에는 포르투갈에 이어 스페인과 영국이 신세계인 서인도 제도와

노예선, 1840년. 윌리엄 터너, 보스턴 파인아트 뮤지엄

아메리카 대륙을 상대로 노예 무역을 했다. 노예 무역은 15세기부터 18세기에 걸쳐 대서양에 접한 세네갈에서 앙골라까지 이르는 대부분의 지역에서 성행했다.

그러나 머지않아 노예 제도가 폐지되었고, 지명에서도 노예 무역의 흔적이 사라졌다. 1849년에 프랑스가 노예 해방의 거점으로 삼고자 현재 가봉의 수도인 리브르빌Libreville을 건설했고, 시에라리온의 수도인 프리타운Freetown. 자유의 마을도 미국과 서인도 제도에서 해방된 노예들을 위해 영국이 건설한 것이다. 라이베리아Liberia는 미국에서 해방된 노예들이 귀국해 세운 나라이며, 국명도 자유를 뜻하는 리

버티Liberty에서 비롯되었다. 그리고 라이베리아의 수도인 몬로비아 Monrovia는 1822년에 미국의 이민협회가 노예 해방을 위해 건설하기 시작한 도시로, 당시 미국의 제5대 대통령 제임스 먼로의 이름을 라틴어식으로 부른 것이다. 참고로, 해방된 노예는 '아메리코라이베리안'이라고 불렸으며 라이베리아 전 국민의 8퍼센트약 20만 명를 차지하고 있다.

아프리카 최남단의
폭풍의 곶이 희망봉으로!

뭄바이의 옛 이름인 봄베이는 포르투갈어의 영향

포르투갈의 항로 개척의 최종 목적지는 인도였다. 포르투갈 탐험대는 서아프리카의 해안선을 따라 남하하던 중, 시에라리온 부근에서부터 동쪽을 향했다. 그래서 그대로 인도에 이를 것이라는 희망에 부풀었으나, 해안선이 다시 정남쪽을 향하면서 포르투갈 탐험대는 의기소침해졌다.

1481년에 포르투갈의 왕이 된 주앙 2세가 인도를 차지하기 위해 다시 탐험대를 파견했다. 1488년, 바르톨로메우 디아스가 누구보다도 적극적으로 탐험에 나섰다. 남하할수록 거세지는 폭풍에 휩싸이면서도 그는 멈추지 않고 남쪽으로 항해해 갔다. 그런 끝에 마침내 아프리카 대륙의 동쪽에 바다가 펼쳐진 것을 발견하게 되었다. 그는

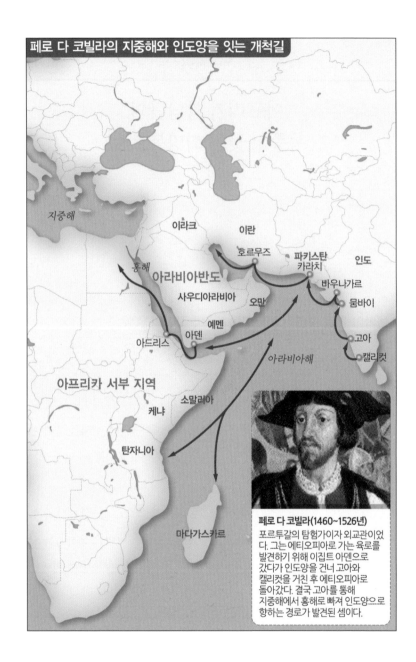

페로 다 코빌랴의 지중해와 인도양을 잇는 개척길

지중해

이라크

이란

홍해

호르무즈

파키스탄
카라치

인도

아라비아반도

바우나가르

사우디아라비아

오만

뭄바이

예멘

아덴

고아

아드리스

캘리컷

아라비아해

아프리카 서부 지역

소말리아

케냐

탄자니아

마다가스카르

페로 다 코빌랴(1460~1526년)
포르투갈의 탐험가이자 외교관이었
다. 그는 에티오피아로 가는 육로를
발견하기 위해 이집트 아덴으로
갔다가 인도양을 건너 고아와
캘리컷을 거친 후 에티오피아로
돌아갔다. 결국 고아를 통해
지중해에서 홍해로 빠져 인도양으로
향하는 경로가 발견된 셈이다.

폭풍 속에서 발견한 아프리카 대륙 남쪽 끄트머리에 있는 곳을 카부 토르멘토소Cabo Tormentoso, 즉 '폭풍의 곳'이라고 이름 지었다.

그러나 주앙 2세는 이 이름을 좋아하지 않았다. 그는 그 곳이 인도가 아니라 아프리카 대륙의 최남단이라고 생각해 더 이상 남하하지 않고, 인도로 가는 항로를 다시 발견하기를 기약하며 '폭풍의 곳'을 '희망의 곳'이라는 의미의 카부 다 보아 에스페란사Cabo da Boa Esperanca라고 개명했다. 바로 '희망봉Cape of Good Hope, 喜望峰'이다.

그의 명명命名은 현실이 되었다. 1497년에 포르투갈의 탐험가 바스코 다 가마Vasco da Gama가 이 곳을 돌아서 인도에 도착한 것이다. 그들은 희망봉을 돌아서 나침반의 바늘이 북동쪽으로 바뀌는 최남단의 곳을 아굴라스Agulhas, 바늘라고 불렀다.

포르투갈인이 최초로 도착한 인도 서남 해안에 코지코드Kozhikode라고 부르는 지방이 있었는데, 그들의 귀에는 생소한 이 지명이 캘리컷Calicut이라고 들렸다고 한다. 그래서 이곳에서 짠 무명베는 캘리코calico라는 이름으로 세계로 퍼져나갔다.

한편, 바스코 다 가마는 인도로 출항할 때 지금의 탄자니아와 케냐 지역인 아프리카 대륙 동해안 출신의 아랍인을 안내인으로 세워서 동행했다. 아라비아해를 잘 아는 그들의 지식을 얻을 뿐만 아니라 그들의 항해술을 배우기 위해서였다.

바르톨로메우 디아스가 포르투갈에서 인도를 향해 출발한 1488년에, 페로 다 코빌라는 에티오피아로 가는 육로를 발견하기 위해 지중해 동쪽으로 나아가 이집트에서 아덴지금의 예멘으로 갔다. 그리고 그곳에서 아랍인과 함께 인도양을 건너 고아, 캘리컷을 거친 후 다시 에티오피아로 돌아갔다. 고아Goa는 16세기에 포르투갈령이 된 동양 무역의 중심지이며, 당시에 이미 지중해에서 홍해로 빠져 인도양으로 향하는 경로가 발견된 것이다.

뭄바이의 옛 이름인 봄베이도 포르투갈어의 영향을 받은 지명이다. 현지에서 부르는 명칭은 어부들이 숭배한 뭄바 여신의 이름에서 유래한 뭄바이Mumbaim였는데, 이것이 포르투갈어로 봄바인Bombain이라 불렸고, 영국이 지배했을 때는 영어로 봄베이Bombay가 되었다.

아메리카 지명에 얽힌
두 탐험가의 이야기

콜럼버스가 끝까지 인도라고 믿은 아메리카 대륙을 발견

15세기 말에 유럽 열강들은 아시아에 진출할 항로를 찾기 위해 대항해 시대를 열었다. 먼저 찾은 나라가 권리를 차지할 수 있기 때문에 당시 유럽의 주요 국가들은 앞다투어 탐험대를 파견했다. 당시는 포르투갈 탐험대가 아프리카의 희망봉을 돌아서 아시아로 가는 항로를 열고자 하던 때였다. 그들과 같은 경로를 이용할 수 없는 콜럼버스는 포르투갈 탐험대와 반대 방향으로 돌아가도 언젠가는 아시아에 도달할 것이라고 생각했다. 지구가 구체라고 믿었기 때문이다.

그는 이러한 생각으로 스페인의 여왕 이사벨을 설득해 자금 지원을 약속받고 1492년에 처음으로 항해에 나섰다. 당시 사람들은 세계 지구를 실제보다 훨씬 작게 생각했다. 대륙은 유럽과 광대한 아시아,

그리고 아프리카뿐이라고 믿었고, 남북의 양극 가까운 곳까지 이르
는 거대한 아메리카 대륙과 태평양은 전혀 상상도 하지 못했다.

　이러한 선입관 때문에 콜럼버스는 큰 실수이자 엄청난 발견을 했
다. 그가 인도라고 믿은 아메리카 대륙을 발견한 것은 대항해 사상
최대, 그리고 최고의 발견이었다. 콜럼버스는 지금의 바하마 제도에
있는 섬산살바도르섬에 최초로 도착했고, 그때 이 주변의 섬들이 아시
아 대륙의 동쪽 끝에 있는 것이라고 믿어서 '인도 제도'라고 불렀다.
이어서 아이티와 도미니카공화국이 있는 섬에스파뇰라섬에 이르렀을
때에는 황금 산 이야기를 들었다. 그러자 콜럼버스는 이곳이 마르코
폴로의 《동방견문록》을 통해 소문으로 듣던 황금의 나라 '지팡구'일본
라고 믿었다.

　카리브해 또한 에스파뇰라섬히스파니올라섬에서 카니브라는 난폭한

새로운 세계에 도착해서 식인 풍습을 보고 있는 아메리고 베스푸치

식인종의 이야기를 듣고 붙인 이름이다. 당시 《동방견문록》의 영향이 그 정도로 컸을까? 콜럼버스가 이끈 포르투갈 탐험대는 자신들이 도착한 곳이 중국 앞바다라고 굳게 믿었기 때문에, 야만적인 카니브를 몽골의 칭기즈칸 군대로 확신했을 것이다.

콜럼버스는 1493년에 두 번째, 1498년에 세 번째 항해에 나섰는데, 세 번째에 드디어 인도 제도를 지나 지금의 중앙아메리카에 도달했다.

그는 그 후 1504년에 스페인으로 돌아갈 때까지 네 번이나 대서양을 횡단해 탐험했는데, 마지막까지도 아메리카를 아시아로 여기며 자신이 신대륙을 발견했다는 사실을 깨닫지 못했다. 그가 이름 붙인 '인도 제도'는 지금은 '서인도 제도'로 불린다.

아메리고 베스푸치의 이름을 따서 '아메리카'라고 명명

이러한 역사적인 사실이 있음에도, 프랑스의 스트라스부르 대학에서 지리학을 가르치던 독일인 발트제뮐러는 이 대륙에 아메리고 베스푸치Amerigo Vespucci의 이름을 따서 '아메리카'라고 이름 붙였다.

발트제뮐러는 1507년에 《세계지서설世界誌序說》을 라틴어로 저술하면서 신대륙 발견자를 아메리고 베스푸치라고 했다. 그리고 아메리고라는 이름을 라틴어로 표기하면 아메리쿠스Americus가 된다는 이유에서 이 대륙을 '아메리쿠스의 나라', 즉 아메리카America라고 부를 것을 제창했다. 이곳의 지명을 요구하는 목소리가 높았던 당시 상황과 맞물려 이 이름은 바로 받아들여졌다.

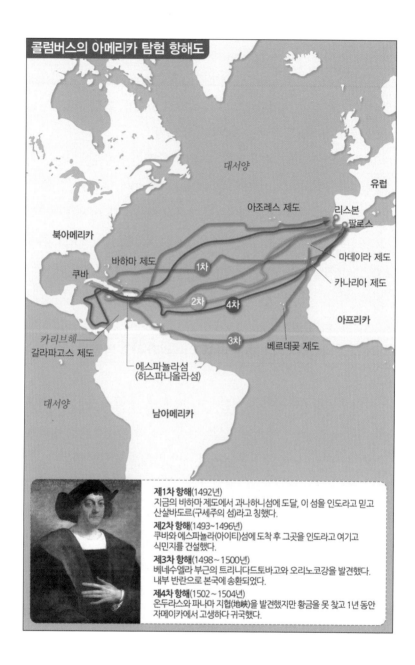

콜럼버스의 아메리카 탐험 항해도

대서양

유럽

아조레스 제도

리스본
팔로스

북아메리카

바하마 제도

마데이라 제도

쿠바

1차

카나리아 제도

2차 4차

아프리카

카리브해

3차

베르데곶 제도

갈라파고스 제도

에스파뇰라섬
(히스파니올라섬)

대서양

남아메리카

제1차 항해(1492년)
지금의 바하마 제도에서 과나하니섬에 도달, 이 섬을 인도라고 믿고
산살바도르(구세주의 섬)라고 칭했다.
제2차 항해(1493~1496년)
쿠바와 에스파뇰라(아이티)섬에 도착 후 그곳을 인도라고 여기고
식민지를 건설했다.
제3차 항해(1498~1500년)
베네수엘라 부근의 트리니다드토바고와 오리노코강을 발견했다.
내부 반란으로 본국에 송환되었다.
제4차 항해(1502~1504년)
온두라스와 파나마 지협(地峽)을 발견했지만 황금을 못 찾고 1년 동안
자메이카에서 고생하다 귀국했다.

그런데 1513년에 발트제뮐러 교수는 이 지역에 아메리카라고 이름 붙이는 것은 적절하지 않다는 것을 깨닫고 '미지의 땅Terra Incognita'으로 정정한 지도를 내놓는다. 사실 이 대륙과 주변의 섬들을 발견한 것은 콜럼버스였고 그 사실을 주장하기에는 늦은 상황이었다. 이를 계기로 콜럼버스를 신대륙으로 파견한 스페인은 신대륙의 이름을 콜럼버스가 명명한 인디아스Indias로 하자고 주장했으나, 유럽 전역에서는 이미 '아메리카'라는 이름이 자리를 굳히고 있었다.

발트제뮐러 교수는 어째서 신대륙을 아메리카라고 명명하는 실수를 저질렀을까? 대륙명에 대한 의견을 밀어붙이는 교수의 수완도 뛰어났겠지만, 여기에는 아메리고 베스푸치의 재치가 숨어 있다.

아메리고 베스푸치에 대한 기록을 보면 그는 1497년, 1500년, 1501년, 1503년의 네 번에 걸쳐 아메리카 대륙을 탐험했다. 즉, 그는 콜럼버스보다 1년 먼저 아메리카 대륙에 도착한 것으로 되어 있다. 그러나 1497년의 탐험은 사실 1499년의 일이며, 탐험대의 대장으로서 참가한 것도 아니었다. 게다가 이 탐험도 콜럼버스가 탐험에 성공하자 그를 견제하기 위해 시도한 것이었다. 그런데도 그가 주목받은 것은 신대륙의 풍토와 사람들에 대한 그의 라틴어 묘사가 뛰어났고, 무엇보다 당시에는 누구도 그곳이 신대륙이라고 생각하지 않기 때문이다.

아메리카라는 대륙의 명명 이면에는 이 유명한 두 탐험가의 이야기가 숨어 있다.

포르투갈과 스페인의
아메리카 식민지 경쟁

푸에르토리코는 스페인어로 '풍요로운 항구'라는 뜻이다

마르코 폴로의 《동방견문록》이 발표되자 인도와 동양에 대한 서구인의 관심은 더욱 커졌다. 황금의 나라 지팡구가 있고 공상의 섬, 불로불사의 샘이 솟는다는 비미니Bimini에 대한 이야기 등 사람들의 공상은 끝없이 펼쳐졌다.

콜럼버스와 함께 항해하고 푸에르토리코에 식민지를 건설한 스페인의 탐험가 후안 폰세 데 레온은 인도 제도에 떠도는 황금의 전설을 조사하기 위해 카리브해 탐험에 나섰다. 그러던 중 1513년 4월 2일에 우연히 플로리다반도를 발견했다. 마침 꽃의 계절이라 스페인의 부활절인 파스쿠아 플로리다Pascua Florida를 기념해 이곳을 플로리다Florida라고 이름 지었다. 그리고 플로리다에서 동쪽으로 80킬로미

스페인 지배 당시의 플로리다 지도, 1584년, 헤르만도 데 소토

터 떨어진 곳에 있는 섬들을 비미니 제도라고 명명했으나, 실제로 이곳에서 불로불사의 샘이 발견되지는 않았다. 플로리다는 1819년에 미합중국이 스페인으로부터 매수해 1845년에 미국의 스물일곱 번째 주가 되었다. 당시 플로리다의 발견은 또 하나의 새로운 인도 제도를 발견한 것과 같이 받아들여졌다.

중세에 지어진 프랑스의 시 《롤랑의 노래》에 캘리포누Californe라는 상상의 나라가 등장한다. 이후 캘리포누는 1510년경에 스페인의 작가 몬탈보의 이야기에서 인도 제도의 깊은 곳에 있는 캘리포니아California라는 섬이 되었다. 아메리카 대륙 서해안이 스페인령이 되었을 때 그 북부가 인도 제도의 안쪽에 자리하자 이야기 속의 지명대로

'캘리포니아'라는 이름이 붙여진 것이다.

현재 푸에르토리코는 스페인어로 '항구'라는 뜻의 푸에르토puerto 와 '풍요로운'이라는 뜻의 리코rico가 합쳐진 '풍요로운 항구'라는 뜻 이다. 1493년에 콜럼버스가 이곳을 발견했을 때 인디오가 다양한 선 물을 가지고 해안으로 찾아온 데에서 푸에르토리코라는 이름이 붙여 졌다고 한다. 그 후 1508년에 후안 폰세 데 레온이 이곳을 통치하게 되었고, 섬의 이름을 그의 이름과 관련해 산 후안San Juan이라고 바꾸 었다. 그러나 이 섬과 본국 사이에 무역이 활발하게 이루어지면서 유 럽에서 푸에르토리코 항구의 지명도가 높아지자 푸에르토리코가 섬 의 이름이 되었고, 산 후안은 도시의 이름이 되었다.

브라질은 브라질우드라는 목재가 있는 땅이라는 의미

1493년에 콜럼버스가 신대륙을 발견한 이후, 로마 교황 알렉산데 르 6세는 스페인과 포르투갈의 과열된 탐험 경쟁을 조정하기 위해 아조레스 제도에서 서쪽으로 약 100리그1리그는 5.55킬로미터 거리에 경 계선을 그었다. 그리고 그 선의 동쪽인 새로운 영토를 포르투갈령, 서쪽앞으로 발견될 미지의 토지은 모두 스페인령으로 하기로 결정했다. 지 구는 구체이므로 전혀 의미 없는 결정이었지만 어쨌든 세계를 이 두 나라로 나누게 된 것이다.

이러한 결정에는 포르투갈의 항해술이 뛰어나고 가장 정확한 지도 를 보유했다는 점이 영향을 준 것 같다. 사실 포르투갈은 그 이듬해

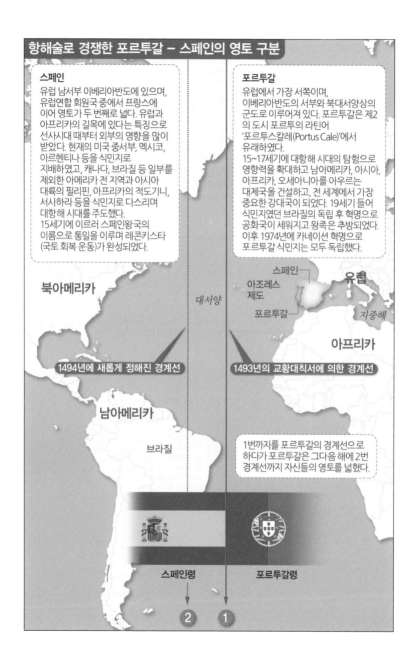

항해술로 경쟁한 포르투갈 – 스페인의 영토 구분

스페인

유럽 남서부 이베리아반도에 있으며, 유럽연합 회원국 중에서 프랑스에 이어 영토가 두 번째로 넓다. 유럽과 아프리카의 길목에 있다는 특징으로 선사시대 때부터 외부의 영향을 많이 받았다. 현재의 미국 중서부, 멕시코, 아르헨티나 등을 식민지로 지배하였고, 캐나다, 브라질 등 일부를 제외한 아메리카 전 지역과 아시아 대륙의 필리핀, 아프리카의 적도기니, 서사하라 등을 식민지로 다스리며 대항해 시대를 주도했다. 15세기에 이르러 스페인왕국의 이름으로 통일을 이루며 레콘키스타 (국토 회복 운동)가 완성되었다.

포르투갈

유럽에서 가장 서쪽이며, 이베리아반도의 서부와 북대서양상의 군도로 이루어져 있다. 포르투갈은 제2의 도시 포르투의 라틴어 '포르투스칼레(Portus Cale)'에서 유래하였다. 15~17세기에 대항해 시대의 탐험으로 영향력을 확대하고 남아메리카, 아시아, 아프리카, 오세아니아를 아우르는 대제국을 건설하고, 전 세계에서 가장 중요한 강대국이 되었다. 19세기 들어 식민지였던 브라질의 독립 후 혁명으로 공화국이 세워지고 왕족은 추방되었다. 이후 1974년에 카네이션 혁명으로 포르투갈 식민지는 모두 독립했다.

북아메리카

대서양

스페인
아조레스 제도
포르투갈

유럽

지중해

아프리카

1494년에 새롭게 정해진 경계선

1493년의 교황대칙서에 의한 경계선

남아메리카

브라질

1번까지를 포르투갈의 경계선으로 하다가 포르투갈은 그다음 해에 2번 경계선까지 자신들의 영토를 넓혔다.

스페인령

포르투갈령

②　①

에 이 선을 서쪽으로 270리그 옮기려는 계략을 세웠다. 그렇게까지 영토를 확장하고자 한 데에는 당연히 어떤 음모가 있었고, 포르투갈은 결국 성공해 아조레스 제도의 서쪽으로 약 2,000킬로미터, 서경 46도가 넘는 지점에 새로운 선을 긋게 되었다.

사실 이때 포르투갈은 이미 브라질을 발견했고 그때까지도 스페인은 남아메리카 대륙이 그렇게 동쪽에 있는지 까맣게 모르고 있었다. 브라질은 1500년에 포르투갈의 카브랄이 처음으로 발견한 것으로 전해진다.

1502년 1월 1일, 포르투갈 탐험대는 남아메리카 대륙에서 좁고 긴 강을 발견했다. 폭이 너무 좁아서 이곳을 강으로 착각한 그들은 이곳을 '강'을 뜻하는 리오rio에 '1월'이라는 뜻의 자네이루janeiro를 합쳐서 '1월의 강'이라는 뜻으로 리우데자네이루Rio de Janeiro라 이름 지었다.

영어로 '난로'를 브레이저brazier라 하고, 프랑스어의 고어에서도 브레즈braise가 '남은 불씨'를 뜻하듯이 브레즈라는 말에는 붉은 느낌이 있다. 짙은 적색 염료가 추출되는 소방목은 콩과科의 소고목小高木으로, 타는 듯한 붉은색이 나온다 해서 브레즈우드라 했고 나중에는 브라질우드brazil wood라고 불리게 되었다.

대항해 시대에 포르투갈 탐험대는 유럽에서 멀리 떨어진 남아메리카 대륙에서 브라질우드 숲을 발견하자 그 땅을 브라질Brazil이라고 불렀다.

포르투갈인은 당연히 그곳을 포르투갈령이라 주장했고, 이후 많은 개척자가 해안선 북쪽과 남쪽, 그리고 오지로 진출해 결국 남아메리카 대륙을 절반 가까이 손에 넣었다.

'은'을 뜻하는 라틴어인 '아젠텀'이 아르헨티나 국명이 되었다

콜럼버스가 서인도 제도를 발견한 이후 '인도' 탐험이 계속해서 이어졌다.

1515년에 스페인 탐험대가 포르투갈이 자국령으로 주장하는 남아메리카 대륙의 남쪽 해안에 도달해 넓은 안곡_{灣曲, 물가나 산길이 휘어서 굽어진 곳}을 발견했다. 그러나 그는 그곳을 안곡으로 여기지 않고, 그대로 나아가면 대륙을 뚫고 지나가 인도에 도달할 수 있으리라고 굳게 믿었다. 이러한 기대를 품고 항해를 시작했는데 안곡의 물이 점차 담수로 바뀌자 마침내 강으로 인정했다.

1526년에 스페인 궁정에서 일하던 영국 항해사 세바스티안 카보트가 다시 이 안곡에 도착했다. 그때 은으로 치장한 선주민과 만났다고 해서 이 안곡을 '은의 강'이라는 뜻으로 라플라타강Rio de la Plata이라고 명명했다.

이곳은 스페인이 총독부를 두어 1776년까지 남아메리카 대륙 남부의 중심지로 번성했다. 이후 1883년에 독립했을 때 스페인 본국의 압정을 잊기 위해 '은'을 뜻하는 플라타를 라틴어인 아젠텀argentum으로 바꾸었고, 국명은 아르헨티나Argentina가 되었다.

1535년에 이 땅에 최초로 이주한 스페인인은 페드로 데 멘도사Pedro de Mendoza이다. 멘도사는 그 장소에 '삼위일체 축제의 도시와

아르헨티나의 수도이자 남미의 파리, 부에노스아이레스

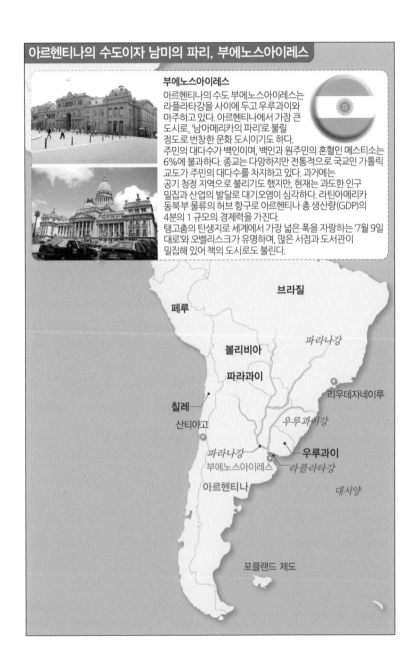

부에노스아이레스

아르헨티나의 수도 부에노스아이레스는 라플라타강을 사이에 두고 우루과이와 마주하고 있다. 아르헨티나에서 가장 큰 도시로, '남아메리카의 파리'로 불릴 정도로 번창한 문화 도시이기도 하다. 주민의 대다수가 백인이며, 백인과 원주민의 혼혈인 메스티소는 6%에 불과하다. 종교는 다양하지만 전통적으로 국교인 가톨릭교도가 주민의 대다수를 차지하고 있다. 과거에는 공기 청정 지역으로 불리기도 했지만, 현재는 과도한 인구 밀집과 산업의 발달로 대기오염이 심각하다. 라틴아메리카 동북부 물류의 허브 항구로 아르헨티나 총 생산량(GDP)의 4분의 1 규모의 경제력을 가진다. 탱고춤의 탄생지로 세계에서 가장 넓은 폭을 자랑하는 '7월 9일 대로와 오벨리스크가 유명하며, 많은 서점과 도서관이 밀집해 있어 책의 도시로도 불린다.

부에노스아이레스의 핑크하우스, 1910년, Ángel Della Valle, 대통령궁

'좋은 바람이 부는 성모 마리아의 항구'라는 의미의 '시우다드 데 라 산티시마 트리니다드 이 푸에르토 데 누에스트라 세뇨라 라 비르헨 마리아 데 로스 부에노스아이레스Ciudad de la Santisima Trinidad y puerto de nuestra senora la virgen Maria de los buenos aires'라는 긴 이름을 붙였다. 마을을 건설한 날이 가톨릭력으로 삼위일체 축제일이었다는 점과, 선원들이 순풍을 부른다고 믿던 성모 마리아에게 기도한 데에서 비롯한 이름이었다. 그러나 이 마을은 토착민인 인디오북아메리카의 인디언과 구별해 라틴아메리카의 원주민을 지칭하는 말의 습격을 받아 멸망했고 이후 그대로 방치되었다.

1580년에 도시가 재건되었을 때, 과거의 이름에서 따와 예전보다 짧은 '산타 마리아 데 로스 부에노스아이레스'로 도시명을 지었다. '순풍을 불러들이는 성모 마리아'라는 뜻이다.

지금은 그 이름이 더욱 짧아져 부에노스아이레스Buenos Aires가 되었다. 이 도시는 식당에서 술에 취한 항구 노동자가 시중을 드는 여성을 상대로 춤을 춘 데에서 시작되었다는 아르헨티나 탱고의 발상지이기도 하다.

하와이는 폴리네시아어로 '신이 계시는 곳'

태평양 지도에 남아 있는 영국 탐험가 캡틴 쿡의 이름

일명 캡틴 쿡으로 불리는 제임스 쿡James Cook은 18세기에 활약한 영국의 탐험가이다. 그는 항해술에 뛰어난 탐험가이기도 했지만 수학, 천문학, 측량술에도 뛰어났다. 대항해 시대에 등장한 탐험가들은 대체로 보물찾기에 관심이 많았는데, 쿡은 과학적인 탐사와 조사로 큰 업적을 세운 최초의 탐험가이며 역사상 최고의 항해가이다.

쿡은 세 차례나 대항해에 나서 태평양 지도에 하와이와 통가를 시작으로 엄청나게 많은 섬 이름을 써넣었다. 그리고 항해 중에 해안 측량, 천문 관측, 경도 측정에 사용하는 크로노미터정밀도가 높은 휴대용 태엽 시계의 유용성을 증명했으며, 괴혈병에 대한 논문을 쓰는 등 그의 공적은 여러 분야에서 빛을 발했다.

쿡의 이름과 관련해 지어진 지명으로는 우선 쿡 제도와 뉴질랜드의 최고봉인 쿡산이 있다. 쿡 제도는 1773년에 쿡이 발견했고, 쿡산은 그가 남긴 기록에서는 발견되지 않았다. 19세기 중반에 영국인의 이민이 시작되었을 때 처음으로 이곳을 탐험한 쿡의 업적을 기념해 이름을 고친 것으로 추정된다.

쿡이 직접 명명한 것은 1643년 영국 동인도회사의 윌리엄 마이너 선장이 크리스마스에 발견했다는 크리스마스섬과, '천국에서 가장 가까운 섬'으로 불리는 뉴칼레도니아섬, 바누아투의 영토인 뉴헤브리디스New Hebrides 제도 등이 있다. 뉴칼레도니아의 '칼레도니아'는

타히티에서 인간을 제물로 바치는 의식을 목격하고 있는 캡틴 쿡, 1827년, 존 웨버

쿡의 고향인 스코틀랜드에서 '숲'을 뜻하는 고대 로마 시대의 켈트어이다. 그리고 뉴헤브리디스는 스코틀랜드의 북서쪽에 있는 헤브리디스 제도의 이름에서 유래했다.

유명한 하와이 제도의 하와이Hawaii는 폴리네시아어로 '신이 계신 곳'을 뜻하는데, 쿡은 발견한 당시 해군 대사의 이름에서 따와 이곳을 샌드위치 제도라고 이름 지었다. 이 대사는 바로, 식사하는 시간도 아까워하며 카드놀이에 열중한 나머지 빵에 속을 채운 패스트푸드를 고안해냈다는 샌드위치 백작이다.

쿡의 이름에서 따온 지명을 또 하나 소개하자면, 프랑스 화가 고갱이 사랑하고 살았던 섬으로 유명한 타히티Tahiti. 태양이 떠오르는 땅를 주요 섬으로 하는 소시에테Société 제도프랑스령를 들 수 있다. 소시에테는 프랑스어이지만, 원래는 '협회'를 뜻하는 영어 소사이어티Society로, 당시 쿡을 파견한 영국 왕립협회의 이름에서 유래했다.

쿡의 아버지는 요크셔에서 일용 노동자로 일했다. 쿡은 스스로의 힘과 탐험심으로 해군 대좌가 되었으며, 사람들의 존경과 칭찬을 받았다. 그 모험심의 흔적은 태평양의 몇몇 지명에까지 남아 있다.

남태평양의 섬들에는 오세아니아Oceania라는 이름이 붙여졌는데, 이것은 고대 그리스어의 오케아노스를 어원으로 하는 '대양'이라는 뜻의 '오션Ocean'에 라틴어 지명 접미사 '-ia'를 붙여서 '대양주', '대양의 섬들'을 뜻한다. 그리고 그 대양주를 더욱 세분화해 '작은 섬들'인 미크로네시아Micronesia, '흑인의 섬들'인 멜라네시아Melanesia, '많은 섬'인 폴리네시아Polynesia로 각각 이름 지어졌다.

네덜란드의 뉴네덜란드에서
영국의 오스트레일리아로

오스트레일리아는 남쪽이라는 뜻의 '아우스트랄리스'에서 명명

오스트레일리아Australia는 라틴어 '아우스트랄리스australis, 남쪽의'에 지명 접미사 '-ia'가 붙은 것이다.

그 기원은 고대 그리스 시대로 거슬러 올라가야 한다. 당시 사람들은 페니키아인의 항해를 통해, 기온이 높은 적도 지대가 있다는 것을 알고 있었다. 하지만 그곳은 사람이 넘어갈 수 없는 곳이라고 여겼다. 그리고 그들이 아는 나라는 모두 적도의 북쪽에 있기 때문에 아마도 적도의 남쪽에는 북쪽의 세계와 대칭적인 나라가 있을 것으로 상상하고, 그 땅을 '남쪽 대륙'이라는 뜻의 테라 오스트랄리스Terra Australis라고 불렀다.

15세기 대항해 시대에 바다의 모험자들이 환상의 남쪽 대륙을 찾

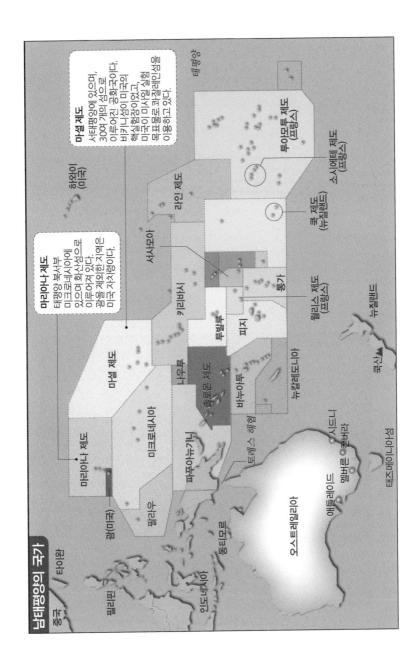

남태평양의 국가

중국
타이완
필리핀
인도네시아
동티모르

마리아나 제도
태평양 북서부
미크로네시아에
있으며 화산섬으로
이루어져 있다.
괌을 제외한 지역은
미국 자치령이다.

마셜 제도
서태평양에 있으며,
30여 개의 섬으로
이루어진 공화국이다.
비키니섬이 미국의
핵실험장이었고,
미국이 미사일 시험
목표물로 콰절레인섬을
이용하고 있다.

하와이
(미국)

괌(미국)

마리아나 제도

마셜 제도

미크로네시아

팔라우

파푸아뉴기니

나우루

솔로몬 제도

키리바시

투발루

피지

바누아투

뉴칼레도니아

서사모아

통가

월리스 제도
(프랑스)

룩 제도
(뉴질랜드)

라인 제도

소시에테 제도
(프랑스)

투아모투 제도
(프랑스)

태평양

뉴질랜드

북섬

남섬

태즈메이니아섬

시드니

멜버른   캔버라

애들레이드

토러스 해협

오스트레일리아

동티모르

아다녔으리라는 것은 상상하기 어렵지 않다. 머지않아 아프리카, 남아메리카 대륙이 발견되면서, 적도를 사이에 두고 두 대륙이 대칭을 이룰 것이라는 생각은 사라졌지만, 미지의 대륙이 존재할 가능성은 여전히 그들의 상상 속에 남아 있었다.

1606년에 스페인 항해사 루이스 데 토레스는 뉴기니섬을 지나갔는데, 미지의 대륙에서 불과 200킬로미터 정도 떨어진 해협이었는데도 이 대륙을 발견하지 못했다. 오늘날 이 해협은 항해사 토레스의 이름을 따 토레스Torres 해협이라고 부른다.

미지의 대륙이었던 오스트레일리아를 발견한 것은 네덜란드인이었다. 인도양을 지나온 그들은 오스트레일리아의 서쪽 해안에 상륙

아벨 타스만과 그의 아내와 딸, 1637년, 자콥 게리츠 코이프, 오스트레일리아 국립도서관

시드니 코브 북쪽 전망, 1794년, 토마스 와틀링, 뉴사우스웨일스 주립도서관 딕슨갤러리

해 그곳에 뉴네덜란드New Netherland라는 이름을 붙였다.

1642년에는 네덜란드인 타스만이 뉴네덜란드를 항해했는데 그때 이 대륙의 동남쪽에 있는 섬을 발견했다. 타스만은 이 항해의 의뢰인인 동인도 제도의 네덜란드 총독 판 디멘Van Diemen의 이름에서 따와 반디멘스랜드라고 이름 붙였다. 지금은 그 섬을 포함한 일대를 발견자인 타스만의 이름을 따서 태즈메이니아Tasmania라고 부른다.

그는 태즈먼해에서 더욱 동쪽으로 나아가 큰 군도를 발견했다. 이 군도는 그의 고향인 네덜란드 남부의 '바다의 땅'이라는 뜻의 마을 젤란드Zeeland에서 따와 뉴젤란드Nieuw Zeeland라고 불렀다. 이것이 영어 표기로 뉴질랜드New Zealand가 된 것이다.

한편, 오스트레일리아는 그 후 백 년 이상 뉴네덜란드라는 명칭을 사용했는데, 태평양에서 영국의 지배권이 확대되면서 네덜란드는 완전히 철수하게 되었다. 결국 18세기 중반에 이르러서는 대륙의 이름도 고대 전설의 지명을 부활시켜서 오스트레일리아가 되었다.

시드니는 18세기 말 영국의 내무대신 시드니 경의 이름

오스트레일리아의 각 도시명도 영국 명사의 이름이 붙은 것이 많다. 2000년에 올림픽이 열린 시드니는 18세기 말 영국의 내무대신 시드니 경卿의 이름이다. 각 마을에도 영국의 각 도시와 런던 시내의

캔버라 부근 공원의 캥거루, 현재 오스트레일리아는 너무 많은 캥거루로 골치를 앓고 있다.

리젠트 스트리트, 하이드 파크 같은 지명이 그대로 붙여졌다.

오스트레일리아의 제2 도시 멜버른은 영국의 총리대신 멜버른 자작의 이름에서 따온 것이다. 그리고 캔버라Canberra가 수도가 된 배경도 살펴보자. 오스트레일리아의 수도를 정할 때 시드니와 멜버른 중 어느 곳으로 할지 결정할 당시 그 중간에 있던 캔버라 농장에 새로 수도를 건설한 것이다. 캔버라는 토착민인 애버리진Aborigine족의 언어로 '집회장'이라는 뜻을 지니고 있다. 오스트레일리아에서 영국인이 정한 수도이면서 영국이 아닌 현지에서 유래한 이름을 사용하는 것은 극히 드문 일이다.

그 밖에 브리즈번Brisbane은 19세기 초에 이 땅의 총독이었던 브리즈번의 이름에서 유래했고, 애들레이드는 같은 시기의 국왕 윌리엄 4세의 왕비인 애들레이드의 이름에서 유래했다. 오스트레일리아의 지명과 도시명이 대부분 귀족과 왕비의 이름이기는 하지만, 본국에서 멀리 떨어져 있는 이 땅은 시드니와 브리즈번과 같이 처음에는 유배지와 식민지로 건설되었다는 역사도 동시에 안고 있다.

5장

몽골제국과
유라시아

일본에 남아 있는
아이누의 지명

아이누란 일본 북부 지역을 활동 범위로 한 소수 토착 민족

아이누란 일찍이 일본 북부에서 북방 영토와 러시아 일부까지를 활동 범위로 한 소수 토착 민족이다. 지금은 혼혈 등이 진행되고 그들이 어디까지 분포하고 있었는지 등에 대한 연구가 부족해서 그들의 문화가 점점 사라지고 있다. 그러나 일본 본토本州, 혼슈에는 아이누어로 독해해보면 그 뜻을 확실히 알 수 있는 지명이 많이 남아 있다.

아이누어의 지명은 자연을 간결하게 표현한다. 하지만 당시 아이누족은 문자로 기록하지 않아서 나중에 일본인이 제멋대로 한자를 맞춰 넣으면서 지명이 복잡해졌다. 그래서 홋카이도北海道의 지명에는 읽기도 어렵고 해석하기도 어려운 것이 많다. 또 지명을 표기하는

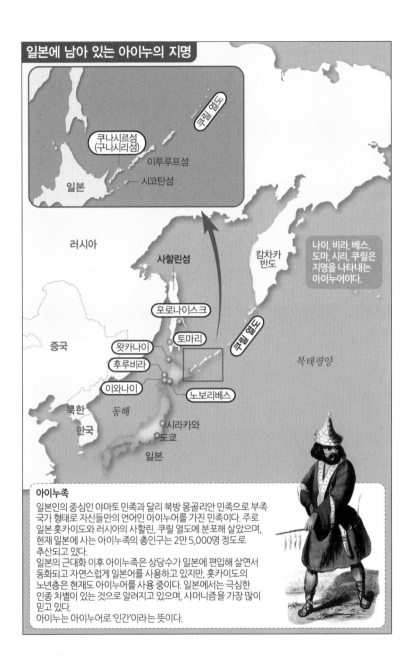

일본에 남아 있는 아이누의 지명

쿠릴

쿠나시르섬
(구나시리섬)
이투루프섬
시코탄섬
일본

러시아
사할린섬
칼차카 반도

나이, 비라, 베스, 도마, 시리, 쿠릴은 지명을 나타내는 아이누어이다.

포로나이스크
쿠릴

토마리
왓카나이
후루비라
이와나이
노보리베스

중국

북태평양

북한
동해
한국

시라카와
도쿄

일본

아이누족

일본인의 중심인 야마토 민족과 달리 북방 몽골리안 민족으로 부족 국가 형태로 자신들만의 언어인 아이누어를 가진 민족이다. 주로 일본 홋카이도와 러시아의 사할린, 쿠릴 열도에 분포해 살았으며, 현재 일본에 사는 아이누족의 총인구는 2만 5,000명 정도로 추산되고 있다.
일본의 근대화 이후 아이누족은 상당수가 일본에 편입해 살면서 동화되고 자연스럽게 일본어를 사용하고 있지만, 홋카이도의 노년층은 현재도 아이누어를 사용 중이다. 일본에서는 극심한 인종 차별이 있는 것으로 알려지고 있으며, 샤머니즘을 가장 많이 믿고 있다.
아이누는 아이누어로 '인간'이라는 뜻이다.

데 사용된 한자의 영향을 받아 지명 자체가 변화한 예도 있다. 다시 말하면, 한자의 발음으로 부르는 것이 굳어져서 원래의 발음이 무엇인지 알 수 없게 된 것이다. 그러나 다행히 아이누어를 어원으로 하는 지명은 대부분 실제 지형을 나타낸 것이 많아서 이를 이용해 원래의 발음을 찾아내는 데 성공한 사례도 많다. 그럼 아이누어 지명을 간단하게 살펴보기로 하자.

현재 일본의 지명에서 흔히 볼 수 있는 '나이內'와 '베쓰別', '피라, 히라, 비라平'한자 '평'을 세 가지 발음으로 읽음 등은 지명을 나타내는 아이누어이다. 나이와 베쓰는 '강', 피라는 '낭떠러지'를 뜻한다. 지명에 이 단어가 사용된 유명한 곳으로는 왓카나이稚內, 이와나이岩內, 이와우 나이, 유황이 많은 강, 그리고 노보리베쓰登別, 희고 뿌연 강 또는 탁한 강, 후루비라古平, 붉은 낭떠러지 등이 있다.

고대에 아이누족이 북일본에 널리 분포해서 혼슈에는 지금도 아이누어 지명이 많이 남아 있다. 주로 동북 지역에 남아 있으며, 그 밖에 관동, 관서 지방에도 아이누어 지명이 남아 있다고 주장하는 연구자도 많다.

예컨대 야나기타 구니오柳田国男에 의하면, 동일본에 분포하는 도만堂満과 도마(當間)當麻라는 지명도 아이누어에서 기원한다. 그의 주장으로 시라카와白河, 일본 후쿠시마福島현에 있는 도시 이남에도 아이누어 지명이 남아 있을 만하다.

그러나 아이누어와 일본어 사이에 상호 관계가 있다는 것은 확실하며, 다만 그 경계를 명확히 밝히는 일이 어렵다. 참고로 북방 영토

아이누족, 1904년

에는 지금도 아이누어를 기원으로 한 지명이 많다.

쿠릴 열도의 '쿠릴'은 아이누어에서 사람을 뜻하는 '쿠루'가 러시아어로 바뀐 이름이다. 이 열도 이름의 일본식 발음인 '지시마'는 아이누족이 '동쪽의 섬들'을 츄푸카^{동쪽}라는 발음으로 부르다가 나중에 홋카이도를 포함해서 '에조가 지시마蝦夷が千島'라고 부른 데서 유래했을 것으로 추정된다. 여기서 '에조蝦夷'는 일본의 도호쿠 지방 및 홋카이도 지역에 살면서 일본인에게 이민족으로 여겨졌던 민족 집단을 일컫는다.

시대에 따라 지칭하는 것이 다른데, 일반적으로 근세의 에조는 특히 아이누족을 일컫는다. 그리고 '지시마'는 '많은 섬'을 뜻한다. 사할린樺太에서는 중남부의 도마리가 '항구'라는 뜻으로, 홋카이도 연안과 혼슈 연안에도 '도마리'가 붙는 지명이 몇몇 있다. 사할린 남부의 포로나이스크^{부향敷香}는 일본어의 '포로큰', '나이강'와 러시아어의 '스크^{나루터가 있는 마을}'가 합쳐진 것으로 '큰 나루터가 있는 마을'을 뜻한다. 이 이름 역시 아이누어에서 기원한다고 전해진다.

'수도'라는 뜻의 서울,
'큰 평야'라는 뜻의 평양

한국의 수도가 서울이라는 이름으로 바뀐 것은 1945년

한국의 수도인 서울의 이름은 '수도'를 의미하며, 한국 고유의 말이다. 과거에 경성京城이라고 불리던 한국의 수도가 서울이라는 이름으로 바뀐 것은 1945년에 일본의 식민 통치에서 해방되고 미국의 영향 아래에 있을 때였다. 1946년에 공포된 서울시 헌장 제1장에는 "경성부를 서울이라 칭하고 특별자유시로 한다"라고 명시되었다. 그래서 '서울특별시'는 도道에 속하지 않고 독립된 도시가 되었다.

서울은 1395년에 조선의 수도가 되었다. 조선 왕조의 태조 이성계는 국호를 정할 때 '화령和寧'과 '조선朝鮮'을 두고 고민했다. '화령'은 그의 출신지인 함경도 영흥에서 유래한 이름이고, '조선'은 기원전 단군조선과 기자조선 등의 '고조선'에서 따온 것으로, 원래는 '아침

대한민국의 수도 '서울' 이야기

중국

러시아

함경북도

양강도

자강도

함경남도

평안북도   북한

평안남도

평양

강원도

황해북도

개성

황해남도

서울   강원도   동해

인천   대한민국   을릉도

경기도

충청북도

충청남도

대전   경상북도

황해   대구

전라북도   울산

경상남도   부산

광주

전라남도

남해

제주도

서울(Seoul)

대한민국의 수도 서울은
백제의 첫 수도인 위례성을
시작으로, 고려 시대에는
남경으로 이어지다가 조선의
수도로 오늘날에 이르렀다.
한반도의 중앙에 위치하고
있으며 한강을 중심으로
사방이 산으로 둘러싸인
분지이기도 하다. 1994년에
600년이 된 특별시로, 1986
년에 아시안 게임, 1988년에
하계국제올림픽이 열리기도
했다.
서울 중심의 경제와 문화
발전으로 면적에 비해
인구 밀도가 매우 높다.
25개의 자치구를 가지고
있으며, 상징하는 나무는
은행나무이다.

도봉구   노원구

강북구

종로구   성북구

은평구   중랑구

서대문구   동대문구

중구   강동구

강서구   마포구   성동구

용산구   송파구

양천구   강남구

구로구

금천구   관악구   서초구   광진구

영등포구   동작구

해가 선명하게 밝아온다'라는 뜻이다.

이성계는 조선을 세우면서 옛 고려 왕조의 세력을 배제하고 민심을 돌리기 위해, 고려의 수도이던 개성에서 천도할 것을 고려했다. 개성은 풍수상 지덕知德이 쇠퇴한 곳이었기 때문에 충청도 계룡산 신도내로 천도하려고 했다. 당시 불교에 대한 신앙이 깊었던 그는 무학대사라는 승려에게 신도내가 풍수상 수도로 적합한지를 자문했다. 그러나 무학대사가 신도내보다는 한양이 수도로 적합하다고 하자 그의 말을 따랐다고 한다.

한양 천도에는 몇 가지 전설이 전해 내려온다. 무학대사는 이성계와 함께 한양에 도시를 세우기로 계획했다. 이에 따라 공사를 시작했는데, 왕궁인 경복궁을 지을 때 기둥이 세워지지 않고 매번 쓰러졌다. 이를 이상하게 여기던 어느 날, 한 농부가 이 마을은 학이 날개를 편 형태이며 왕궁을 지으려는 곳이 학의 등에 해당하기 때문에 기둥이 서지 않는 것이라고 했다. 그러면서 이런 곳에 왕궁을 지으려면 우선 날개 부분을 잠재워야 한다고 조언했다. 그래서 그의 말대로 하니 마침내 무사히 기둥을 세워 왕궁을 건립할 수 있었다.

이성계가 선택한 한양은 한강이 동서로 흐르고 북쪽으로는 북한산과 북악산이, 남쪽으로는 남산과 관악산이 둘러싼 자연의 요새이다. '한양'이라는 이름은 풍수지리설에서 북한산 남쪽 기슭이 '양陽'이기 때문에 붙여진 이름이다. 그래서 이성계는 한양으로 천도한 후 정식 명칭을 한성부漢城府로 정했다.

동쪽 궁궐(창덕궁과 창경궁)을 묘사한 그림, 1828~1830년, 부산 동아대학교 미술관

수도 한성은 풍수지리설에 따라 설계된 도시

한성은 풍수지리설에 따라 설계된 도시로 현재까지 600년 이상 정치, 경제, 문화, 교통의 중심 도시로 번성해왔다. 서울 시내에는 지금도 풍수와 관련된 지명이 남아 있다. 한 예로 서울시 강동 지역에 왕십리라는 지명이 있다. 이성계가 왕궁을 세울 만한 곳을 물색할 때, 한 노인이 "왕궁은 이곳에서 십 리 더 간 곳에 있소"라고 말했다고 한다. 실제로 그곳에서 십 리 떨어진 북악산 기슭에 왕궁을 세웠고, 이 일화에서 따와 이성계가 노인을 만난 곳을 '왕십리往十里'라고 불

렀다.

올림픽 주경기장이 있는 잠실에는 과거에 남산 정상이 누에의 머리처럼 생긴 데 따라 그 지덕地德을 활용하기 위해 뽕밭이 조성되었다. 그래서 이곳을 '잠실蠶室'이라고 불렀다고 한다. 지금은 고층 아파트가 즐비한 주택가가 되었다.

해방 이후에 이름이 붙여진 충무로, 을지로, 세종로와 같은 도로 이름은 영웅의 이름과 관련해 새롭게 만들어진 것으로, 민족의 주체성을 상징한다.

충무로의 '충무'는 임진왜란 때 거북선을 만들어서 동쪽 바다 건너편에 있는 일본을 대패시킨 이순신 장군의 호이다. 서울의 중심부에 있는 광화문 앞에 세워진 이순신 동상은 지금도 동해 건너편에 있는 일본을 주시하고 있다. 을지로의 '을지'는 6세기 말 고구려의 장수 을지문덕을 가리킨다. 《수서隋書》중국 수隋나라의 역사를 기록한 정사正史에 따르면, 을지문덕은 침입해 온 수나라 대군을 단 2,700명을 이끌고 무찔렀다. 세종로의 '세종'은 태종의 셋째 아들로 조선 왕조의 4대 국왕이다. 조선 고유의 문자인 '훈민정음'을 만들고 정치적으로도 나라의 기반을 다진 성군이다.

북한의 수도인 '평양'의 이름은 건국 신화에서 유래했다.

《동국여지승람》에는 "신이 태백산의 단목檀木 아래에 내려와 나라 사람들은 그를 군주로 세웠다. 신은 단군왕검이라는 이름으로 평양을 수도로 정하고 한반도 전체의 개국신이 되었으며, 그 후 기자箕子가 조선의 왕이 되었다"라고 전해진다.

《삼국사기》에는 "평양은 지신地神족 단군왕검의 대지가 있었다고 해서 '왕의 수도'라는 뜻으로 왕검이라고도 한다"라는 말이 나온다. 이 땅은 대동강 중류 지역에 있는 돈대주변보다 약간 높고 평평한 곳로, 사방이 산하로 둘러싸이고 동남쪽에 비옥한 평야가 펼쳐져서 옛날부터 군사상 중요한 역할을 해왔다. 평양이라는 이름은 글자 그대로 '평平'이 평지, 저지低地를 뜻해 '큰 평야'를 나타낸다.

기원전에 위만조선의 왕도王都였던 왕검성은 평양 부근에 있었다고 한다. 기원전 108년에 한나라 무제武帝가 위만조선을 쓰러뜨리고 그 땅에 한사군漢四郡의 하나로 낙랑군을 두었다. 수도가 된 낙랑군, 즉 평양에는 이후 한나라의 문화가 들어와 낙랑 문화가 전성기를 이루었다. 4세기에 세력을 확대한 고구려가 낙랑군을 통일하고, 668년에 고구려가 멸망할 때까지도 평양은 항상 문화의 중심지였다.

중국 수도 베이징의
개명의 역사

1949년에 중화인민공화국을 수립한 후 '베이징'으로 정착

중국의 지명에는 전 인구의 92퍼센트가 사용하는 중국어로 된 것이 가장 많다. 그중에 고사故事 등에서 유래한 지명이 많이 있다. 또 과거의 지명에서 한 글자씩 따와서 합친 것이 많다.

또 한 가지 흥미로운 사실은 같은 지명이 여러 군데에 중복해 사용된다는 것이다.

예컨대 황산黃山이라는 이름의 산은 중국 전역에 27군데나 있으며, 산이 아닌 곳도 6군데나 된다. 산으로 유명한 곳은 안후이성安徽省 허페이시合肥市에 있는 황산이다. 이 산은 봉우리가 360개나 되고 산 위에 샘이 솟아서 호룡천산呼龍泉山 또는 왕교산王喬山이라 하며, 도교 서적에서는 도교의 성지라는 뜻으로 제18복지福地라고 불린다. "옛

날 왕자교王子喬. 중국 고대의 선인仙人가 이곳에서 약을 채취했다고 해서 왕산王山이라고 불렀는데, 나중에 이것이 바뀌어 황산이 되었다"라고 한다. 이 이름은 황제黃帝가 이곳에서 수행했다는 전설에서 유래했는데, 정확히 어느 산인지 알려진 바는 없다. 참고로 황제는 중국 전설상의 제왕을 말하며, 당시 중국인에게 문자와 역법, 음악, 의약 등을 알려주었다고 한다. 중국 신화의 삼황오제三皇五帝 중 한 사람으로 오행설에서 사土, 즉 중앙을 관장하는 신이다.

현재의 베이징시北京市 팡산현房山縣에 있는 '황산'은 진나라의 시황제를 암살하려고 한 한나라의 장량張良이 숨어 있었다고 전해지는 장소이다. 또 장쑤성江蘇省에 있는 황산은 황학선인黃鶴仙人이 그곳에서 득도했다는 전설에서 기원해 이 이름이 붙여졌다.

중국어 지명의 또 다른 특징으로는 지배자가 바뀌면 지명도 바뀌는 점을 들 수 있다.

오늘날 중국의 수도 베이징은 계薊 → 유주幽州 → 연경燕京 → 중도中都 → 대도大都 → 베이징北京 → 베이핑北平 → 베이징北京과 같은 개명의 역사가 있다. 베이징은 영어권에서 '페킹'으로 발음하는데, 이것은 17세기에 중국을 방문한 서양인이 전한 발음이다. 오늘날 실제로 중국어를 배워보면 '베이징'으로 발음한다. 이는 중국의 표준어인 푸퉁화의 발음이다.

베이징의 고대 명칭은 '계'였으며, 춘추 시대에는 연燕나라의 국도國都였다. 요遼나라가 이 땅을 배도陪都, 중국에서 행정 조직상 수도에 준하는 취급을 받던 도시로 삼아 '연경'으로 이름을 바꿨고, 금나라는 이곳을 다시 정식 수도로 정해 '중도'라고 불렀다. 이후 원나라는 이곳을 '대도'라고 했다.

베이징이라는 이름으로 불린 것은 1420년 명나라 영락제永樂帝 때부터였다. 1927년에 수도를 난징南京으로 옮겼을 때 일시적으로 '베이핑'이라는 이름으로 불렸는데, 1949년에 중화인민공화국을 수립하고 수도를 원래 있던 곳으로 옮기면서 '베이징'이라는 이름도 부활했다.

시안은 수나라와 당나라 때의 수도로 장안으로 불렸다

난징은 오늘날 장쑤성 정부의 소재지이다. 청나라 강녕부江寧府의 땅이며 삼국 시대의 오吳, 동진東晋, 송宋, 제齊, 양梁, 진陳, 남당南唐, 명明, 태평천국이 모두 이곳을 수도로 삼았다. 전국 시대에 초나라는 이곳을 금릉읍金陵邑으로 불렀고, 진나라는 말릉현秣陵縣, 오나라의 손권孫權은 건업建業으로 명명했다. 그 후 건강健康, 금릉, 강녕부江寧府 등의 이름을 거쳐서 명나라 때인 1441년에 남경이 되었다. 그리스도교를 믿는 태평천국 시대에는 천경天京, 신의 도읍지이라고 불리기도 했다. 그 후 1927년에서 1937년, 그리고 1945년에서 1949년에 국민당 정부가 이곳을 수도로 삼았다.

시안西安은 수隋나라와 당唐나라 때의 수도로 장안長安으로 불렸고, 명나라와 청나라 때에는 행정 조직의 하나인 서안부西安付가 있었다. 중화민국 때에는 서경西京, 중화인민공화국이 수립된 이후에는 산시

성陝西省의 성도省都 '시안'이 되었다. 참고로 산시성이란 허난현河南縣 서쪽 끝에 있는 산현陝縣보다 서쪽에 있다고 해서 이름이 붙여졌다.

후한後漢, 동한東漢이 수도를 낙양洛陽에 두었을 때, 이곳이 한나라의 옛 수도인 장안의 동쪽에 해당한다고 해서 장안을 서경, 낙양을 동경이라고 불렀다. 그리고 579년에 북주北周의 선종宣宗이 낙양을 동경으로 칭했다. 이후 수나라가 주나라를 멸망시키면서 동경이라는 이름이 사라졌지만, 수나라 양제煬帝가 즉위한 604년대업大業 원년에 다시 낙양을 동경으로 고쳤다. 그러나 그로부터 5년 후인 대업 5년에 동도東都로 개칭했다.

657년에 당나라는 낙양을 동도東都로 해서 동경이라고 불렀고, 742년에 동경을 정식 명칭으로 정했다. 더 이전에는 오대五代 시대의 후진後晉이 938년에 율주溧州로 천도해 이곳에 개봉부開封府, 우리나라의 서울시청에 해당를 세우고 동경이라 했다.

중국 지명에 남아 있는
소수민족의 언어

　광대한 중국에는 주요 민족인 한족漢族이 쓰는 언어인 한어漢語, 즉 중국어 외에 80종류 이상의 다양한 소수민족의 언어가 있다. 이 언어들은 지명이 지형과 지세를 형용하고 표현하는 특징이 있다.

　만주어를 기원으로 하는 지명의 예를 들면, 둥베이 삼성東北三省의 한 곳인 지린성吉林省은 발음 그대로 '강변'이라는 뜻의 만주어 지린에서 따왔고, 길림吉林이라는 한자의 뜻과는 상관이 없다. 그리고 '만주滿洲'는 불타의 왼쪽에 있는 사자獅子에 탄 지혜의 신 문수사리암룡文殊師利菩薩의 '문수'에서 유래했다. 우리에게 친숙한 하얼빈哈爾濱도 만주어를 기원으로 하며, 하생선와 얼빈햇볕에 말리는 중이 합쳐져서 '생선그물을 햇볕에 말리는 곳'이라는 뜻을 지니고 있다. 곧 하얼빈이 강변 마을로 번영했다는 것을 나타내는 지명이다.

　반대로 처음에는 한자명이었다가 나중에 만주어로 변한 지명도 있

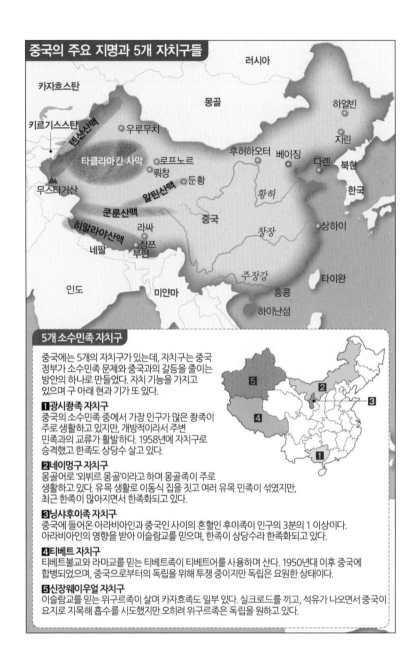

중국의 주요 지명과 5개 자치구들

러시아

카자흐스탄

몽골

하얼빈

키르기스스탄

톈산산맥

우루무치

지린

타클라마칸 사막

로프노르

후허하오터

베이징

다롄

북한

뤄창

무스타거산

둔황

한국

쿤룬산맥

알틴산맥

황허

히말라야산맥

라싸

중국

상하이

네팔

장쯔

창장

부탄

주장강

타이완

인도

미얀마

홍콩

하이난섬

5개 소수민족 자치구

중국에는 5개의 자치구가 있는데, 자치구는 중국 정부가 소수민족 문제와 중국과의 갈등을 줄이는 방안의 하나로 만들었다. 자치 기능을 가지고 있으며 구 아래 현과 기가 또 있다.

[1]광시좡족 자치구
중국의 소수민족 중에서 가장 인구가 많은 좡족이 주로 생활하고 있지만, 개방적이라서 주변 민족과의 교류가 활발하다. 1958년에 자치구로 승격했고 한족도 상당수 살고 있다.

[2]네이멍구 자치구
몽골어로 '외뷔르 몽골'이라고 하며 몽골족이 주로 생활하고 있다. 유목 생활로 이동식 집을 짓고 여러 유목 민족이 섞였지만, 최근 한족이 많아지면서 한족화되고 있다.

[3]닝샤후이족 자치구
중국에 들어온 아라비아인과 중국인 사이의 혼혈인 후이족이 인구의 3분의 1 이상이다. 아라비아인의 영향을 받아 이슬람교를 믿으며, 한족이 상당수라 한족화되고 있다.

[4]티베트 자치구
티베트불교와 라마교를 믿는 티베트족이 티베트어를 사용하며 산다. 1950년대 이후 중국에 합병되었으며, 중국으로부터의 독립을 위해 투쟁 중이지만 독립은 요원한 상태이다.

[5]신장웨이우얼 자치구
이슬람교를 믿는 위구르족이 살며 카자흐족도 일부 있다. 실크로드를 끼고, 석유가 나오면서 중국이 요지로 지목해 흡수를 시도했지만 오히려 위구르족은 독립을 원하고 있다.

다. 그 예로 다롄大連은 처음에 청니와清泥窪라고 불리다가 만주인이 이곳에 진출한 후 다롄항구, 물가으로 바뀌었고, 리훙장李鴻章, 중국 근대 군벌의 원조이자 중국 청나라 말의 정치가 시대에 한자명도 다롄이 되었다. 그 후 1899년에 러시아가 이 땅을 점령하고 무역항을 건설하면서 러시아의 수도에서 멀어졌다는 점과, '다롄'의 음이 러시아어로 '멀다'라는 말의 발음에 가깝다는 점 때문에 '다르니'로 개칭했으나, 다시 최종적으로 다롄이 되었다.

이와 마찬가지로 정치적 의도에서 이름이 바뀐 지명으로 후허하오터呼和浩特가 있다. 네이멍구 자치구의 주도主都 후허하오터는 16세기부터 본영부本營部, 궁전라고 불렸던 초목이 무성한 도시로, 몽골어 후허푸르다와 하오터마을, 성가 합쳐져서 '푸른 성'이라는 뜻이다.

티베트 자치구의 주도인 라싸는 '불타의 땅'을 뜻한다

티베트 자치구의 중국 명칭은 시짱西藏 자치구이다. 서쪽이라는 뜻의 '시西'와 몽골어로 생식지를 뜻하는 '짱藏'이 합쳐진 이름으로, 서쪽에 사는 몽골인의 땅이라는 의미를 나타낸다. 티베트고원에 있는 도시 장쯔江孜는 티베트어로 '최고', '더할 수 없이 높다', 즉 '지고무상至高无上'이라는 뜻이며, 중국어로 장쯔를 표기하는 한자는 본래의 뜻과 상관없는 글자이다. 장쯔는 중국에서 인도로 연결되는 교통의 요지에 자리하고 있다. 한편, 티베트 자치구의 주도인 라싸는 '불타의 땅'을 뜻한다.

몽골어로 된 지명도 많다. 실크로드의 중계 지역으로 알려졌고 일본과 중국이 합동으로 조사한 누란樓蘭 역시 한자를 음차한 것으로 본래의 뜻과 상관없다. 이 누란의 동쪽에 있는 호수는 로프노르Lop Nor, 많은 강물이 흘러드는 호수라고 부르는데, 이는 몽골어로 '진흙 호수' 또는 '많은 강물이 흘러드는 호수'라는 뜻이다. 또 스웨덴의 탐험가 스벤 헤딘Sven Hedin은 호수의 위치와 모양이 달라진다고 해서 이 호수를 '방황하는 호수'라고 불렀다.

유명한 둔황敦煌의 지명이 어떻게 해서 지어졌는지 유래는 명확하지 않다. 한자명은 현지 언어의 음에 길吉한 문자를 맞춘 것에 지나지 않는다. 중국에서는 이 땅이 사막의 고지高地에 있다는 이유로 사주沙州라고 이름을 붙였다.

누란의 남쪽에 있는 알틴산맥은 터키어로 '금'을 뜻한다. 신장新疆 웨이우얼 자치구에 거주하는 많은 위구르족은 원래 터키계 민족으로 지금도 터키어를 사용하며, 해당 지역은 '터키인의 나라'라는 뜻의 투르키스탄이다. 참고로 신장은 청나라 시대에 이 지역을 새로 국경으로 삼으면서 '새로운 경계'라는 뜻 그대로 붙인 이름이다.

또 터키계 유목민의 언어인 튀르크어를 기원으로 한 지명으로는 투루판Turfan, 녹지, 과실이 열리는 땅 분지와 타슈쿠르간Tashkurgan, 돌 언덕 등이 있다. 타슈쿠르간은 신장웨이우얼 자치구 서남부에 있으며 타지크, 위구르 등 소수민족이 거주하는 지역이다.

쿤룬산맥의 서쪽 무스타거펑慕士塔格峰산은 카자흐어로 '빙산의 아버지' 또는 위구르어로 '얼음산'이라는 뜻이다. '쿤룬'은 한나라의 사자使者에서 유래한 지명으로, 그 장엄함으로 '신의 산', '영산靈山'으로 전해진다.

타클라마칸 사막은 위구르어로 '한번 헤매면 나오지 못한다'는 뜻이다.

몽골고원의 칭기즈칸이
유라시아를 통일하다

중앙아시아의 초원은 12세기 중반에 칭기즈칸이 나타나기 전까지 고대 북적北狄, 북방 미개인의 땅이었다. 기원전 3세기에 터키계와 몽골계라고 불린 유목 기마 민족이 이곳에 흉노라는 나라를 세웠다. 중원의 중국인은 그들을 '호인胡人', 그들의 나라를 '호국胡國'이라고 불렀다. 즉 야만인, 미개인의 나라라는 뜻이다. '호과胡瓜, 오이' '호도胡桃, 호두' '호마胡麻, 검은 참깨' 등 호인이 중국에 전해준 많은 진귀하고 새로운 것에는 그들을 가리키는 '호' 자를 넣은 이름이 붙여졌다.

흉노는 기원전 1세기에 후한과 싸운 끝에 남북으로 분열했다. 이때 남흉노는 후한에 항복했고, 패한 북흉노의 일부는 서쪽으로 도망쳐서 흑해 북부의 볼가강 하류 주변에 자리를 잡고 훈족이 되었다고 전해진다. 이들이 후에 서쪽으로 진출하면서 그 기세에 밀린 게르만족의 민족 대이동이 시작되었다.제2장 참조 중앙아시아에서는 이후 몽골계 유연柔然과 터키계 돌궐突厥, 터키계 위구르회흘回紇, 회골回鶻 등이 나라를 세웠는데, 9세기 중반에 멸망하고 몽골계 여러 부족타타르, 몽골, 나이만 등으로 분열한 상태가 계속되었다. 10세기 초에 몽골계 거란족이 요遼나라를 세웠고, 12세기 초에는 여진족이 일으킨 금金나라의 영역이 되었다.

12세기가 끝날 무렵, 몽골 부족에 지도자 테무친칭기즈칸의 아명이 등장해 몽골고원을 통일했다. 그리고 1206년에 그가 쿠릴타이족장 회의에서 칭기즈칸의 칭호를 받아 몽골제국을 수립했다. 몽골제국의 지명에 붙는 '한汗'은 몽골 군주의 칭호인 '칸'의 음을 빌려서 표기한 글자로, 군주의 이름이 그대로 지명이 되었다.

1227년에 칭기즈칸이 죽자 그의 후계자들이 광대한 제국을 분담해 다스렸다. 그러던 중 중원을 지배한 쿠빌라이칸이 중국식으로 국호를 '원元'이라 지었다. 그는 또 동쪽으로 영토 확장을 시도해 고려를 제압하고 일본으로 향했다. 두 차례에 걸친 원나라의 일본 원정은 악천후로 성공하지 못했다.

유럽인들은 몽골족을 '타타르'로 지칭

그렇다면 국호 '원'은 어떠한 뜻일까? '원'이라는 문자의 어원은 머리首를 강조한 인간의 전신을 나타낸 것이라고 한다. 과거에는 국가 원수와 같이 우두머리의 머리를 손에 넣어야 전쟁에서 완전한 승리를 거두었다고 생각했다. '완전'의 '완完' 자도 머리를 빼앗기지 않고

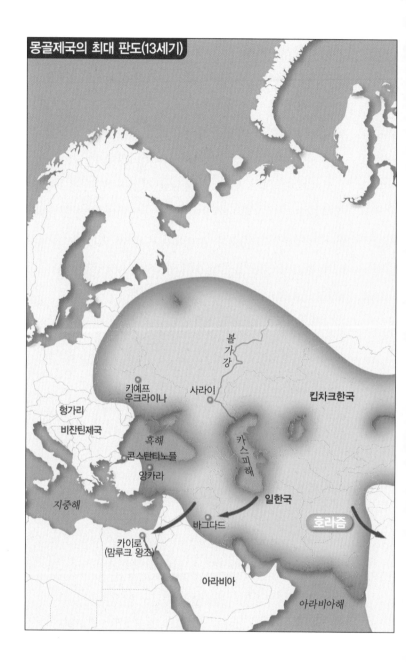

몽골제국의 최대 판도(13세기)

볼가강

키예프
우크라이나

사라이

킵차크한국

헝가리

비잔틴제국

흑해

콘스탄티노플

앙카라

카스피해

지중해

일한국

호라즘

바그다드

카이로
(맘루크 왕조)

아라비아

아라비아해

세계 최대의 몽골제국

부족장이었던 아버지가 독살당한 후, 그 아들 테무친이 주변의 부족들을 통합하면서 몽골의 영토 넓히기는 시작되었다. 1204년에 몽골고원을 통일한 테무친은 칭기즈칸으로 불리며 중국 서북부의 서하를 정복했다. 그 후 금나라를 접수하고, 수도인 연경도 정복했다. 또한 중앙아시아의 호라즘왕국도 통째로 정복했으며, 러시아를 거쳐 유럽의 볼가강까지 진출했다.

즉 몽골의 영토는 동쪽 베이징에서 서쪽 볼가강까지 이르도록 넓었고, 칭기즈칸은 몽골에 반발한 서하를 재정벌하던 중 사망했다.

칭기즈칸이 죽고 오고타이칸은 고려를 침략했고, 끊임없는 승리로 러시아 동남부를 거쳐 헝가리까지 정복했다.

승전을 알리는 용사의 모습을 나타낸 것이라고 한다. 즉, '원'은 몽골인이 중국의 원수가 된 것을 그대로 한자로 표기한 국명이라고 할 수 있다.

한편, 몽골제국의 서쪽에 있는 유럽도 이 기마 민족의 맹공격을 받았다. 병사가 계속해서 말을 바꿔 타고 이동해서 그들의 기동력은 역사 이래 가장 빨랐으며, 유럽의 모든 나라가 이 군대를 매우 위협적인 존재로 여겼다. 유럽인은 타타르로 알려진 이들을 그리스 신화에 나오는 잔혹한 타르타로스Tartaros와 관련해 지옥의 사자로 여기며 두려워했다.

1236년에 타타르는 키예프공국 등 러시아의 여러 공국을 지배했으며, 징세관徵稅官을 파견했다. 이들은 "세금을 내지 않으면 자식을, 자식이 없으면 아내를, 아내가 없으면 목을 내놓아라"라는 말이 생기게 할 정도로 엄격했다. 타타르의 압정은 실제로는 6년이었지만, 구소련 시대에는 이를 '타타르의 멍에'라고 불렀고 이로써 러시아의 발전이 250년 늦어졌다고 강조했다.

칭기즈칸이 죽고 제국이 분열되면서 몽골은 동서로 세력이 약해졌고, 14세기에 접어들어서는 차가타이한국도 동서로 분열되었다. 그후 지금의 이란, 이라크 부근에 세력을 두어 이슬람화된 중앙아시아에 티무르가 나타나서 1370년에 티무르 왕조를 세웠다. 그는 10년 만에 중앙아시아 전역을 지배했고 이어서 동아시아와 인도, 중국을 향해 영토 확장을 추진했다. 그러나 1405년에 티무르가 죽자 티무르 제국은 순식간에 쇠퇴하고 말았다.

그 후 1526년에 티무르의 직계자손이자 칭기즈칸의 혈통을 이은 바부르가 인도를 침입해 무굴제국을 세웠다. 이 제국은 약 2세기 동안 이어졌다. 유럽에서 면綿을 구하러 건너온 사람이 많았고, 그 대금으로 받은 대량의 은 덕분에 나라의 경제는 윤택했다. 무굴제국은 1819년에 영국 동인도회사와 치른 전쟁에서 패해 지배권을 잃었지만, 그때 무굴의 후손들은 막대한 재산을 모았다. 그래서 영한사전에서 이 제국의 로마자 표기인 'mogul'을 찾아보면 '거물, 대실업가'라는 뜻으로 풀이된다.

인도와 차이나의 중간이 인도차이나반도

인도네시아는 '인도의 섬들'이라는 뜻이다

중세의 유럽인은 중국, 일본, 동남아시아, 그리고 인도를 비단, 설탕, 면, 향신료, 향나무, 자기, 칠기 등 왕후와 귀족들만이 누릴 수 있는 사치품이 넘쳐나는 지역으로 여겼다.

이러한 물건들은 처음에 페르시아인과 아랍인이 이 나라들과 교역해 유럽에 가져갔고, 유럽에서 각국의 왕후와 귀족들에게 매우 고가로 팔렸다. 그중에서도 유럽인은 고기 요리에 사용한 후추의 마력에 사로잡혔다. 덕분에 향신료의 거래처였던 인도가 매우 유명해졌다. 포르투갈, 네덜란드, 영국, 프랑스가 대항해 시대에 앞다투어 인도로 향한 것은 바로 이 후추의 마력에 이끌린 것이었다.

인도와 유럽의 첫 만남은 기원전 325년에 마케도니아의 알렉산드

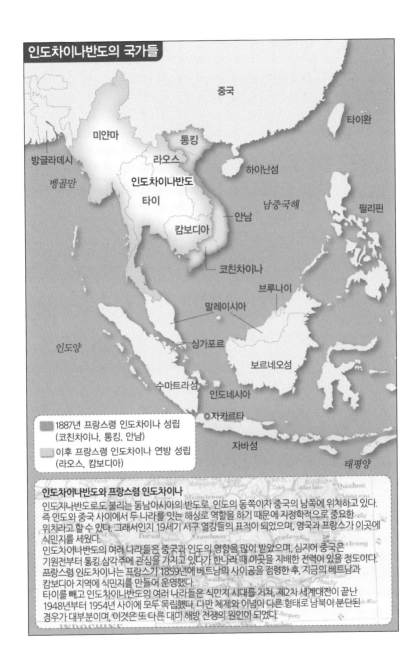

인도차이나반도의 국가들

중국

타이완

미얀마

통킹

라오스

방글라데시

인도차이나반도

하이난섬

벵골만

타이

남중국해

필리핀

안남

캄보디아

코친차이나

브루나이

말레이시아

싱가포르

인도양

보르네오섬

수마트라섬

인도네시아

자카르타

■ 1887년 프랑스령 인도차이나 성립
(코친차이나, 통킹, 안남)
■ 이후 프랑스령 인도차이나 연방 성립
(라오스, 캄보디아)

자바섬

태평양

인도차이나반도와 프랑스령 인도차이나

인도지나반도로도 불리는 동남아시아의 반도로, 인도의 동쪽이자 중국의 남쪽에 위치하고 있다.
즉 인도와 중국 사이에서 두 나라를 잇는 해상로 역할을 하기 때문에 지정학적으로 중요한
위치라고 할 수 있다. 그래서인지 19세기 서구 열강들의 표적이 되었으며, 영국과 프랑스가 이곳에
식민지를 세웠다.
인도차이나반도의 여러 나라들은 중국과 인도의 영향을 많이 받았으며, 심지어 중국은
기원전부터 통킹 삼각주에 관심을 가지고 있다가 한나라 때 이곳을 지배한 전력이 있을 정도이다.
프랑스령 인도차이나는 프랑스가 1859년에 베트남의 사이공을 점령한 후, 지금의 베트남과
캄보디아 지역에 식민지를 만들어 운영했다.
타이를 빼고 인도차이나반도의 여러 나라들은 식민지 시대를 거쳐, 제2차 세계대전이 끝난
1948년부터 1954년 사이에 모두 독립했다. 다만 체제와 이념이 다른 형태로 남북이 분단된
경우가 대부분이며, 이것은 또 다른 대미 해방 전쟁의 원인이 되었다.

로스 대왕이 그리스군을 이끌고 페르시아를 지나 인더스강에 도착했을 때였다. 알렉산드로스는 산스크리트어로 '강'을 나타내는 '힌두hindu'에서 따와 그 강의 이름을 인더스Indus라고 지었다. 그가 명명한 이후 이 지방이 인도India로 불리게 되었다.

인도는 중세에 동양 전체를 가리킨 명칭으로, 폭넓게 인디아스Indias라고 불렸다. 그러다 차츰 각 나라를 구별하게 되자 중국과 일본을 '지나', '자퐁'이라고 부르기 시작했다. 그런데 인도의 동쪽에 있는 지역만은 좀처럼 이름이 정해지지 않았다. 18세기 초에 들어와서야 덴마크의 지리학자 마르테브란이 인도와 차이나의 중간에 자리한다고 해서 이 지역을 인도차이나Indochina라고 명명했다.

네덜란드가 통치하던 때의 자카르타, 1656년, 앤드리스 베크만, 암스테르담 레이크스 미술관

그런데도 '인도'라는 이름이 사라지지 않고 계속해서 붙어 다니는 것은 콜럼버스가 대서양에서 발견한 섬들에 인도 제도라고 이름 붙인 것처럼 인도에 대한 유럽인의 동경이 매우 강했기 때문이 아닐까? 인도네시아는 '인도의 섬들'이라는 뜻이다. 사실 인도네시아는 인도 힌두교의 영향을 받아 도시명과 지명도 산스크리트어로 자바Java는 대맥 또는 곡물, 수마트라Sumatra는 대해大海, 자카르타Jakarta는 승리의 도시라는 뜻이다.

1887년에 프랑스가 현재의 베트남, 라오스 부근을 영유하면서 '프랑스령 인도차이나'라고 했기 때문에 라오스, 캄보디아, 베트남이 '인도차이나'의 범위로 정해졌다. 지금은 인도차이나반도에 있는 태국, 미얀마과거 '버마'도 여기에 포함된다.

베트남은 '월나라의 남쪽 나라'라는 뜻이다

고대에는 태국인이 지금의 중국 남부에 살았는데, 중국과 몽골의 세력이 확대됨에 따라 남하해 1300년경에 지금의 지역에 정착했다고 전해진다. 그들은 자신들을 가리켜 무앙타이Maung Thai, 자유의 나라라고 불렀으며, 영국인은 타일랜드Thailand라고 불렀다.

태국의 서쪽에 사는 미얀마인은 동쪽에 있는 태국을 사얌Sayam, 거무스름한 사람의 나라이라고 불렀다. 태국을 시암Siam이라 부르는 것도 사암에서 유래한 것이다. 서양 뮤지컬 〈왕과 나〉의 원작은 〈애나와 시암의 왕〉이며, 또한 샴고양이와 같이 그 이름이 아직도 남아 있다.

1932년에 전제군주제에서 입헌군주제로 바뀌었고 1939년에는 국명도 시암에서 타이왕국으로 개칭되었다.

1989년에 갑자기 국명을 바꾼 미얀마Myanmar는 버마어로 '강한 사람'이라는 뜻의 미얀마Myanma 혹은 '강하다'라는 뜻의 산스크리트어 무란마Mranma에서 유래했다. 옛 국명인 버마는 힌두교의 창조신인 브라흐마Brahma, 불교의 범천梵天가 영어로 와전된 것이라 한다. 여기에 맞춰서 영국 식민지 시대에 랑군Rangoon으로 알려진 수도의 명칭도 버마어인 양곤Yangon으로 되돌렸다. 양곤은 18세기에 이 땅을 정복한 버마인이 '전쟁의 끝'이라는 뜻으로 붙인 이름이다.

이 두 나라의 북부에 인접하는 라오스Laos는 '라오족의 땅'이라는 뜻이며, 라오는 단순히 '사람'을 뜻한다. 14세기에 왕국이 세워지기는 했으나 열대의 내륙에 있어서, 바다와 접한 주변 여러 나라들처럼 발전하지 못하고 오랫동안 버마와 시암의 지배를 받았다.

제2차 세계대전 후 인도차이나반도에서 프랑스가 물러나자 그곳에 베트남, 라오스, 캄보디아Cambodia 세 나라가 생겨났다. 이 중 캄보디아는 크메르Khmers, 의미 불명라고 불린 사람들이 자신들의 민족 신화에서 따와 스스로 캄부자Kambuja의 후손이라는 뜻으로 지은 국명이다. 흥미롭게도 베트남은 남중국해를 바라보는 곳에 자리해 왕래가 쉬웠다는 이유도 있겠지만, 같은 인도차이나반도에 있으면서 인도의 영향을 크게 받은 캄보디아와 달리 중국의 영향을 많이 받았다. 국명 '베트남'은 알파벳으로 'Viet Nam'이라고 표기하는데, 그 어원은 중국어의 '월越, 베트남어 발음 'Viet''과 '남南, 베트남어 발음 'Nam''이다.

이를 풀이하자면 '월나라의 남쪽 나라'가 된다. 그리고 중국에서는 야만인이라고 멸시하는 의미로 베트남을 속칭 '남만南蠻'이라고도 불렀다.

베트남은 기원전 3세기에 진나라의 시황제가 군郡을 설치하면서부터 10세기까지 중국의 지배를 받았다. 바다의 실크로드 중계 지역으로도 번성했으며, 아랍 상인들이 들여왔다는 이슬람 유리 등이 이 지역에서 발견되었다.

싱가포르의 의미는 '사자의 마을'

인도차이나반도에서 약간 튀어나온 말레이반도는 인도양에서 베트남과 중국으로 가는 항로의 요충지이다. 이 말레이반도와 인도네시아의 수마트라섬 사이에 있는 믈라카 해협은 지금도 많은 배가 다니며 번화한 곳이다. 믈라카Melaka라는 이름은 해협에 면한 도시 말라카나무에서 유래했다. 국명 말레이시아는 말레이반도의 이름에서 유래한 것으로 '말레이'는 인도 남부에서 사용되는 드라비다어로 말라야지라는 뜻이다. 원래는 인도 남동부 산지의 총칭이었는데, 이곳 주민이 말레이반도로 이주하면서 사람과 함께 지명도 인도차이나로 이동한 것이다. 14세기에 스리위자야왕국Srivijaya Kingdom의 왕족이 인도차이나의 수마트라섬에서 말레이반도 남쪽 끝에 있는 섬으로 이주했을 때 사자와 비슷한 동물을 발견했다는 이유로 싱가푸라Singhapura, 사자의 마을라고 이름 지었다고 한다. 아마도 좋은 뜻의 마을

토머스 스탬퍼드 래플스의 동상, 2005년, © Formulax, W-C

이름을 먼저 선택한 다음 전설을 만들었을 것으로 추측된다. 그러나 머지않아 그들이 다른 땅으로 옮겨 가 싱가푸라는 쇠퇴했다.

그 후 1786년에 영국이 인도를 통치하면서 이 지역에서 우위를 차지했고, 1819년에 영국인 토머스 스탬퍼드 래플스Thomas Stamford Raffles가 싱가푸라를 사들여서 싱가포르Singapore라고 불렀다.

말레이반도는 1826년에 영국 동인도회사에 넘어갔고, 1867년에는 영국이 직접 관할하는 '해협 식민지'가 되었다. 그러나 제2차 세계대전 후 1963년에 싱가포르와 보르네오칼리만탄섬의 영국령을 포함해 말레이시아가 독립했는데, 1965년에 싱가포르가 말레이시아의 말레이인 우대 정책에 반발해 독립했다.

말레이반도의 동쪽에 있는 7,000개 이상의 섬들로 이루어진 필리핀도 유럽의 영향을 크게 받았다.

　1521년에 처음으로 태평양을 건너온 스페인의 마젤란이 이 땅을 발견했다. 그 후 스페인은 여러 차례 원정대를 파견했고 1542년에 당시 스페인 황태자였던 펠리페 2세Felipe II의 이름을 따서 이 섬들을 이슬라스 펠리피나스Islas Felipinas, 펠리페의 섬들라고 명명했다. 그 후 이 제도는 약 300년 동안 스페인의 통치를 받았다.

【라틴어 · 그리스어계】

～이아 –ia 고대 로마 시대에 시작된 라틴어계 언어로, 광대한 나라와 지역을 나타낼 때 이 접미사를 사용했다.

～한, ～하–안 –khan 그리스어로 '숙영지(宿營地)'라는 뜻. 아스트라한 (러시아) '별의 숙영지'

～폴리스 –polis 그리스어로 '도시'라는 뜻

【켈트어계】

～엄 –ham '마을'이라는 뜻. 노팅엄 '켈트계 스노트인의 마을', 버밍엄 (영국) '켈트계 베르무인의 마을'

【페르시아어계】

～아바드 –abad '도시'라는 뜻. 이슬라마바드(파키스탄) '이슬람 도시', 아슈하바트(투르크메니스탄) '아름다운 도시'

～스탄 –stan '나라', '지역'이라는 뜻. 아프가니스탄 '아프간족의 나라'

～칸트 –kand '읍내', '마을'이라는 뜻. 사마르칸트(우즈베키스탄) '돌의 마을'

반다르～ Bandar– '도시'라는 뜻. 반다르 호메이니(이란) '호메이니 스승의 도시'

～와르 –war ' 마을', '읍내'라는 뜻. 페샤와르(파키스탄) '사람들의 마을'

【게르만어계①】

～슈타트 –stadt '마을'이라는 뜻. 아이젠휘텐슈타트(독일) '철강의 마을'

∼하임 –heim '고향'이라는 뜻. 애너하임(미국) '성 애너의 고향'

∼도르프 –dorf '마을'이라는 뜻. 뒤셀도르프(독일) '뒤셀강의 마을'

∼가르트 –gart '정원'이라는 뜻. 슈투트가르트(독일) '빈마(牝馬, 다 자란 암말. 피마)의 정원'

∼버그(영어), ∼부르크(독일어), ∼부르크(게르만계) –burg '도시', '성새 도시'라는 뜻. 윌리엄스버그(영국) '윌리엄의 도시', 함부르크(독일) '후미가 있는 성새 도시'

∼담 –dam 네덜란드어로 '제방(堤防)'이라는 뜻. 로테르담(네덜란드) '로테강의 제방'

∼인겐 –ingen 게르만계 언어로 '마을'이라는 뜻. 프로닌겐(네덜란드) '녹색의 마을'

∼발리, ∼베리 –bury –burg가 와전된 것. 워터베리(미국) '물의 마을', 캔터베리(영국) '켈트인의 성새 도시'

∼브루, ∼버러, ∼브라 –burgh, –brough '성새 도시', '도시'라는 뜻. 에든버러(영국) '에드윈 왕의 성새 도시'

6장

유대인의 이산과
아랍인의 진격

'이스라엘'이라는 민족 이름
대신 '유대'로 불리다

헤브라이의 뜻은 '유프라테스강 건너편에서 찾아온 사람들'

《성서》에 나오는 지명은 그 땅에 살던 사람과 민족의 이름에서 유래한 것이 많다.

고대 이스라엘은 가나안이라고 불렸다. 기원전 2000년경 고대 이집트의 기록에도 '가나누'라는 명칭이 있다. 가나안 사람들은 적자색 지중해 특산 패자貝紫에서 추출한 염료의 색 옷을 입었다고 해서 '가나안적자색'이라고 불린 것으로 추측된다.

《구약성서》에 나오는 '에덴동산'은 실제로 티그리스, 유프라테스 Euphrates강 하류에 있었던 곳으로 추정된다. 에덴은 '기쁨의 마을'을 뜻한다. 이곳에서 쫓겨난 사람들은 칼데아의 우르에 살던 아브라함을 따라 황야를 지나서 젖과 꿀이 흐르는 땅으로 불리는 가나안에 이

지구의 낙원인 에덴동산, 1480~1505년, 히로니뮈스 보스, 프라도 미술관

르렀다. 오늘날 예멘의 남서부에 있는 아덴Aden은 바로 '에덴'에서 유래한 지명이다. 참고로 아덴은 홍해와 인도양을 연결하는 해상 교통의 요충지로 기원전부터 번창한 지역이다.

가나안으로 찾아온 그들에게는 헤브라이Hebrew라는 이름이 붙여졌다. 가나안 사람들이 붙인 것으로 보이는 이 이름은 '저편'을 뜻하는 'eber'라는 말이 토대가 되어 '유프라테스강 건너편에서 찾아온 사람들'이라는 의미가 담겨 있다.

아브라함의 아내 사라에게는 오랜 세월 동안 자식이 없었다. 노예

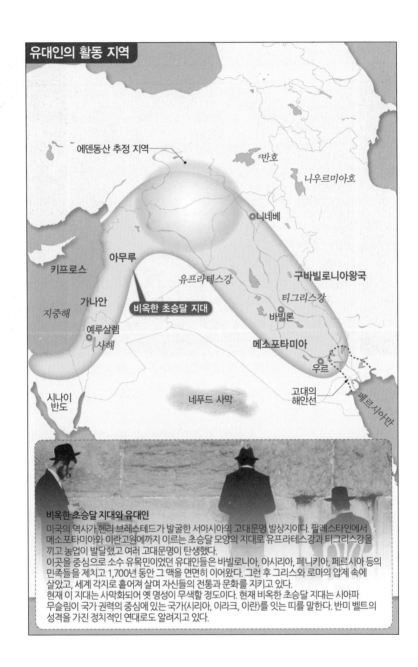

유대인의 활동 지역

에덴동산 추정 지역

반호

니우르미아호

니네베

아무루

키프로스

구바빌로니아왕국

유프라테스강

비옥한 초승달 지대

티그리스강

가나안

바빌론

지중해

예루살렘

메소포타미아

사해

우르

시나이
반도

네푸드 사막

고대의
해안선

페르시아만

비옥한 초승달 지대와 유대인

미국의 역사가 헨리 브레스테드가 발굴한 서아시아의 고대문명 발상지이다. 팔레스타인에서 메소포타미아와 이란고원에까지 이르는 초승달 모양의 지대로 유프라테스강과 티그리스강을 끼고 농업이 발달했고 여러 고대문명이 탄생했다.

이곳을 중심으로 소수 유목민이었던 유대인들은 바빌로니아, 아시리아, 페니키아, 페르시아 등의 민족들을 제치고 1,700년 동안 그 맥을 면면히 이어왔다. 그런 후 그리스와 로마의 압제 속에 살았고, 세계 각지로 흩어져 살며 자신들의 전통과 문화를 지키고 있다.

현재 이 지대는 사막화되어 옛 명성이 무색할 정도이다. 현재 비옥한 초승달 지대는 시아파 무슬림이 국가 권력의 중심에 있는 국가(시리아, 이라크, 이란)를 잇는 띠를 말한다. 반미 벨트의 성격을 가진 정치적인 연대로도 알려지고 있다.

하갈과의 사이에서 사내아이가 먼저 태어났고, 이 아이의 이름을 이스마엘이라고 지었다. 이어서 정부인인 사라에게서 사내아이 이삭이 태어났다.

신은 이삭의 아들 야곱에게 나타나 "네가 하나님과 몇몇 사람들과 겨루어 이겼음이니라"개역개정판, 창세기 32장 28절라고 했다. '신의 전사'라는 뜻의 이스라엘Israel은 여기에서 유래했다고 전해진다. 더욱이 신은 야곱의 자손은 번창하고 하나의 민족이 될 것이라고 알렸다. 그리고 실제로 그의 자손들은 '이스라엘'이라는 나라를 건국했다.

기원전 13세기경 고대 이집트의 기록에서 이시리알이스라엘인이라는 표기가 발견되었다. 이로 미루어 야곱의 자손들이 그 무렵에 하나의 민족 집단으로서 가나안에 있었다는 것을 알 수 있다.

이스라엘왕국은 기원전 1004년 즉위한 다윗 왕에 이어서 솔로몬 왕 시대에 전성기를 맞이했다. 그러나 솔로몬이 죽은 후 기원전 932년에 이스라엘은 남북으로 분열했고, 남쪽에 세워진 나라는 야곱이스라엘의 아들 유다Judah를 따르는 사람이 많아서 유다왕국이라 이름 지었다.

예루살렘이란 헤브라이어로 '평화의 도시'라는 의미

기원전 722년에 아시리아가 북쪽의 이스라엘왕국을 멸망시켰고, 이어서 기원전 597년에는 신바빌로니아가 유다왕국을 정복했다. 신바빌로니아는 왕과 1만 명이 넘는 유다왕국 포로를 바빌로니아로 끌고 돌아갔는데 이를 '바빌론 유수'라고 한다. 그리고 이때 끌려간 사람들이 유다의 나라 사람이라고 해서 '유대인'이라 불리게 되었다. 예부터 내려온 이스라엘이라는 민족 이름 대신 '유대'로 불린 것은 이때 시작되었다.

훗날 그들은 기원전 538년에 새롭게 등장한 페르시아에 의해 원래 살던 땅으로 돌아가도록 허가를 받았다. 그리고 그 땅을 그들의 이름을 따라 '유대'라고 부르게 되었다. 기원전 2세기에 일시적으로 독립한 적도 있는데, 그들의 강한 독립심에 위협을 느낀 로마는 유대를 없애려 했다. 이리하여 70년에 이르러서는 유대인의 근거지였던 신전이 완전히 파괴되고, 나라에서 쫓겨나 세계 각지로 흩어지게 되었다이산離散, 디아스포라. 그 후 세계로 흩어진 유대인은 오랜 세월에 걸쳐 많은 박해를 받았다.

흩어진 유대인들이 항상 바란 것은 그들의 신전이 있는 예루살렘Jerusalem으로 돌아가는 것이었다. 예루살렘이란 헤브라이어로 '도시'를 뜻하는 예루yeru와 '평화'를 뜻하는 살렘shalayim이 합쳐진 말로 '평화의 도시'라는 의미이다. 그러나 그 귀속이 팔레스타인 문제의 가장 중요한 과제가 되는 등 평화와는 거리가 먼 도시가 되었다.

예루살렘 안에서도 신전이 있던 장소와 '신전의 언덕'으로 불리는 시온Zion산은 유대인에게 마음의 고향이다. 그래서 '시온'은 그들의 고국을 나타내는 명칭이 되었다. 시온은 헤브라이어로 'tsiyon'이라고 쓰며 '언덕'이라는 뜻이다. 1896년에 헝가리 출신 오스트리아 유대인인 테오도르 헤르츨Theodor Herzl이 시작한 예루살렘 복귀 운동은

예수 시대의 팔레스티나

페니키아

다마스쿠스

지중해

갈릴레아

골란
갈릴리호

바산

나사렛

데카폴리스

이스라엘왕국

사마리아

베레아

요
르
단
강

예리코

예루살렘

베들레헴

헤브론

사
해

가자

유다왕국

유다

나바테야족

이스라엘왕국
(BC 931년경~BC 722년경)

연합 이스라엘왕국에서 유다 지파와 베냐민 지파를 제외한 유다 민족의 12지파가 합해서 별도로 독립한 북쪽 왕국이다. 비옥한 땅으로 농업이 발달했지만, 왕조의 교체가 잦아서 늘 불안한 왕조의 연속이었다. 예루살렘에 대항할 수 있는 사마리아를 건설하였으며, 우상 숭배로 야훼의 분노를 샀다고 《구약성서》에 기록되어 있다. BC 722년경에 아시리아에 의해 멸망했다.

유다왕국(BC 931년경~BC 586년경)

연합 이스라엘왕국에서 독립하여 유다 민족의 유다 지파와 베냐민 지파가 지지하여 이스라엘왕국과는 별도로 세운 왕국이다. 팔레스타인 지역 전체를 다스리던 유대인의 왕국으로 대부분의 유대인들이 이곳에 살았다. 수도이자 중심지는 예루살렘이었고, 유대교 신앙 외의 다른 신앙에도 개방적이었으나 BC 586년경에 바빌로니아제국에 의해 멸망했다.

솔로몬왕

솔로몬이 죽고 나서 연합 이스라엘왕국은 여로보암(Jeroboam)의 분열 조장과 반역으로 BC 930년경에 각각 북쪽 이스라엘왕국과 남쪽 유다왕국으로 나누어졌다. 결국 북쪽 이스라엘왕국은 여로보암 자신이 왕권을 쥐게 되었고, 남쪽 유다왕국은 솔로몬의 아들인 르호보암(Rehoboam)이 왕권을 가지게 되었다.
이스라엘은 유럽과 아프리카, 아시아를 연결하는 중요한 통로였다. 그래서 3,000년이라는 시간이 흐르는 동안 끊임없이 페르시아, 그리스, 로마, 마케도니아, 십자군, 이슬람 민족, 터키, 대영제국의 침략과 핍박에 시달렸다. 1948년 영국이 위임통치를 그만두면서 이스라엘은 비로소 독립 국가가 되었다.

흔히 시오니즘시온 운동으로 불리는데 바로 여기에서 유래한 것이다.

유대인이 3,000년 전의 고향으로 돌아갈 수 있게 된 것은 결국 20세기가 되어서였다. 그 후 많은 어려움을 겪은 뒤에 드디어 1948년에 유대인의 나라가 세워졌다. 그리고 국명은 '유대'가 아닌, 기원전 932년에 분열하기 전의 이름인 '이스라엘'로 정했다.

02

바벨탑과 바빌론은
'신의 문'을 뜻한다

칼데아인의 신바빌로니아가 유다왕국을 멸망시켰다

기원전 2700년경 티그리스강 상류에 아수르Ashur라는 마을이 생겼다. 아시리아인이 최고 신 아수르를 숭배한 데에서 유래한 지명이다. '아시아'와 마찬가지로 동쪽을 뜻하는 '아수Assu'에서 유래했으며 '해가 뜨는 땅'을 뜻한다. 지금의 시리아는 아시리아Assyria에서 'as'가 없어진 이름이라고 한다.

아시리아왕국은 처음에는 옛 바빌로니아왕국의 지방 도시에 불과했다. 그러나 기원전 8세기 후반에는 강대국으로 성장해 바빌로니아와 서아시아를 통치했고, 기원전 7세기에는 고대 이집트왕국도 지배했다. 당시 남쪽의 유다왕국은 나라를 유지했지만, 이스라엘왕국은 멸망했다. 그러나 유다왕국도 너무 강압적이고 잔혹하게 통치한 탓

바벨탑, 1563년, 피터르 브뤼헐, 빈 미술사 박물관

에 각지에서 반란이 끊이지 않아서 반세기 만에 붕괴하고 말았다.

칼데아인이 기원전 625년에 서아시아에 세운 신바빌로니아가 빠르게 강성해져 유다왕국을 멸망시키고 바빌론 유수바빌론의 포로를 일으켰다. 《구약성서》에 나오는 바벨탑이 이곳에 있었다고 하는데, 바빌론Babylon과 바벨탑은 아카드어에서 '문'을 뜻하는 '밥bab'과 '신'을 뜻하는 '엘el'이 합쳐진 이름으로 '신의 문'을 의미한다.

그 후 기원전 559년에 아케메네스가家의 키루스 2세가 아케메네스 왕조의 페르시아를 일으켜 서아시아와 이집트까지 지배했다.

그러나 페르시아도 기원전 330년에 마케도니아의 알렉산드로스 대왕에게 패해 멸망했다. 그리고 기원전 323년에 알렉산드로스 대왕이 죽자 부하 장군들이 대제국을 분할해 통치했다. 이집트는 프톨레마이오스 장군프톨레마이오스 왕조 이집트, 아시아 대부분은 셀레우코스 장군셀레우코스 왕조 시리아, 알렉산드로스 대왕의 고국인 마케도니아는 안티고노스 장군안티고노스 왕조 마케도니아이 맡아 다스렸다.

알렉산드로스 대왕의 동방 원정으로 그리스인과 그리스 문화가 동방의 광대한 지역으로 전파되었고, 그 이후를 헬레니즘 시대라고 한다. 헬레니즘이란 그리스의 정식 국명이 'Hellenic Republic'인 것처럼 '그리스식'이라는 뜻이다.

그중에서도 셀레우코스왕국은 동쪽으로는 인더스강 유역, 서쪽으로는 비잔티움이스탄불까지 이르러 광대한 영토를 소유한 나라가 되었다. 이 왕국은 초기에 신바빌로니아제국의 수도였던 바빌론을 수도로 삼았다.

이후 셀레우코스는 과거에 다른 문화에서 지어진 이름의 도시가 아닌 그리스식의 새로운 수도를 원했다. 그래서 기원전 312년에 바빌론에서 북쪽으로 약 60킬로미터 떨어진 곳에 자신의 이름을 따서 수도 셀레우키아를 건설했다. 이리하여 바빌론은 점차 쇠퇴해 폐허가 되었다.

예수는 유대 신전을 비판하면서 유대인과 대립했다

예수의 시대를 기록한 《신약성서》의 무대인 예루살렘은 폼페이우스에 의해 기원전 63년 로마의 지배를 받기 시작했다.

하지만 그런 상황에서도 이스라엘의 정치, 종교의 중심지이자 민족의 안식처가 되었다. 예수가 태어난 것은 기원전 6년경으로 전해진다. 그전까지 마리아와 남편 요셉은 나사렛에 살았고, 수태의 사실이 알려진 것도 나사렛이었다고 한다. 나사렛은 헤브라이어로 '헌신적인 사람'을 뜻한다.

마리아가 예수를 임신했을 때 로마제국의 초대 황제 아우구스투스는 주민대장을 만들기 위해 모든 사람에게 각자의 출신지로 가서 주민등록을 하라고 명령했다. 이에 마리아의 남편 요셉도 자신의 출신지인 베들레헴으로 갔는데, 그곳에서 마리아가 예수를 낳았다. 베들레헴은 헤브라이어로 '집'을 뜻하는 베트beth와 '빵'을 뜻하는 레헴lehem이 합쳐진 말로 '빵의 집'이라는 뜻이다. 이것은 미사에 사용되는 빵을 준비한 집에서 유래한 이름이다.

그 후 요셉과 마리아는 베들레헴에서 태어나는 사내아이는 모두 죽이라고 한 헤롯 왕의 명령을 피해 이집트로 도망쳤다. 그리고 갈릴리의 나사렛으로 돌아왔고, 예수는 그곳에서 성장했다. 갈릴리는 헤브라이어로 '변경의 땅'이라는 뜻이다. 예루살렘에서 북쪽으로 100킬로미터 정도 떨어진 이곳에는 헤브라이인과 다른 시돈인이 살았고 유대의 신을 믿지 않는 사람이 많았다. 《신약성서》의 '마태복음'과 '이사야서'에는 '이방의 갈릴리'라고 확실하게 기록되어 있다. 이 갈릴리의 환경이 예수의 사상에 큰 영향을 준 것은 사실이며, 유대인과 예수가 대립한 배경을 이러한 지명에서도 엿볼 수 있다.

골고다의 예수, 스타브로니키타 수도원

　예수는 예루살렘의 현실을 한탄하고 상업의 장이 되어버린 신전을 비판하면서 유대인과 대립했다. 그러자 유대인들은 결국 예수를 죄인으로 몰아 골고다 언덕으로 보냈다. 이 이야기는 그리스도교도의 유대인 박해에 정당성을 부여하는 한 가지 이유이기도 하다.

　예수가 십자가에 못 박힌 언덕의 이름인 '골고다'는 이곳이 형장이었다는 이유로 '해골'을 뜻하게 되었다.

03

이슬람의 성지 메디나는
'예언자의 마을'

성지 메카의 어원을 살펴보면 '오래된 마을'을 뜻함

무함마드^{마호메트}가 이슬람교의 교리를 주장한 것은 610년경이다. 당시 아랍은 우상 숭배가 성행하는 다신교 세계였다. 여러 신 가운데 무함마드는 자신이 계시를 받은 알라신이 유일한 절대신이라고 믿게 된 것이다. '알라'의 어원은 아랍어로 신을 뜻하는 일라흐^{ilah}이며, 여기에 영어의 정관사 'the'에 해당하는 '알^{al}'이 붙어서 '알일라흐'가 되었다. 이것이 최종적으로 '알라'가 되었다. 현재 사우디아라비아 서남부의 도시 메카^{Mecca}는 알라를 모시는 이슬람교 최고의 성지이다. 하지만 이슬람 세계에서는 이곳의 지명이 '메카'로 통하지 않는다. 아랍어로 '마카^{Makkah}'라고 하며, 이는 기원전으로 거슬러 올라가 어원을 살펴보면 '오래된 마을'을 뜻한다. 메카에 있는 카바 신전

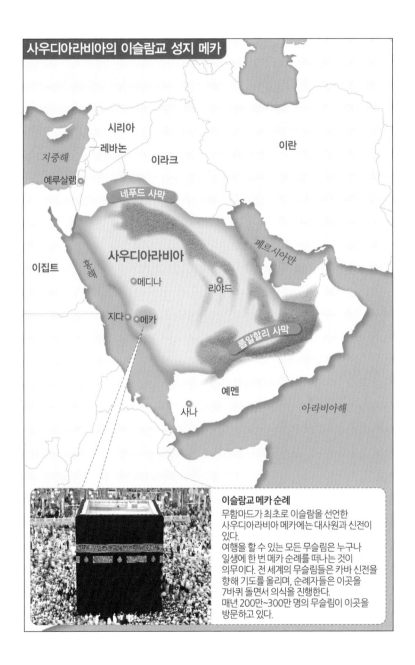

사우디아라비아의 이슬람교 성지 메카

이슬람교 메카 순례

무함마드가 최초로 이슬람을 선언한 사우디아라비아 메카에는 대사원과 신전이 있다.
여행을 할 수 있는 모든 무슬림은 누구나 일생에 한 번 메카 순례를 떠나는 것이 의무이다. 전 세계의 무슬림들은 카바 신전을 향해 기도를 올리며, 순례자들은 이곳을 7바퀴 돌면서 의식을 진행한다.
매년 200만~300만 명의 무슬림이 이곳을 방문하고 있다.

은 헤브라이인이스라엘 백성이지만 유대교, 그리스도교, 이슬람교 공통의 예언자였던 이브라힘아브라함의 아랍어식 이름이 천사 가브리엘의 인도로 건설했다고 전해진다. 그래서 '마카'에는 '신전'이라는 뜻이 있다.

신전에는 '이브라힘이 서 있는 곳'이라는 장소가 있다. 이곳은 이브라힘이 아들 이스마일《구약성서》에서는 이스마엘을 데리고 와서 사도使徒로 사용할 것을 신과 약속한 장소라고 한다.

이슬람교는 유대교와 마찬가지로 《구약성서》를 경전으로 한다. 그래서 무함마드 시대의 성지는 이브라힘이 자신의 아들 이스마일을 신에게 바치려고 했던 예루살렘이다. 그리고 무함마드는 예루살렘을 향해 기도했고, 예루살렘에서 승천한 것으로 전해진다. 이에 따라 이슬람교의 교리를 믿는 사람들도 예루살렘을 향해 기도했다. 그래서 헤브라이어로 '평화의 마을'이라는 뜻인 '예루살렘'은 아랍어로는 '성지'를 뜻하는 알쿠드스Al-Quds라 고 불린다.

한편, 무함마드는 쿠라이시족의 하심 가문 출신이다. 쿠라이시족은 북아랍에 거주했고, 5세기에 메카를 정복했다. 메카는 예부터 종교 · 행정 · 상업의 중심지로서 무역 중계지로 번성했다. 그래서 대상隊商의 숙박촌으로 번창했으며, 이브라힘이 세운 카바 신전이 있어서 각지에서 찾아오는 순례자가 끊이지 않았다. 메카를 차지한 쿠라이시족은 지리적으로 유리한 조건을 활용해 교역을 시작했다.

그 결과, 메카에서는 쿠라이시족 내에서도 빈부의 차가 벌어지고 아랍 세계의 연대 의식이 붕괴하는 상황에 이르렀다. 570년경에 무함마드는 그러한 사회에서 가난한 신분으로 태어났다. 소년 시절부터 가축을 다루는 법을 익혔고, 성장해서는 시리아의 대상에 들어가서 일했다. 그리고 스물다섯 살 때 그를 고용한 여성과 결혼해 하루 아침에 유복해졌고 이후 평안한 나날을 보냈다.

그러나 마흔 살 무렵부터 정신적으로 불안해지자 메카 교외에 있는 동굴에서 명상하며 은둔하다가, 어느 날 신의 계시를 받았다. 그것은 옛것을 선호하는 아랍의 연대 의식에서 비롯된 사회주의적인 가르침에서 시작되었다.

당연히 유복한 계층은 그가 주장하는 이슬람의 가르침_{유일신인 알라}_{에게 절대 복종해야 한다}에 반발하고 무함마드와 신자들을 박해했다. 그래서 무함마드는 622년에 몇몇 신자와 함께 어둠을 틈타 야스리브_{후의}_{메디나}라는 오아시스로 이주했다. 이때, 신자가 친형제를 버리고 불신심자不信心者와 대결하겠다는 결의를 나타내기 위해 이 이주를 '히즈라성천聖遷, 영어에서는 헤지라'라고 불렀다. 그리고 그해를 이슬람력의 원년으로 삼았다.

알라를 따르는 이슬람교도를 막는 자는 모두 적이다

메디나는 원래 아랍어로 정관사 '알al'과 마을을 뜻하는 '마디나트madinat', 예언자를 뜻하는 '안 나비an nabi'가 합쳐진 '알 마디나트 안 나비'이며, 예언자의 마을이라는 의미이다. 여기에서 '마디나트'가 와전되어 '메디나'로 불리게 된 것이다.

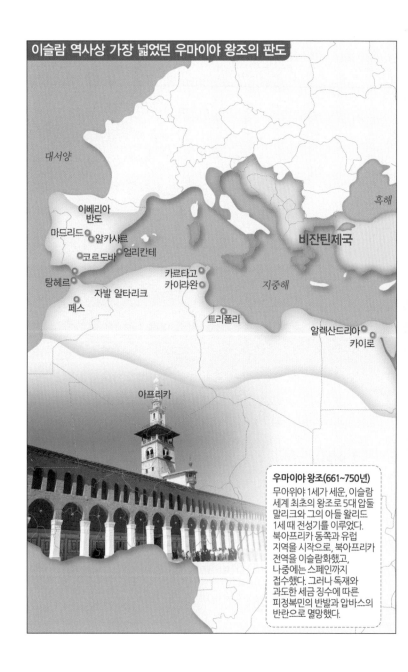

이슬람 역사상 가장 넓었던 우마이야 왕조의 판도

대서양

이베리아
반도

마드리드

알카사르

코르도바

얼리칸테

탕헤르

자발 알타리크

페스

카르타고

카이라완

트리폴리

지중해

흑해

비잔틴제국

알렉산드리아

카이로

아프리카

우마이야 왕조(661~750년)
무아위야 1세가 세운, 이슬람
세계 최초의 왕조로 5대 압둘
말리크와 그의 아들 왈리드
1세 때 전성기를 이루었다.
북아프리카 동쪽과 유럽
지역을 시작으로, 북아프리카
전역을 이슬람화했고,
나중에는 스페인까지
접수했다. 그러나 독재와
과도한 세금 징수에 따른
피정복민의 반발과 압바스의
반란으로 멸망했다.

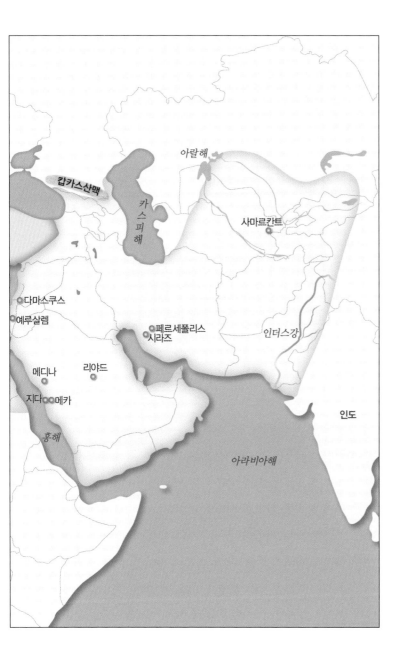

무함마드는 히즈라 이후 1년도 채 되지 않아 메카의 대상隊商을 습격하기로 계획했는데 이것이 바로 성전聖戰의 시작이다. 이는 신의 계시를 믿지 않는 자와 박해한 자들에 대한 본보기이기도 했다.

이슬람군과 메카의 전쟁이 630년까지 계속된 끝에 메카는 무함마드와 이슬람군에 완전히 항복했다. 이렇게 해서 무함마드는 결국 8년 만에 메카로 돌아왔고, 이후 아라비아반도는 순식간에 이슬람화되어갔다. 이와 더불어 무함마드는 유대교도와 그리스도교도에 대해서도 원정을 시작해 지배 범위를 확대해갔다.

성전은 모든 이슬람교도에게 부여된 의무이다. 알라를 따르는 이슬람교도를 막는 자는 모두 적으로 규정된다. 당시 이슬람군은 강했고, 여기에는 순교자는 천국에 갈 수 있다는 믿음의 영향도 컸다. 적이 이슬람으로 개종하면 전쟁은 즉시 중지되었다. 그리고 성전에 참여하면 전리품의 분배에도 참여할 수 있었다. 공통의 신을 숭배하는 유대교와 그리스도교도는 이슬람교로 개종하길 원하지 않을 경우 인두세를 내면 자신의 종교를 지킬 수 있었다.

632년에 무함마드가 죽은 후 661년까지 그에게서 직접 가르침을 받은 이들이 지도자의 자리를 계승했다. 역사에서는 이 시기를 '정통 칼리파後繼者' 4명이 통치한 칼리파 시대라고 한다.

이 시대에도 성전은 계속되었다. 무함마드가 죽은 후 반역의 움직임이 있으리라 예상해 한층 강력한 정복 활동이 벌어졌다. 입교한 사람들은 바로 성전에 참가했으며, 전쟁은 마치 무함마드가 겪은 '히즈라'와 같은 것으로 의식되어 시리아, 예루살렘, 이라크, 이란, 이집트, 북아프리카로 원정하기 시작했다.

정통 칼리파 시대가 끝나고 무함마드의 출신 부족인 메카의 쿠라이시족 명문가인 우마이야가家 사람이 칼리파가 되었다. 그래서 이 시대를 우마이야 왕조661~750라고 부른다. 이 시대에도 대외 원정은 계속되어 서쪽으로는 이베리아반도, 동쪽으로는 인도에 이르기까지 광대한 영토를 차지했다.

이 시대부터는 문화 면에서도 이슬람화, 아랍화를 꾀했다. 또 정보 전달이 편리하도록 우편 제도를 정비했고, 아랍어를 제국 내의 공용어로 삼았다. 그래서 이 시대부터는 정복 지역에 아랍어를 기원으로 한 지명이 많다.

메카와 메디나 등 이슬람교의 성지가 있는 사우디아라비아는 17세기에 리야드에서 번창한 호족豪族 사우드가家의 이름을 따서 지은 것이다. 1932년에 국가를 통일했을 때 사우드 가문의 이름에 사막의 백성이라는 뜻의 '아라비아'를 합쳐서 국명이 사우디아라비아가 되었다.

지중해와 중앙아시아를 정복한 이슬람군

이집트의 수도 카이로는 왜 승리의 도시일까?

이집트의 지명에서 이슬람화의 역사를 알아보자. 642년에 이슬람 군이 이집트에 건설한 군영 도시 미스르마스르는 지금의 카이로시 남쪽 알후스타트에 있다. '후스타트'는 '천막'을 뜻한다. 640년에 이집트를 침공한 아랍이 이곳에 천막을 치고 포진한 데서 유래한 지명이다.

이집트인은 자국을 '이집트'라고 부르지 않고 '미스르' 또는 방언으로 '마스르'라고 부른다. 이 '미스르'는 633년에 아라비아반도에서 각지로 진출한 아랍군이 정복 지역에 건설한 군영 도시를 말한다. 그러나 오랜 세월에 걸친 이슬람화로 '미스르'가 매우 오랫동안 존재하게 되자 자연스럽게 '미스르'가 그대로 이집트를 가리키게 되었다.

19세기의 카이로, Georg Macco

    이집트의 수도 카이로에도 지명과 관련된 재미있는 에피소드가 있다. 969년에 새로운 수도 건설 예정지에서 기공식을 할 때 생긴 일이다. 기공식을 준비한 사람들은 부지를 둘러싼 그물에 일정한 간격으로 방울을 걸어놓았다. 주빈主賓이 삽을 내리치는 것과 동시에 방울 소리가 울려 퍼지면 일제히 작업을 시작하기 위해서였다. 그러나 그전에 까마귀 한 마리가 그물을 건드리는 바람에 방울 소리가 울려 퍼졌다. 그래서 식이 시작된 지 얼마 되지 않아 일제히 작업이 시작되는 큰 불상사가 일어났다.

    게다가 점성술사가 지평선에 화성이 떠오르기 시작한 것을 발견했다. 이집트 사람들은 화성을 '알 카히르'라고 하는데, 그 붉은빛은 피를 상징해서 전쟁과 불행의 징조였다. 그러나 어디에든 슬기로운 사람이 있기 마련이다. 그 점성술사는 '알 카히르'의 여성형 표현인 '알 카히라'가 도시를 뜻한다는 것을 깨달았다. 그리고 이 말은 '승리해 의기양양한', '승리자의'와 같이 형용사로도 해석할 수 있다. 그리하여 새로운 수도에 '알 카히라'의 영어식 표기인 '카이로'승리의 도시라는 이름이 붙여진 것이다.

참고로, 국명인 '이집트'는 고대 이집트어에서 유래했다. 기원전 3100년경에 세워진 이집트 통일 왕조는 나일강 서안에 있는 삼각주 지역을 수도로 삼았다. 이곳이 훗날의 멤피스이다. 이집트 제6왕조의 제3대 왕 페피Pepi 1세가 세운 피라미드의 명칭 '멘 네페르안정된 것이 아름답다'가 그대로 이곳의 도시 이름이 되었다. 그리고 고대 왕조 말기에 이집트와 접촉한 그리스인이 이 도시를 '멤피스'라고 표기한 이후 그 이름으로 전해지고 있다.

멤피스는 통치를 위한 요충지일 뿐만 아니라 왕조 시대의 대외 창구이기도 하고, 이집트를 대표하는 도시였다. 또한 멤피스는 국가의 창조신 프타의 성지로, 종교 면에서도 중요했다. 그래서 푸토 카 프타프타 신의 거처라고도 불렸으며, 고대에 이 명칭은 이집트와 교류했던 외국에서 그대로 이집트를 가리키는 말이 되었다. 또 이 말이 그리스어로 '아이깁토스Aigyptos'로 와전되어 '이집트'의 국명이 되었다.

이슬람교와 아랍어를 무기로 삼아 북아프리카 정복

아랍군은 이집트에서 더 서쪽으로 향해 지중해 연안으로 진출했다. 리비아, 튀니지, 알제리, 모로코 등 아프리카 북서부와 베르베르인의 나라를 아랍어로 마그레브Maghreb라고 한다. 모로코의 국명이 된 옛 도시 마라케시Marrakech는 아랍어로 '서쪽 땅'을 뜻하는 마그레브maghreb와 '멀리 떨어진'을 뜻하는 아크사aksa를 합쳐서 단축한 것으로, '멀리 떨어진 서쪽의 땅'을 뜻한다. 참고로 마그레브의 동쪽에 있는 마슈리크Mashriq는 카이로의 동쪽에 있는 메카와 메디나를 포함한 이슬람 문화의 중심지를 말한다.

북아프리카에는 오스만튀르크가 지배할 무렵부터 몇몇 국명이 생겨났다. 그러나 아랍이 서진했을 당시에는 이러한 나라들이 알려지지 않았다. 그래서 아랍인은 이 지역에 있는 나라들을 메카의 위치에서 '해가 지는 땅'이라는 뜻으로 마그레브라고 불렀다. 참고로 '베르베르'는 그리스인이 그리스어가 통하지 않는 '야만인'이라는 뜻으로 부르던 바르바로이에서 유래했다. 그리고 아프리카는 라틴어의 아프리카가 와전되어 아랍어로 '이프리키야ifriqiya'라고 한다. 마그레브 지방에서는 고대에 리비아가 이집트의 지배를 받았고, 리비아의 서쪽 지역도 카르타고페니키아, 로마, 반달, 비잔틴의 지배를 받기는 했으나, 그 범위가 도시와 연안 지역에 한정되었기 때문에 마그레브 전체의 사회, 문화까지 바뀌지는 않았다.

그러한 베르베르인들을 7세기 중반에 이슬람교도가 이슬람교와 아랍어를 가지고 침공한 것이다. 이슬람교도는 먼저 오늘날 튀니지의 수도 튀니스 남부에 미스르^{군영 도시}인 카이라완 연병장을 건설해 침공의 발판으로 삼았다. 이 밖에 모로코의 수도 라바트는 아랍어의 정식 명칭으로 '승리의 요새'라는 의미의 라바트엘파티프Rabat el-Fatif 이다.

또 모로코의 옛 도시 중 하나인 페스Fes는 808년에 이드리스 2세가 이 마을을 수도로 삼은 것을 기념해 지은 이름으로, '곡괭이'라는 뜻이다.

이 땅의 이슬람화는 더 이상 퍼질 수 없을 정도가 되었다. 10세기 초에 세워진 튀니지의 파티마 왕조는 969년에 신도시 카이로를 건설해 이집트로 옮겼다. 그리고 11세기 중반경에는 파티마 왕조에서 파견된 아랍 유목민이 베르베르인의 아랍화를 촉진해 서사하라를 중심으로 베르베르인이 세운 무라비트 왕조가 알제리와 스페인 남부를 지배했다.

이어서 12세기 중반에는 무와히드 왕조가 마그레브 전역과 스페인을 지배했다.

'붉은 성'의 뜻을 가진
알람브라 궁전

'헤라클레스의 기둥'이라고 불리는 430미터 높이의 바위산

이슬람교도는 아프리카의 북단, 즉 아프리카에서 스페인이 보이는 지브롤터 해협을 통해 이베리아반도에 상륙했다.

지브롤터Gibraltar라는 이름은 스페인에 있는 자발 알타리크라는 작은 산의 이름을 따서 붙여졌다. 430미터 정도 높이의 이 바위산은 고대 그리스 시대에는 '헤라클레스의 기둥'이라고 불렸다. 훗날 아랍의 군인 타리크 이븐 지야드Tariq ibn Ziyad가 병사를 이끌고 상륙하면서 이곳은 자발 알타리크Jabal Al Tarik, 타리크의 산라고 불리게 되었다. 해협의 이름은 이렇게 붙여진 산의 이름이 '지브롤터'로 와전된 것이다.

참고로 지브롤터는 지중해의 요충지이며, 1701년에 시작된 스페인 계승 전쟁영국, 네덜란드, 독일 대 프랑스, 스페인의 전쟁으로 영국이 영유하

스페인 그라나다의 알람브라 궁전, 2014년, © Jebulon, W-C

게 된 후로 오늘에 이른다. 1805년에 지브롤터 해협의 서쪽 입구인 트라팔가르곶 앞바다에서 넬슨 제독이 이끄는 영국 해군이 프랑스와 스페인의 연합 함대를 뚫었다. 영국은 이 해전을 기념해 런던 시내에 트래펄가 광장을 조성했다. 사실 트라팔가르는 아랍어로 '곶'을 뜻하는 타리프tarif와 '동굴'을 뜻하는 알 가르al-Ghar가 합쳐진 이름으로 '동굴의 곶'을 뜻한다. 런던을 대표하는 명소의 이름이 아랍어에 어원을 두고 있는 것이다.

아랍군이 지브롤터를 통해 침공했기 때문에 이베리아반도의 남쪽에는 아랍어를 어원으로 하는 지명이 많다. 그라나다의 알람브라 궁전도 '성城'을 뜻하는 알카르아와 '붉은'을 뜻하는 알하무라가 합쳐진 '붉은 성'이라는 당시 명칭에서 유래했다. 그리고 그라나다는 스페인어에서 '석류'를 뜻하는 그라나다에서 따온 이름이다. 이 마을은 경사진 세 언덕으로 둘러싸였는데, 그 모습이 마치 석류의 열매 같은 데에서 이름이 지어졌다고 한다.

스페인의 수도 마드리드도 아랍어를 기원으로 한다. 아랍어로 마주리트majrit. 샘솟는 물이 있는 곳, 물이 많은 곳를 뜻하는 이 이름에는 8세기에 침공한 아랍인이 살기 좋은 곳을 선택해 개척한 역사가 잘 표현되어 있다.

이 마드리드와 지중해 연안에서 가장 교통이 편리했던 곳은 기원전 201년에 로마인이 점령해 건설한, 지금의 항구 마을 알리칸테이다. 이 지명도 아랍어로 '빛의 마을'이라는 뜻이다. 바닷길을 안내할 만큼 빛으로 가득한 이 마을이 번창해서였을까? 이 길의 도중에는 알카사르Al Qasr, 아랍어로 '성'을 뜻한다라는 곳도 있다.

스페인을 거쳐 대서양을 건너서 멕시코까지 간 아랍어 지명도 있다. 멕시코 제2의 도시 과달라하라는 '돌의 강'이라는 뜻인데, 이것은 마드리드 북동부에 있는 한 마을의 이름에서 유래했다. 1531년에 멕시코로 건너간 구즈만Nuño de Guzmán의 고향 이름을 붙인 것이다.

페르시아가 국명을
이란으로 바꾼 이유?

페르시아의 어원이 된 파르스는 '말을 탄 사람'이라는 뜻

제1차 세계대전 후인 1925년, 이슬람교 시아파의 국가인 페르시아에서는 새로이 팔레비 왕조가 들어섰다. 페르시아는 고대와 중세에 영화를 누렸으나 당시에는 영국의 보호와 러시아의 간섭으로 독립국가로 인정받지 못하고 있었다. 국가라고는 해도 반*독립국 상태였다. 1935년에 페르시아는 이러한 상태에서 벗어나고자, 고대부터 이어온 페르시아라는 국명을 버리고 이란을 새로운 국명으로 선택했다. 여기에는 어떤 의미가 담겨 있을까?

일찍이 기마 민족의 나라였던 페르시아는 고대 그리스인에게 경이로운 대국이었다. 기원전 5세기에 그리스는 병사가 마라톤 평원을 쉬지 않고 뛰어서 승리를 전해야만 했는데, 페르시아에서는 다리우스 1

살라미스 해전, 1868년, 빌헬름 폰 카울바라

세가 이미 국내에 조랑말을 이용한 연락망을 구축해놓았다. 고대 그리스인은 인도의 서쪽, 즉 지금의 이란고원 부근을 페르시스Persis, 그곳 주민이 일으킨 국가를 페르시아라고 불렀다. 페르시스의 어원이 된 파르스Pars는 '말을 탄 사람'이라는 뜻으로, 여기에서 페르시아의 이름이 기마 민족의 생활 방식과 관련 있다는 것을 알 수 있다.

페르시아는 기원전 550년경부터 기원전 331년까지 이란에서 이집트에 이르는 고대 오리엔트 세계의 정복자였다. 그리고 이집트를 통해서, 또 홍해와 나일강을 연결하는 운하를 열어서 그리스와 교역했다. 그러나 기원전 480년에 살라미스 해전에서 그리스의 도시국가 아테네에 패하면서 페르시아는 그리스의 여러 도시국가를 지배할 수 없게 되었다. 게다가 기원전 331년에 마케도니아 알렉산드로스 대왕의 침공을 받아, 그리스인이 '페르시아인의 마을'이라고 부른 페르시아제국의 중심지인 페르세폴리스Persepolis까지 파괴되었다.

그 후에는 뒤이어 세워진 파르티아왕국, 사산 왕조 페르시아가 그리스 로마에 대항해 싸웠다. 7세기에는 아랍의 침공을 받아 이슬람화되었으나, 9세기부터 다른 이슬람제국과 달리 독자적으로 발전했다.

훗날 1501년 사파비 왕조 때 페르시아는 이슬람교에서 다수파를 차지하는 수니파 나라들과 관계를 끊고, 시아파를 국교로 삼았다. 당시에 강력한 힘을 자랑하던 수니파 오스만튀르크에 대해 독자 노선을 걷기 위해서였다.

그러나 대항해 시대를 거쳐 식민지 시대를 맞이한 유럽 열강이 들이닥치며 그들에게 농락당하게 되었고, 19세기에는 영국과 러시아에 각기 분할되는 상황까지 이르렀다. 그래서 1935년에 페르시아에서 이란으로 국명을 바꾼 것이다.

'페르시아'라는 이름은 원래 어느 소지방의 지명이었지만 그리스가 페르시아 전체를 뜻하는 이름으로 부르기 시작했다. 자연히 페르시아인들로서는 국가 전체와 민족을 나타낼 새로운 이름이 필요했다.

그래서 자신들이 중앙아시아에서 남쪽으로 내려와 유럽으로 퍼져나간 아리아 민족의 한 갈래라는 정체성을 강조하기 위해 페르시아어로 아리아인을 뜻하는 아리아나Ariana에서 따와 이란ran을 국명으로 정했다. 산스크리트어로 아리아aria, arya는 '고귀한, 위대한'이라는 뜻이다.

한편, 알렉산드로스 대왕 시대 또는 그 이전 시대의 그리스인은 페르시아에서 특산물을 가지고 돌아갔다. 처음에는 이것이 '페르시아'에서 왔다고 해서 페르시콘 멜론Persikon melon이라고 불리다가 나중에 페르시아 멜론으로 알려지게 되었다. 로마인은 이것을 라틴어로 페르시컴 마름이라고 불렀으며, 나중에 페르시컴이 되었다. 그리고 프랑스에서는 이것이 페슈peche, 영어로는 피치Peach, 복숭아가 되었다.

국명과 지명의 접미사
'스탄'과 '켄트'의 차이

파키스탄은 우르두어로 '깨끗한 나라'라는 의미

아프가니스탄, 파키스탄, 그리고 1991년에 구소련이 붕괴하면서 출현한 독립 국가인 카자흐스탄, 우즈베키스탄, 타지키스탄, 투르크메니스탄 등과 같이 서남아시아의 여러 국가명에 붙은 '-스탄'은 페르시아계 및 터키계 특유의 지명 접미사이다.

아프가니스탄Afghanistan은 '아프간 사람들의 나라'라는 뜻이다. 이 땅에는 중앙아시아에서 남쪽으로 내려온 아리아인에 이어 아케메네스 왕조 페르시아, 마케도니아 알렉산드로스 대왕, 셀레우코스 왕조 시리아, 사산 왕조 페르시아가 차례로 침입해 왔으며, 7세기에 아프가니스탄은 이슬람화되었다. '아프간'은 페르시아어로 다른 나라에서 부르는 명칭이고, 스스로 부르는 '파슈톤'은 시리아어로 '배의 뱀'

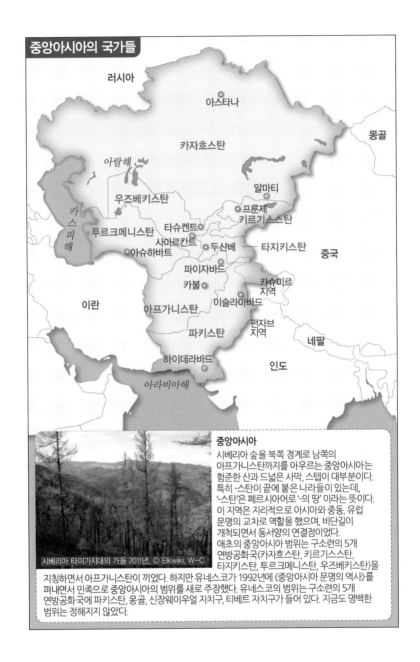

중앙아시아의 국가들

러시아

아스타나

카자흐스탄

몽골

아랄해

알마티

우즈베키스탄

프룬제
키르기스스탄

카스피해

타슈켄트
투르크메니스탄   사마르칸트   두샨베
아슈하바트   타지키스탄

중국

파이자바드

카불

카슈미르
지역

이란

이슬라마바드

아프가니스탄

펀자브
지역

파키스탄

네팔

하이데라바드

인도

아라비아해

중앙아시아
시베리아 숲을 북쪽 경계로 남쪽의
아프가니스탄까지를 아우르는 중앙아시아는
험준한 산과 드넓은 사막, 스텝이 대부분이다.
특히 -스탄이 끝에 붙은 나라들이 있는데,
'-스탄'은 페르시아어로 '-의 땅' 이라는 뜻이다.
이 지역은 지리적으로 아시아와 중동, 유럽
문명의 교차로 역할을 했으며, 비단길이
개척되면서 동서양의 연결점이었다.
애초의 중앙아시아 범위는 구소련의 5개
연방공화국(카자흐스탄, 키르기스스탄,
타지키스탄, 투르크메니스탄, 우즈베키스탄)을

시베리아 타이가지대의 가을 2011년, © Elkwiki, W-C

지칭하면서 아프가니스탄이 끼었다. 하지만 유네스코가 1992년에《중앙아시아 문명의 역사》를
펴내면서 민족으로 중앙아시아의 범위를 새로 주장했다. 유네스코의 범위는 구소련의 5개
연방공화국에 파키스탄, 몽골, 신장웨이우얼 자치구, 티베트 자치구가 들어 있다. 지금도 명백한
범위는 정해지지 않았다.

에서 유래해 '개종자를 새로운 방향으로 인도하는 사람'을 의미한다.

파키스탄Pakistan은 고대 인더스 문명이 발생한 곳이며, 인더스강 유역이기도 해서 옛날부터 힌두에서 유래한 '인도'라고 불렸다. 인도의 동서 지역으로 영토가 나뉜 파키스탄은 이슬람교를 선택해 하나의 국가로 독립했다. 그러나 이러한 체제는 오래가지 못했다. 결국은 1971년에 동쪽의 파키스탄이 방글라데시Bangladesh, 벵갈 사람들의 나라로 독립하고, 서쪽은 파키스탄 이슬람공화국이 되었다.

파키스탄은 우르두어에서 '깨끗한'을 뜻하는 팍pak과 '나라'를 뜻하는 '스탄'이 합쳐진 '깨끗한 나라'로 해석된다. 한편, 일설에는 영국의 케임브리지 대학에서 유학하던 이슬람교도 학생이 이슬람교가 우세한 펀자브Punjab 지방의 P, 아프가니스탄Afghanistan의 A, 카슈미르Kashmir 지방의 K, 이란Iran의 I, 신드Sind 지방의 S를 조합해 'PAKIS-STAN'이라고 지었다는 설도 있다.

중앙아시아 국가 중에는 '-스탄'이라는 접미사가 붙은 국명이 많은데 역사는 각기 다르다. 카자흐스탄, 우즈베키스탄, 타지키스탄, 투르크메니스탄 등에는 원래 '-스탄'이라는 접미사가 있었다. 그런데 이 나라들은 아프가니스탄, 파키스탄과 같은 이슬람 국가와 인접해 있기 때문에 훗날 구소련이 이러한 지역을 병합하면서 '스탄'을 생략하고 카자흐공화국, 우즈베크공화국이라고 개명했다.

'-스탄'은 지역, 나라를 나타내고, 그보다 범위가 작은 '마을'을 나타내는 지명 접미사로는 터키계의 '-켄트'타슈켄트: 돌의 마을와 '-칸트'사마르칸트: 돌의 마을가 있다. 이것이 아프가니스탄, 파키스탄에서는 페르

파키스탄 동부에 있는 라호르의 바드샤히 모스크, 2016년, © Jalal.shahid, W−C

시아계의 '–아바드–abad'로 표기된다. '도시, 마을'이라는 의미일 것이
다. 파키스탄의 이슬라마바드이슬람교의 마을와 같이 국가의 정체성을
상징하는 지명도 있다.

7장

신세계 아메리카의 지명은
어떻게 만들었나?

01

유럽 식민지에서
세계 최강국에 올랐다

스테이트(주)는 '서다'라는 뜻의 라틴어에서 유래

미국에서 발행하는 화폐는 U.S. $, 미국 군대는 U.S. Army라고 한다. 이처럼 통상 미국이라고 부르는 'United States of America', 즉 미합중국은 'the United States' 또는 'U.S.'라는 이름으로 통용된다.

여기에서 스테이트state, 주州는 '서다'라는 뜻의 라틴어에서 유래한 말이다. 미국과 같이 각 주에 독자적인 법률이 있거나 행정 단위에 독립적인 성격의 주를 둔 나라에 잘 어울리는 이름이다.

주州의 역사를 살펴보면, 전 단계가 테리터리territory, 준주準州였다. 테리터리가 '영토'라고 번역되는 것처럼 주는 하나의 주권에 속한 토지를 말한다. 또 콜로니colony, 식민지는 한 나라가 개척한 토지 또는 한 나라가 지배한 다른 나라의 토지를 말하며, 이 역시 농민coloni을 뜻

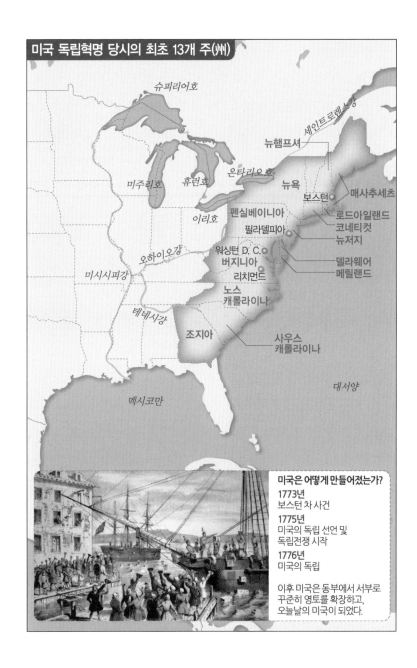

미국 독립혁명 당시의 최초 13개 주(州)

슈피리어호

세인트 로렌스 강

뉴햄프셔

미주리호

휴런호

온타리오호

뉴욕

보스턴

매사추세츠

이리호

펜실베이니아

로드아일랜드

필라델피아

코네티컷

뉴저지

오하이오강

워싱턴 D. C.

버지니아

델라웨어

미시시피강

리치먼드

메릴랜드

노스
캐롤라이나

테네시강

조지아

사우스
캐롤라이나

멕시코만

대서양

미국은 어떻게 만들어졌는가?

1773년
보스턴 차 사건

1775년
미국의 독립 선언 및
독립전쟁 시작

1776년
미국의 독립

이후 미국은 동부에서 서부로
꾸준히 영토를 확장하고,
오늘날의 미국이 되었다.

하는 라틴어에서 유래했다. 로마와 주변 지역에서 농지와 노동력이 부족해 식량을 얻기가 어려워졌을 때 위기감을 느낀 고대 로마인들이 농민을 먼 지방으로 보내서 개척하게 하고 그 땅을 지배했기 때문이다.

미국도 독립하기 전에 영국의 지배를 받았다. 미국 독립전쟁이 일어난 1775년에 미국의 동부 해안에는 열세 개 주가 있었다. 각각 영국의 직접적인 지배를 받았다. 그런 가운데 점차 독립을 열망하는 분위기가 고조되었고, 1776년 6월 7일 대륙회의에서 버지니아 출신의 리처드 헨리 리가 "우리가 연합한 콜로니13개 식민지는 자유독립주써이며, 당연히 그래야 한다"라고 선언했다.

그 후 열세 개 주는 콜로니에서 스테이트로 승격되었다. 이어서 페더럴 유니언Federal Union, 연방으로 통합되었고, 이윽고 United State of America미합중국가 되었다.

이 밖에 또 다른 U.S.가 있다. 바로 미국을 의인화하거나 미국인을 가리키는 별명인 '엉클 샘Uncle Sam'의 약칭이다. 1812년 미영 전쟁이 벌어졌을 때, 캐나다에서 영국군과 전투를 치르는 미국군에 뉴욕의 트로이를 경유해서 육류가 공급되었다. 그때 화물을 검사한 사람이 '엉클 샘Uncle Sam, 샘 아저씨'이라는 애칭으로 불린 새뮤얼 윌슨인데, 그는 군수 물자에 정부 소유물이라는 것을 표시하기 위해서 자기 애칭의 약자인 'U.S.' 도장을 찍었다. 그 후 언제부턴가 U.S.는 Uncle Sam의 약자가 아닐까 하는 재미있는 소문이 퍼졌다. 이 이야기는 결국 〈뉴욕 포스트〉에도 실렸고, 미합중국은 이후 우스갯소리로 엉클 샘으로 불리게 되었다.

그리고 미국의 정치 형태는 '연방'을 정식 명칭으로 하는 스위스연방Swiss Confederation, 러시아연방Russian Federation과 유사하다. 세계에는 국가의 정식 명칭에 '공화국Republic of~'이 들어가는 나라가 많은데, 이는 정치 체제가 공화제인 나라를 말한다.

공화제란 세습 군주제가 아닌 합의제 대의 기관이 있으며, 주권이 복수의 손에 있는 정치 체제를 말한다. 공화제에는 모든 국민이 직접 주권을 행사하는 유형과, 모두에게 인정받은 귀족과 같은 소수 특권 계층이 대표로 주권을 행사하는 유형이 있다.

미국의 국민은 자신들을 '아메리칸'이라고 부른다. 그리고 중앙아메리카 이남, 즉 라틴아메리카 지역 국가들의 국민도 자신들을 '아메리칸'이라고 부른다.

그러나 미국에서는 라틴아메리카 지역 사람들을 '아메리칸'이라고 부르지 않는다. 예를 들어, 멕시코 국민은 '멕시코인'이다. 그런가 하면 라틴아메리카 국가들에서는 미합중국 국민을 '노스 아메리칸North Americans'이라고 부른다.

워싱턴이 어떻게 미국의 수도가 되었나?

'아메리카'는 이 대륙을 찾아온 유럽인 아메리고 베스푸치의 이름에서 유래했다. 지금 이 명칭은 북아메리카, 중앙아메리카, 남아메리카 등 서반구의 모든 지역을 가리키는 이름이 되었다.

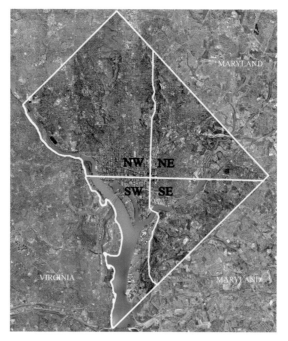

북서(NW) 지구, 북동(NE) 지구, 남동(SE) 지구, 남서(NW) 지구로 나뉘는 워싱턴, 안전하고 부유한 동네는 북서 지구이고, 남동 지구는 우범 지대로 알려져 있다.

사실, 아메리카 대륙을 발견한 진정한 공로자는 크리스토퍼 콜럼버스이다. 그래서 그의 이름 역시 아메리카 대륙 곳곳에서 찾아볼 수 있다. 그의 이름에서 유래한 '컬럼비아'는 프랑스가 북아메리카 지역에서 일시적으로 영토를 잃었던 1775년 이래 애국과 자유를 상징하는 이름으로 많이 사용되었다.

미국에서는 사우스캐롤라이나주의 주도州都인 컬럼비아, 오하이오주의 주도인 콜럼버스 등 각 주의 도시 이름에서 많이 볼 수 있다. 참고로 콜럼버스는 라틴어와 영어로 각각 일부분씩 표기된 것이다.

한편, 미국의 수도인 워싱턴은 영어로 Washington D. C.라고 쓴다. 이 지명이 미합중국의 초대 대통령인 조지 워싱턴George Washington의 이름과 관련이 있다는 것은 누구나 알 만큼 유명한 사실이다. 그러면 D. C.는 무엇을 뜻할까? 이는 사실 미국 태평양 쪽에 있는 워싱턴주와 구별하기 위해 만든 것이다. 그러나 '컬럼비아 특별구District of Columbia'의 약자라는 것은 많이 알려지지 않았다.

미국은 1783년에 독립해서 1787년에 합중국 헌법을 제정했으며, 1789년에 워싱턴이 초대 대통령으로 취임했다. 독립 전후의 중요한 모임, 예컨대 1774년 이래 대륙회의, 합중국 의회 등은 대부분 수도인 워싱턴 D. C.가 아니라 동부에 있는 필라델피아Philadelphia에서 열렸다. 그 후 1790년에는 필라델피아를 수도로 삼았다.

참고로 필라델피아는 1682년에 윌리엄 펜이 그리스도교의 한 교파인 프렌드회 퀘이커교도를 인솔해 입식入植한 마을이다. 교의가 형제애를 이상으로 삼은 데서 그리스어의 '필philo, 사랑'과 '아델피adelphi, 형제'에 라틴어 지명 접미사 '-ia'를 붙여서 '필라델피아형제애의 땅'가 되었다.

그러나 미국 정부는 곧 국가의 중요 사항을 결정하는 의회를 특정한 주에서만 개최하는 것은 평등성에 어긋나며 혼란의 원인이 될 수 있다고 우려했다. 그래서 어느 주에도 속하지 않고 지방 정치와 관계없는 장소에 새로운 수도를 세우는 것을 검토하도록 의회에 위임했다.

새로운 수도로 적절한 장소가 어디인가를 놓고 미국 의회에서는 한동안 의견이 분분했다. 그러다 1791년에 메릴랜드주와 버지니아주가 포토맥강을 따라 사방 16킬로미터의 정방형 땅을 미국 정부에 제공했다.

포토맥Potomac은 이 땅에 거주하던 인디언 부족의 이름인 파토맥에서 유래했다고 한다. 그리고 이 사각형 토지는 진정으로 이 대륙을 처음 발견한 인물인 콜럼버스와 관련지어서 '컬럼비아 지구'로 이름 지었다.

이어서 조지 워싱턴 대통령에게 수도가 있는 지역 전체를 컬럼비아 준주Territory of Columbia로 삼고 또 워싱턴시를 '연방 도시'라고 부르자고 제안했다. 이 제안은 아메리카 대륙을 처음 발견한 콜럼버스와 초대 대통령 워싱턴을 기념한다는 두 가지 의미에서 이상적이었기 때문에 의회에서 만장일치로 승인되었다.

1800년 11월 22일, 새로운 수도에서 제1회 연방의회가 개최되었다. 이때 수도는 준주임에도 특정한 주에서 연방 의회가 개최되는 것을 염려했는지, 이곳을 '컬럼비아 준주'라고 하지 않고 '컬럼비아 특별구'로 명명했다. 미국에서 준주가 된 이후 주로 승격하지 않은 곳은 컬럼비아 준주뿐이다. 콜럼버스와 미국은 궁합이 잘 맞지 않았나 보다.

02

미국이 러시아로부터
매수한 알래스카

알래스카 구입 가격은 1에이커당 2센트로 총액은 720만 달러

　미국의 영토 확장은 단계적으로 이루어져왔다. '할양'과 '합병' 사이에 의외로 '매수'한 지역이 있다. 미국은 전쟁이나 식민, 협의, 매수 같은 수단으로 영국, 프랑스, 스페인, 멕시코로부터 영토를 확보해나갔다. 일례로 북쪽에 뚝 떨어져 있는 알래스카Alaska주는 러시아에서 매수한 땅이다.

　이 땅에는 역사가 기록되기 전부터 에스키모가 살았고, 알류샨 열도Aleutian Islands와 알래스카반도에는 알류트라는 토착 민족이 있었다. 알류샨 열도는 '알류트의 열도'라는 뜻이며, 주의 이름인 '알래스카'도 해양 민족인 알류트가 섬이 아닌 땅이라는 의미로 'Alanshak'라고 부른 데서 유래했다.

미국 주(州) 이름

워싱턴
오리건
아이다호
네바다
몬태나
노스 다코타
사우스 다코타
와이오밍
유타
캘리포니아
콜로라도
네브래스카
캔자스
미네소타
위스콘신
아이오와
일리노이
미주리
미시간
인디애나
오하이오
펜실베이니아
뉴햄프셔
버몬트
메인
매사추세츠
뉴욕
로드아일랜드
코네티컷
뉴저지
델라웨어
메릴랜드
버지니아
웨스트버지니아
노스캐롤라이나
사우스캐롤라이나
애리조나
뉴멕시코
오클라호마
아칸소
켄터키
테네시
미시시피
앨라배마
조지아
텍사스
루이지애나
플로리다
알래스카 (1867년 러시아로부터 매수한 지역)
하와이

미합중국의 영토 확장

3 1818년 영국으로부터 할양

6 1846년 병합

2 1803년 프랑스로부터 매수

7 1848년 멕시코로부터 할양

1 1783년 미합중국

5 1845년 병합

8 1853년 멕시코로부터 매수

4 1819년 스페인으로부터 매수

이 지역은 1741년에 러시아에 고용된 덴마크의 탐험가 베링이 발견했다. 그 흔적은 '베링 해협'과 같은 이름에서 엿볼 수 있다.

러시아가 탐험대를 파견한 목적은 이 지역의 모피였다. 1582년에 유럽에서 시베리아로 이주한 러시아인은 당시 극한의 땅은 거들떠보지도 않았다. 그러다 유럽 귀족들 사이에 모피가 유행하면서 모피는 러시아의 주력 수출품이 되었다. 그러자 모피를 확보하는 데 적극적으로 나서기 시작했다. 시베리아 토착 주민에게서 사들이는 것만으로는 수량이 부족해서 러시아 무역업자들은 시베리아에 사냥꾼을 정착시켰다. 그래서 17세기 말에 이르러서는 이 지역에 사는 러시아인이 시베리아 토착 주민의 인구수를 웃돌았다.

이러한 움직임이 더욱 활발해지면서 러시아인들은 본격적으로 베링 해협을 건너갔다. 극한의 땅인 알래스카는 아메리카 대륙에 있었지만, 당시 미국은 이 땅에 전혀 관심이 없었다. 그래서 알래스카는 분쟁을 겪지 않고 언젠가부터 러시아령 아메리카Russian America로 불리게 되었다. 1784년에는 러시아인이 알래스카에 정착했고, 알렉산드르 안드레예비치 바라노프가 알래스카 초대 총독으로 취임했다. 이를 기념해 알래스카 남동 해안 앞바다에 있는 천 개 이상의 섬 가운데 비교적 큰 섬에 '바라노프'라는 이름을 붙였다. 그 섬을 포함한 군도 전체를 알렉산더 군도라고 하며, 이 이름은 러시아 차르 알렉산드르 1세가 황태자이던 1786년에 그의 이름을 따서 붙여졌다.

1867년에 미국 17대 대통령 앤드루 존슨의 국무장관이었던 수어드가 러시아로부터 이 알래스카를 산다고 발표했다.

모피 자원도 황폐해지고 가치도 없는 극한의 땅을 산다는 소식에 미국에서는 '수어드의 어리석은 판단'이라는 비난이 쏟아졌다. 구입 가격은 1에이커약 4,047㎡당 2센트로 총액은 720만 달러였다.

그러나 이후 1898년에 골드러시가 시작되면서 3만 명이 넘는 미국인이 알래스카로 이주했다. 그리하여 1912년에는 준주로, 제2차 세계대전 후인 1959년에는 마흔아홉 번째 주로 승격되었다.

주의 좌우명인 "North to the Future미래를 향한 북쪽의 땅"와 같이 알래스카의 석유, 천연가스 등의 지하자원은 현재 미국의 중요한 재산이다. 지금은 알래스카를 매입한 것을 놓고 '수어드의 어리석은 판단'이라고 하는 사람은 아무도 없다.

03

아메리카 백인 이주자들이
인디언의 땅을 빼앗았다

오클라호마주의 이름은 인디언 언어로 '붉은 사람들'이라는 뜻

16세기 초에 최초로 오클라호마에 발을 디딘 사람은 스페인 탐험가 프란시스코 바스케스 데 코로나도Francisco Vasquez de Coronado였다. 1682년에는 프랑스인 로베르 드 라살René Robert Cavelier de La Salle이 이곳을 찾아와 프랑스령이라고 주장했다. 이후 1803년에 미국이 이 땅을 사들였다.

일찍이 백인이 제작한 서부극 영화를 보면 대개 인디언은 백인의 개척을 방해하는 존재로 그려졌다. 이는 어디까지나 영화 제작자인 미국인의 관점에 따른 것이다. 토착 주민인 인디언들로서는 느닷없이 쳐들어와서 땅을 빼앗는 그들에게 저항하는 것이 당연하지 않은가?

미국 내 인디언특별보호구

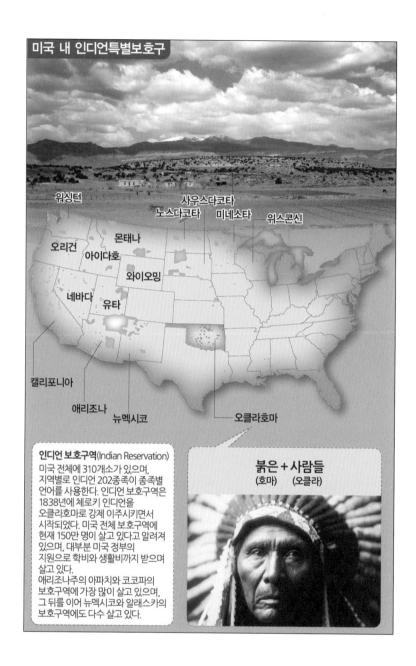

워싱턴
사우스다코타
노스다코타 미네소타 위스콘신
몬태나
오리건
아이다호
와이오밍
네바다 유타
캘리포니아
애리조나
뉴멕시코 오클라호마

인디언 보호구역(Indian Reservation)

미국 전체에 310개소가 있으며, 지역별로 인디언 202종족이 종족별 언어를 사용한다. 인디언 보호구역은 1838년에 체로키 인디언을 오클라호마로 강제 이주시키면서 시작되었다. 미국 전체 보호구역에 현재 150만 명이 살고 있다고 알려져 있으며, 대부분 미국 정부의 지원으로 학비와 생활비까지 받으며 살고 있다.
애리조나주의 아파치와 코코파의 보호구역에 가장 많이 살고 있으며, 그 뒤를 이어 뉴멕시코와 알래스카의 보호구역에도 다수 살고 있다.

붉은 + 사람들
(호마) (오클라)

강제로 빼앗지 않는다고 해도, 인디언의 땅을 장신구 같은 것과 헐값에 맞바꾸면서 정당하게 거래했다고 포장하는 등 자신은 사회적으로 부끄러운 행동을 하지 않았다고 당당하게 맞서는 사람도 있었다. 이러한 식으로 백인들은 차츰차츰 인디언을 불모의 땅으로 밀어냈다.

처음에 인디언들은 서구의 강압적인 태도에 당황했지만, 점차 일방적으로 당하지는 않았다. 그래서 서구인은 19세기에 들어와서는 인디언들을 속여서 그들의 땅을 빼앗고 약탈하는 것에서 '대체지代替地'를 주는 방법으로 전환했다. 이것이 1843년에 시작된 '인디언특별보호구'이다.

노스캐롤라이나 세코탄족(인디언)의 춤, 1585년, 존 화이트, 런던 국립박물관

당시에는 광대한 중부, 서부가 인디언특별보호구였다. 그러나 아메리카 대륙에 백인 인구가 급속도로 증가하면서 19세기 말에는 특별보호구가 텍사스주와 캔자스주 사이에 있는 빈 땅만 남았다. 이것도 머지않아 백인의 식민지가 되어서 인디언에게는 주州의 한 부분만 주어졌을 뿐이었다. 현재 그 면적은 8만 290제곱킬로미터밖에 되지 않는다.

그렇게 해서 백인들이 빼앗은 땅이 1907년에 마흔여섯 번째로 독립한 오클라호마주이다. 이 땅의 이름은 인디언 언어로 '오클라사람들'와 '호마붉은'를 합친 '붉은 사람들'이라는 뜻이다. 이것은 백인이 인디언을 차별해 부르는 '붉은 사람들the Red People'이라는 말을 인디언 언어로 바꾼 이름이다.

1670년대에 최초로 미국 중서부를 탐험한 유럽인은 프랑스의 자크 마르케트Jacques Marquette와 루이스 졸리에Louis Jolliet 신부이다. 그들이 미시시피강을 거슬러 올라간 곳에서 만난 인디언은 자신들을 일리니위크Illiniwek라고 불렀다. 그들의 언어로 단순히 '사람들'이라는 뜻이다. 프랑스 탐험가들은 그 말에 프랑스어에서 민족을 나타내는 접미사인 '-oia'를 붙여서 일리노이 또는 일리누이라 불렀고, 이것이 주 이름의 기원이 되었다.

일리노이주의 중심은 미시간 호수와 접한 항만 도시 시카고Chicago이다. 사실은 시카고라는 이름도 인디언의 말인 'chigagou야생 양파가 있는 장소'에서 유래했다고 한다.

04

인명에서 유래한
미국의 지명들

버지니아주는 영국의 엘리자베스 1세에서 비롯되었다

버지니아주는 가장 먼저 식민지가 된 지역이어서 오래된 영지the Old Dominion라는 별명이 있다. 1607년에 영국은 북아메리카의 버지니아주에 영국 왕 제임스 1세의 이름을 딴 최초의 식민지 제임스타운을 건설했다. 이 도시는 1624년에 영국 직할 식민지가 되었는데, 18세기에 들어서면서 차츰 본국의 식민지 정책에 불만이 커졌다. 그리하여 1775년에 이 땅에서 독립전쟁이 시작되었다.

1781년에 조지 워싱턴이 이 전쟁에서 미국에 승리와 독립을 안겨주었고, 버지니아는 1788년에 미국의 열 번째 주가 되었다. 이후 1861년에 시작된 남북전쟁에서는 남군南軍의 거점이 되었다. 버지니아Virginia는 '처녀지處女地'라는 뜻이다. 이것은 엘리자베스 1세가

'the Virgin Queen of England영국의 처녀 왕'로 불리기도 했고, 아명도 버지니아인 데서 유래했다고 한다. 물론 그것이 희망의새로운 세상 이미지에 잘 어울리는 이름이라는 이유도 있었다.

한편, 버지니아의 주도인 리치먼드는 윌리엄 버드가 영국 왕족이 머무른 곳으로 유명했던 영국 리치먼드와 관련지어서 붙인 이름이다. 그는 '왕'과 관련해 이름 짓는 것을 좋아했는지, 재미있는 지명을 또 하나 남겼다.

18세기경에 리치먼드에서 남쪽으로 30킬로미터 떨어진 곳에 피터 존스라는 모피 상인이 세운 피터스 포인트Peter's Point라는 교역 기지가 있었다. 버드는 나중에 이곳을 마을로 만들 때 피터스버그피터의 마을라고 이름 지었다. 그 알파벳을 로마자를 읽는 방식으로 읽으면 '페테르스브룩'이 된다. 러시아의 상트페테르부르크Sankt Peterburg와 같다. 상트페테르부르크는 표트르 대제가 18세기부터 러시아를 유럽화할 목적으로 건설한 신도시였다. 버드는 그 꿈의 영향을 받은 것이다. 단, 상트성스러운는 가톨릭의 명칭이었기 때문에 퓨리턴청교도이었던 버드는 그것까지 따르지는 않았다.

루이지애나주는 프랑스의 왕 루이 14세의 이름을 따서 지었다

루이지애나를 1530년에 최초로 방문한 유럽인은 스페인 탐험가인 드바카와 나르바에스였다. 1541년에 드 소트가 이곳을 탐험했으며, 1682년에 프랑스인 르 사르가 미시시피강 유역을 탐험하고, 여기서부터 미시간강 유역에 이르는 광대한 지역을 프랑스령으로 선언했다. 그리고 당시 프랑스의 왕 루이 14세의 이름을 따서 루이지안느Louisiane, 루이 왕의 것로 이름을 지었다.

그러나 1755년에 시작된 프렌치-인디언 전쟁에서 불리한 상황에 몰린 프랑스가 1762년에 스페인에 이 지역을 양도했고, 이때 루이지애나Luisiana라는 지명이 붙여졌다. 그 후 1800년에 프랑스가 이 땅을 되찾았지만 1803년에 미국이 매수해 이제는 미국령이 되었다. 그 후 지명은 프랑스어 표기와 스페인어 표기를 각각 사용해 루이지애나라고 짓게 되었다. 1812년에 미국의 열여덟 번째 주가 되었고, 상류 지역은 '미주리'로 스물한 번째 주가 되었다.

역사적으로 프랑스는 식민지 시대에 미국에 가장 큰 영향을 미쳤다. 그 흔적은 미국의 지명에서 많이 찾아볼 수 있다. 특히 영국에 대항해 독립전쟁을 일으켰을 때 미국은 프랑스와 동맹을 맺기도 했기 때문에 이후 지명을 붙일 때 프랑스어의 '마을'을 뜻하는 접미사 '빌-ville'을 즐겨 사용했다.

1778년에 독립전쟁에서 승리를 거둔 군대가 오하이오강의 상류를 향해 이동할 때 식민을 목적으로 동행한 몇 가족이 오하이오강의 남쪽 기슭을 정착지로 선택했다. 이때 그들은 당시의 프랑스 국왕 루이 1세의 이름을 따서 그곳을 루이빌Louisville, 루이의 마을이라고 이름 지었다. 지금 루이빌은 켄터키주에서 가장 큰 마을로 발전했다.

이뿐만 아니라 영어명의 말미를 일부러 프랑스식으로 바꾼 것도 있다. 예컨대 플로리다 주에서 가장 큰 도시인 잭슨빌Jacksonville, 잭슨

프랑스어 접미사 '빌'이 붙은 도시들

빌(Ville)
미국이 영국에 맞서 독립운동을 할 때 프랑스는 미국의 동맹국이었다. 그런 이유로 미국은 독립을 한 후 지명을 붙일 때 프랑스어의 '마을(ville)'을 접미사처럼 붙였다.

미국

리치먼드

루이빌

켄터키

버지니아

테네시

녹스빌

내슈빌

루이지애나

잭슨빌

게인즈빌

플로리다

의 마을은 미국의 제7대 대통령 앤드루 잭슨의 이름을 따서 명명했다. 1822년에 그가 최초로 이 땅의 식민지 지사로 임명되었기 때문이다. 이 지명은 분명히 영어 이름인데 프랑스어 접미사가 붙었다. 플로리다주에는 이 밖에도 플로리다 대학이 있는 지역으로 알려진 게인즈빌이 있고, 테네시주의 주도 내슈빌, 녹스빌 등이 있다. 참고로 녹스빌의 이름인 녹스는 워싱턴을 기반으로 초대 육군장관을 지낸 헨리녹스 장군의 이름에서 따왔으며, 그는 스코틀랜드계이다.

미국에는 카이로도 있고, 모스크바도 있다

인디언의 언어를 유럽인이 듣고서 알파벳으로 표기한 지명들

　신대륙에 정착한 사람들은 이 신천지에 이름을 붙일 때 우선 현지 인디언이 어떻게 부르는지를 확인했을 것이다. 그리고 당연하게도 고향의 그리운 풍경을 생각하면서 그 이름을 붙이는 등 다양한 방법으로 이름을 지었다.

　주의 이름을 살펴보면, 인디언 부족명과 그 지역의 강과 호수 명칭을 사용한 이름이 가장 많다. 앨라배마, 알래스카, 애리조나, 아칸소, 코네티컷, 아이다호, 아이오와, 일리노이, 캔자스, 켄터키, 매사추세츠, 미시간, 미네소타, 미시시피, 미주리, 네브래스카, 뉴멕시코, 노스다코타, 사우스다코타, 오하이오, 오클라호마, 오리건, 테네시, 텍사스, 유타, 위스콘신, 와이오밍 등 모두 27개이다.

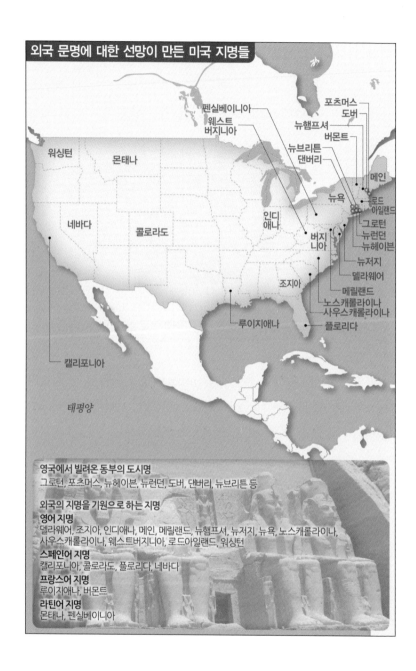

외국 문명에 대한 선망이 만든 미국 지명들

펜실베이니아

웨스트
버지니아

포츠머스
도버

뉴햄프셔

뉴브리튼
댄버리

버몬트

워싱턴

몬태나

메인

뉴욕

로드
아일랜드

네바다

콜로라도

인디
애나

버지
니아

그로턴
뉴런던
뉴헤이븐

뉴저지

델라웨어

조지아

메릴랜드
노스캐롤라이나
사우스캐롤라이나

루이지애나

플로리다

캘리포니아

태평양

영국에서 빌려온 동부의 도시명
그로턴, 포츠머스, 뉴헤이븐, 뉴런던, 도버, 댄버리, 뉴브리튼 등

외국의 지명을 기원으로 하는 지명
영어 지명
델라웨어, 조지아, 인디애나, 메인, 메릴랜드, 뉴햄프셔, 뉴저지, 뉴욕, 노스캐롤라이나,
사우스캐롤라이나, 웨스트버지니아, 로드아일랜드, 워싱턴
스페인어 지명
캘리포니아, 콜로라도, 플로리다, 네바다
프랑스어 지명
루이지애나, 버몬트
라틴어 지명
몬태나, 펜실베이니아

이 지명들은 문자가 없는 인디언의 언어를 유럽인이 듣고서 알파벳으로 표기한 것이다. 그래서 처음에 표기한 유럽인이 어느 나라 사람이었는가에 따라 지명이 프랑스어 같기도 하고 스페인어 같기도 하는 등 발음이 각기 다르다.

그리고 영국 왕의 허가를 받아 식민을 시작한 역사에서 비롯한 영어 지명이 14개이다. 델라웨어, 조지아, 인디애나, 메인, 메릴랜드, 뉴햄프셔, 뉴저지, 뉴욕, 노스캐롤라이나, 사우스캐롤라이나, 버지니아, 웨스트버지니아, 로드아일랜드, 워싱턴이 이에 해당한다.

스페인어 지명은 캘리포니아, 콜로라도, 플로리다, 네바다 등 4개이다. 프랑스어 지명은 루이지애나, 버몬트 등 2개이다. 그리고 라틴어 지명도 몬태나, 펜실베이니아로 2개이다. 이 밖에 하와이는 하와이 폴리네시아어 이름이다.

일찍이 영국이 식민을 시작한 아메리카 대륙의 동부에는 본국에서 빌려온 도시명이 100개 이상이나 있다. 코네티컷주 그로턴Groton, 댄버리Danbury, 뉴헤이븐New Haven, 뉴런던New London, 델라웨어주 도버Dover, 뉴햄프셔주 포츠머스Portsmouth, 버지니아주 리치먼드Richmond 등이 모두 본국에서 가져온 이름이다.

다음으로 외국의 지명을 기원으로 한 미국의 지명 몇 가지를 소개하겠다. 아이다호주의 모스코Moscow, 모스크바는 대국의 중심지가 되기를 바라고 지은 지명이다. 이와 비슷한 지명으로 앨라배마주의 플로렌스Florence, 피렌체가 있다.

일리노이주의 카이로Cairo는 미시시피강과 오하이오강의 합류점에

머틀힐 묘지에서 바라본 조지아 롬, 2017년, ⓒ Thomson200

있으며 나일강 하구 삼각주 지대의 풍요로운 농지로 둘러싸인 카이로
와 같다고 해서 붙여진 이름이다. 조지아주의 롬Rome도 언덕이 있는
마을의 모습이 로마의 일곱 개 언덕과 닮았다고 해서 이름 지어졌다.

테네시주의 멤피스Memphis도 고대 이집트 왕조 시대에 정치, 문화,
외교에 중요한 역할을 한 도시 멤피스를 닮고자 하는 바람에서 이름
지어졌다고 한다. 지금은 엘비스 프레슬리의 출신지로 유명하지만,
이 이름이 지어질 당시에 이 마을은 미국에서도 소문난 빈민 지역이
었다.

이 밖에 고대 문명과 관련된 지명도 있다. 앨라배마주, 오하이오
주, 조지아주, 테네시주, 텍사스주에 있는 애선스Athens는 고대 그리

스의 학문과 문화의 중심지였던 아테네의 이름에서 유래했다. 그래서 모든 '애선스'에는 대학이 세워져 있다.

사우스캐롤라이나주의 스파튼버그Spartanburg는 '스파르타의 마을'이라는 뜻이다. 우수한 군인을 배출한 그리스의 스파르타에서 유래한 이름으로, 독립전쟁에서 공적을 쌓은 연대에 붙였던 스파르타라는 별칭이 그대로 지명이 된 것이다.

이 밖에도 뉴욕주의 트로이고대 그리스 시대의 트로이, 미주리주의 카르타고Carthago, 페니키아의 식민 도시 카르타고 등이 있다. 매사추세츠주의 세일럼Salem, 예루살렘은 오리건주 등 다른 도시에도 수십 곳, 작은 마을과 촌까지 포함하면 30~40곳이나 있다. 예루살렘이 유대교, 그리스도교의 공통 성지라는 이유도 있지만, 그 이름이 헤브라이어로 '평화'를 뜻하는 것도 선호하는 이유이다.

8장

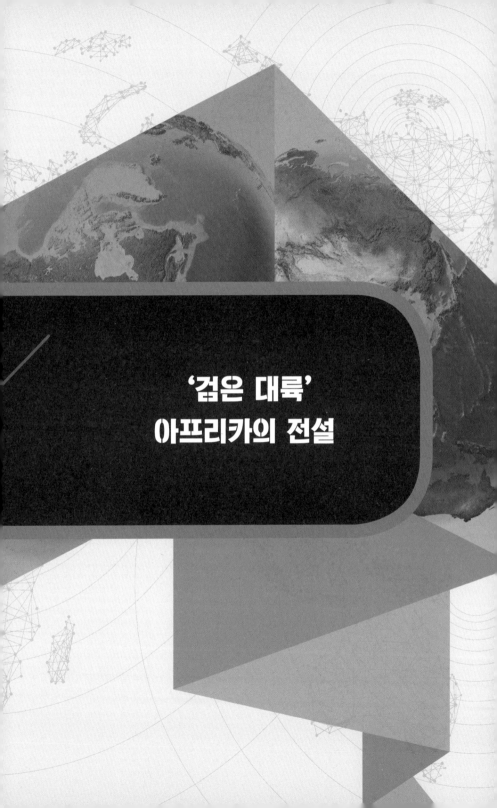

'검은 대륙'
아프리카의 전설

사하라 사막 이남을
흑인의 나라로 지칭

이집트 남쪽의 수단은 아랍어로 '흑인'이라는 뜻이다

일찍이 유럽인은 아프리카를 '암흑 대륙'이라고 불렀다. 대항해 시대15~17세기에도 아프리카에 대해 알려진 것이라고는 대서양과 인도양에 접한 연안 지역이 거의 전부였고, 사막과 정글로 무성한 내륙은 완전히 미지의 세계였다.

게다가 그곳에 사는 사람들이 흑인이기 때문에 한층 '암흑'이라는 인상이 강했을 것이다. 그러한 말이 세계로 퍼져나가 '암흑 대륙'에 대한 인상이 고정되었다. 이집트는 아프리카의 일부이지만, 고대 이집트인의 피부색은 갈색이었다. 조각상 등에서는 여성의 피부를 크림색으로 칠했다.

당시의 이집트는 남부, 지금의 수단 북부에 있는 누비아 지방과 교

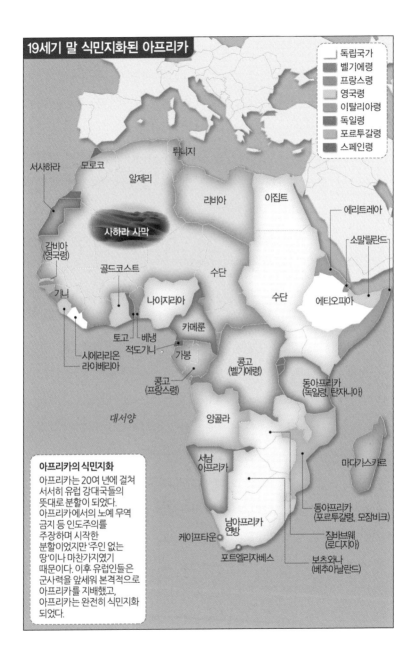

19세기 말 식민지화된 아프리카

- 독립국가
- 벨기에령
- 프랑스령
- 영국령
- 이탈리아령
- 독일령
- 포르투갈령
- 스페인령

서사하라
모로코
알제리
튀니지
리비아
이집트
사하라 사막
에리트레아
소말릴란드
감비아 (영국령)
골드코스트
수단
기니
나이지리아
수단
에티오피아
토고
베냉
카메룬
적도기니
시에라리온
라이베리아
가봉
콩고 (프랑스령)
콩고 (벨기에령)
동아프리카 (독일령, 탄자니아)
대서양
앙골라
마다가스카르
서남 아프리카
동아프리카 (포르투갈령, 모잠비크)
남아프리카 연방
짐바브웨 (로디지아)
케이프타운
포트엘리자베스
보츠와나 (베추아날란드)

아프리카의 식민지화

아프리카는 20여 년에 걸쳐 서서히 유럽 강대국들의 뜻대로 분할이 되었다. 아프리카에서의 노예 무역 금지 등 인도주의를 주장하며 시작한 분할이었지만 '주인 없는 땅'이나 마찬가지였기 때문이다. 이후 유럽인들은 군사력을 앞세워 본격적으로 아프리카를 지배했고, 아프리카는 완전히 식민지화 되었다.

류하기도 했지만 기록에서 누비아인은 이집트인과는 다른 흑인으로 그려져 있다. 실제로 지금도 이집트의 남부에 가면 흑인이 많다. 이집트의 남쪽에 있는 수단은 아랍어로 '흑인'이라는 뜻이다. 빌라드 앗 수단, 즉 '흑인들의 나라빌라드는 나라'가 국명의 유래가 되었다.

7세기에 아랍인이 아프리카를 침공해 왔는데, 이집트에서 나일강을 거슬러 올라가 발견한 지역은 광대했다. 그리고 갈색 피부의 이집트인이 사는 북아프리카의 남쪽, 즉 사하라 사막의 남쪽은 모두 흑인의 나라라는 것을 알게 되었다. 19세기에는 대서양 연안부터 프랑스령 수단이 있었고, 영국 통치하의 수단이 있었다. 이 둘을 합쳐 '수단'으로 불리는 지역은 대략 아프리카의 3분의 1을 차지할 정도로 광대한 지역이었다.

1960년에 프랑스령 수단에서 독립한 모리타니도 고대 그리스인들이 마우로스mauros, 피부가 검은 사람라고 부른 무어인Moors, 유럽인이 북서 아프리카에 사는 이슬람교도를 가리킨 호칭의 나라를 뜻한다. 같은 서아프리카의 기니 역시 토착 민족인 베르베르족의 언어인 아그나우흑인의 땅라는 말에서 유래했다. 일찍이 '아그나우'는 기니보다 넓은 서아프리카 전체를 가리키는 말이었다. 게다가 영국령 수단의 동쪽에 있는 에티오피아와 소말리아도 언어는 다르지만 모두 '검은 나라'를 뜻한다.

에티오피아Ethiopia는 그리스어의 'aitos볕에 그을린'와 'ops얼굴', 그리고 지명 접미사 '-ia'가 합쳐진 '아이토스오프시아'라는 이름에서 유래했다. 아프리카가 '수단'이라고 불리기 이전에 고대 그리스인들은 사하라 사막 이남을 막연하게 '아이토스오프시아에티오피아'라고 불렀다. 외국에서 '흑인들의 나라'로 불렸던 수단_{아프리카} 내에서도 누비아인의 언어로 '흑인들의 나라'로 불렸던 곳이 있다. 바로 소말리아이다. '소말리아'는 누비아어의 '소말리_{검다}'에서 유래했다고 한다.

한마디로, '흑인'이라고 해도 지역에 따라 색의 정도가 다르니 그 말을 처음으로 사용한 누비아인들은 자신들보다 검다고 생각해서 그런 이름을 지었는지도 모른다.

한편, 소말리아는 영토가 평탄해서 '아프리카의 뿔'로 불리기도 했다. 소말리아는 아랍인이 인도양에서 교역하던 시대에는 홍해 연안으로 가는 길과 오늘날의 케냐, 탄자니아로 내려가는 길의 요충지였다.

짐바브웨의 국명은
'큰 돌의 집들'이라는 뜻

'대짐바브웨' 유적은 지름이 수십 미터나 되는 석조 건조물

2000년 5월에 짐바브웨Zimbabwe에서 흑인이 백인의 가옥을 습격하는 사건이 발생했다. 뉴스에서는 정부도 묵인하는 상태라고 보도되었다. 영국 식민지 시대에 시작된 백인 지상주의에 대한 폭동, 그리고 흑인 차별의 폐해가 지금도 이어지고 있다.

그러나 이 나라의 지명 역사를 살펴보면 백인에 대한 흑인들의 미움은 당연하다. 1980년에 짐바브웨가 독립했으며, 이 국명은 '큰 돌의 집들'이라는 뜻이다. 고대의 석조 유적, 대大짐바브웨 유적Great Zimbabwe에서 따온 이름이다.

이 유적에는 지름이 수십 미터나 되는 석조 건조물이 여러 개 있어서 그 위용에 압도되고도 남는다. 흑인을 하등하게 여기고 인류가 아

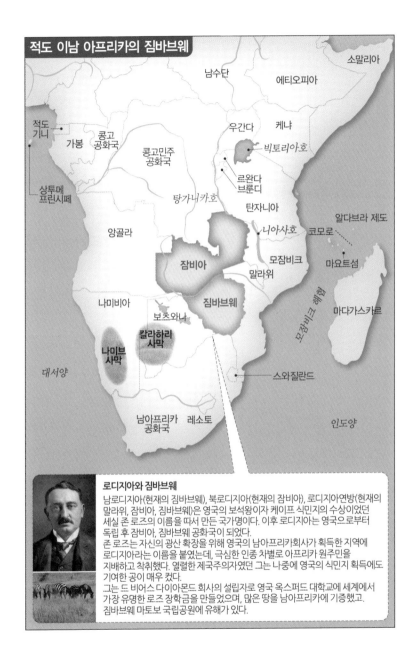

적도 이남 아프리카의 짐바브웨

소말리아

남수단

에티오피아

적도
기니

가봉
콩고
공화국

우간다
케냐

빅토리아호

콩고민주
공화국

상투메
프린시페

르완다
브룬디

탕가니카호

알다브라 제도

앙골라

탄자니아

니아사호
코모로

잠비아

모잠비크
말라위

마요트섬

나미비아

짐바브웨

마다가스카르

보츠와나

칼라하리
사막

나미브
사막

모잠비크 해협

대서양

스와질란드

남아프리카
공화국
레소토

인도양

로디지아와 짐바브웨

남로디지아(현재의 짐바브웨), 북로디지아(현재의 잠비아), 로디지아연방(현재의
말라위, 잠비아, 짐바브웨)은 영국의 보석왕이자 케이프 식민지의 수상이었던
세실 존 로즈의 이름을 따서 만든 국가명이다. 이후 로디지아는 영국으로부터
독립 후 잠비아, 짐바브웨 공화국이 되었다.
존 로즈는 자신의 광산 확장을 위해 영국의 남아프리카회사가 획득한 지역에
로디지아라는 이름을 붙였는데, 극심한 인종 차별로 아프리카 원주민을
지배하고 착취했다. 열렬한 제국주의자였던 그는 나중에 영국의 식민지 획득에도
기여한 공이 매우 컸다.
그는 드 비어스 다이아몬드 회사의 설립자로 영국 옥스퍼드 대학교에 세계에서
가장 유명한 로즈 장학금을 만들었으며, 많은 땅을 남아프리카에 기증했고,
짐바브웨 마토보 국립공원에 유해가 있다.

프리카에서 진화했다는 것을 오랫동안 인정하지 않았던 백인들은 이 유적이 흑인들의 손에서 만들어진 것이라고 도저히 믿을 수 없었고 또 믿고 싶어 하지 않았다. 그래서 여기에서 발견된 것 중 흑인 문화를 확실하게 알 수 있는 유적은 공개하지 않는다는 야만적인 조치를 취하기도 했다. 그리고 백인들은 이 유적에 대해 그곳은 《구약성서》에 기록된 땅으로 금과 향나무를 생산하는 풍요로운 나라 오페르가 틀림없다는 결론을 내렸다.

그리고 이 나라에는 독립하기 이전에 붙여진 지명이 있다. 당시에는 지금의 잠비아와 함께 로디지아Rhodesia라는 국명이 있었다. 이 지명은 다이아몬드와 금광으로 거부가 된 영국인 세실 존 로즈Cecil John Rhodes의 이름에서 유래했다.

정치가이기도 했던 그는 막대한 재산으로 영국 정부를 움직여서 더 많은 광물 자원을 구하기 위해 북쪽으로 영토를 확장했으며, 1889년에는 자신의 영국 남아프리카회사가 획득한 지역에 로디지아라는 이름을 붙였다. 그 후 이 지역의 흑인들이 백인에게 학대받고 강제로 노동을 착취당했다는 것은 말하지 않아도 잘 알려진 사실이다.

영국의 아프리카 종단 정책에 가담한 제국주의자이자 케이프 식민지의 총독이었던 세실 존 로즈의 드로잉

오랜 세월 동안 억압받은 흑인들에게 독립의 기회가 찾아왔을 때,

그들이 자랑스러워하는 문화와 백인에게 놀라움을 안겨준 유적의 이름을 국명으로 정했다는 것은 아프리카 대지가 흑인의 것이라는 사실을 강조하기 위해서였다.

강대국이 직선으로 그은
아프리카의 국경선

국경선 때문에 부족과 민족의 끊임없는 분쟁

미국, 아프리카, 아시아, 유라시아, 오스트레일리아 등 소위 오대
양의 지도를 비교해보면 한 가지 눈에 띄는 것이 있다. 북아메리카,
아프리카, 오스트레일리아의 국경선과 주 경계선 대부분이 직선에
가깝다는 점이다. 이는 식민 지배국의 권력자가 대충 윤곽만 있는 지
도에 자를 대고 선을 그은 다음 실지實地와 비교해 정리했기 때문이
다.

이렇게 서구 열강에 의한 선 긋기가 일단락된 것은 1884년에 열린
베를린국제회의에서 콩고자유국이 성립되었을 때이다. 콩고는 15세
기경에 존재한 콩고왕국의 이름이며, 그 지역에 살던 토착 민족인 반
투족의 언어로 '산'을 뜻한다.

그러나 19세기 중반이 되어서도 그 왕국이 존재한 지역에 대해서는 잘 알려지지 않았다. 이 무렵 벨기에에서 탐험가가 파견되었는데 이후 영국, 프랑스, 독일 등 열다섯 개 나라가 이 지역에 개입해 분쟁이 일어났다. 그 때문에 베를린국제회의를 열어 콩고에 대해서는 각국이 자유롭고 평등한 권리를 갖기로 한 것이다. 이것이 아프리카의 마지막 선 긋기였다. 이후 1908년에 콩고는 벨기에령이 되었다.

1960년은 아프리카에서 한창 독립이 일어난 때이다. 그러나 유럽 열강이 제멋대로 그어놓은 국경선 때문에 같은 민족이 분단되기도 하고, 한편으로는 적대시하던 민족이 하나가 되는 등의 비극이 생겨났고, 지금도 그러한 비극이 되풀이되고 있다.

콩고도 콩고공화국과 콩고민주공화국^{1971~1997년까지 자이르}으로 분열되어 심각한 분쟁을 겪고 있다. 콩고민주공화국의 동쪽에 있는 작은 나라인 부룬디와 르완다에서는 투치족과 후투족의 항쟁이 반복되어 많은 사망자와 난민이 발생하고 있다.

개중에는 식민지인 채로 있기를 원하는 곳도 있다. 모잠비크와 마다가스카르 사이의 해협에 자리한 코모로 제도의 주요 네 섬은 1975년에 코모로이슬람연방공화국으로 프랑스에서 독립했다. 이 지명은 한 아랍인이 이곳에 와서 고대 그리스의 전설에 나오는 땅인 '달의 산'을 발견했다고 해서 자국어로 에르 코무르^{el komr, 달}라고 부른 데서 유래했다.

한편, 이 중의 한 곳인 마요트섬만은 독립하지 않고 이듬해에 주민 투표를 진행해 프랑스의 식민지로 남겠다고 결정했다. 그 귀속을 둘러싸고 지금도 문제가 계속되고 있다. 이 섬만 프랑스 식민지로 남기를 원한 것은, 코모로의 다른 세 섬은 이슬람교를 믿는 반면에 마요트섬은 주민 대부분이 그리스도교를 믿고 사상과 문화까지 서구화되어서 되돌릴 수 없을 정도로 변모했기 때문이다. 물론 프랑스가 이 지역에 해군 기지를 두고 싶어 하는 이유도 있다.

남아프리카의 레소토와 스와질란드는 영국의 도움으로 독립

서구의 힘을 빌려 땅을 지키고 독립한 나라도 있다. 남아프리카의 레소토와 스와질란드가 그렇다.

1602년에 동인도회사를 설립한 네덜란드는 17세기 중반에 대서양에서 인도양으로 가는 항로의 요충지였던 남아프리카에 케이프 식민지를 설립했다. 곧 네덜란드에서 농민들이 이주하기 시작했고, 이들을 '농민'이라는 뜻으로 보어인이라고 불렀다.

보어인은 무력으로 토착 주민의 토지를 빼앗고 농장과 광산을 개척했다. 이렇게 쫓아내고 또 쫓아내면서 민족 간에 연쇄적으로 분쟁이 일어났다. 그러던 가운데, 19세기 초에 이르러 지금의 레소토 부근을 지배한 소토족의 왕 모셰셰가 도망쳐 온 바소토인을 자신의 영지에 살게 하고 보호해주었다. 그러자 박해받은 각지의 토착 주민들이 모셰셰에게 모여들었는데 보어인의 공격은 더욱 심해져만 갔다. 결국 1868년, 모셰셰 왕은 네덜란드와 인도 항로의 패권을 두고 다투었던 영국에 보호해달라고 요청했다.

모셰셰가 죽은 후, 그 보호령은 바소토랜드Basutoland라고 불리며 백인이 이곳의 토지를 소유하는 것이 금지되었다. 백인 지배하의 남아프리카에 새로운 변화가 일어나기 시작한 것이다. 1966년에 모셰셰의 증손자 격인 모셰셰 2세가 즉위하면서 '소토족의 나라'를 뜻하는 레소토왕국으로 국명을 바꾸고 독립했다.

스와질란드도 같은 경위를 거쳤다. '스와지'는 수장 무스와지의 이름에서 유래한 지명이다. 19세기 중반에 보어인의 폭정을 참지 못한 스와지족이 영국에 보호를 요청했다. 스와질란드는 1968년에 독립했으나 광산 등의 자원은 여전히 남아프리카의 백인이 소유했기 때문에 독립 이후에도 백인에 의한 박해가 오랫동안 계속되었다.

마르코 폴로가 《동방견문록》에 기록한 마다가스카르

마다가스카르섬은 서구의 영향이 미치기 전부터 복잡한 역사가 있다. 아프리카 남동쪽에 위치한 이 거대한 섬은 13세기에 인도양 연안을 발견한 마르코 폴로가 아프리카 동부에 있는 모가디슈를 마다가스카르로 잘못 알아듣고 《동방견문록》에 그대로 기록한 탓에 잘못된 이름으로 널리 알려졌다. 더욱이 마르코 폴로가 실제로 발견한 곳은 소말리아의 인도양 연안에 있는 수도 모가디슈였는데, 그는 그 도시가 섬인 것처럼 기록했다. 이후 1500년에 포르투갈의 탐험가 디아스가 실제로 마다가스카르섬을 발견하고 본국에 보고했다. 그러자 《동방견문록》을 읽은 포르투갈 왕은 그 섬이야말로 마르코 폴로가 기록

《동방견문록》의 한 페이지, 1298~1299년

한 '마다가스카르'가 틀림없다고 여겼다. 그래서 이때부터 디아스가 발견한 섬을 '마다가스카르'로 부르게 되었다.

현지에서 마다가스카르섬을 부르는 정식 명칭인 말라가시Malagasy는 '산의 사람들'이라는 뜻이다. 마다가스카르는 프랑스의 식민지가 되면서 그리스도교가 유입되어 서구 문화의 영향을 많이 받았다. 그러나 그 역사를 되돌아보면 이 섬의 가장 오래된 주민은 바로 인도양을 건너온 동남아시아 사람들이다.

이들은 기원 전후에서 중세에 이르는 동안 바다를 건너 이주해 왔다. 그 이주자들이 가져온 쌀이 지금도 이곳의 주식이라는 사실이 놀랍다. 그리고 9세기경에 인도양을 항해하던 아랍인들이 들어와 그들의 이슬람 문화에도 영향을 받았다. 이 섬에 사는 흑인은 모두 아랍인이 아프리카 본토에서 데려온 이들의 자손이라는 점도 아프리카 대륙에 사는 흑인들에게는 신기한 일일 것이다.

【게르만어계②】

~랜드 –land '나라'라는 뜻.

~셔 –shire '주'라는 뜻. 햄프셔(영국) '자작 농장의 주(州)'

~시티 –city '마을'이라는 뜻.

~턴 –ton '집락'이라는 뜻. 킹스턴(자메이카) '왕의 집락'

~타운 –town '마을'이라는 뜻.

~퍼드 –ford '여울', '선착장'이라는 뜻. 옥스퍼드(영국) '소의 선착장'

~푸르트 –furt '여울', '선착장'이라는 뜻. 프랑크푸르트(독일) '프랑크족
의 선착장'

~포트 –fort 영어로 '여울', '선착장'이라는 뜻. 프랭크포트(미국) '프랑크
(인)의 여울'

【프랑스어계】

~빌 ville '마을'이라는 뜻. 내슈빌(미국) '영웅 내시의 마을'

앙코르~ Angkor– '도시'라는 뜻. 산스크리트어의 '~나가르'가 프랑스
어로 와전된 것. 앙코르와트 '사원의 도시', 앙코르톰(캄보디아) '위대한
도시'

~부르 –bourg '도시', '마을'이라는 뜻. 셰르부르(프랑스) '고귀한 마을'

【러시아어계】

~그라드 –grad '도시'라는 뜻. 볼고그라드(러시아) '볼가강의 도시'

~고로드 –gorod '도시'라는 뜻. 노브고로드(러시아) '새로운 도시'

~스크 –sk, ~츠크 –tsk '도시'라는 뜻. 이르쿠츠크(러시아) '이르쿠트강

의 도시'

~오보 –ovo '마을'이라는 뜻. 이바노보(러시아) '이반 뇌제의 마을'

【카자흐어계】

~타우 –tau, ~티 –ty '마을'이라는 뜻. 알마티(카자흐스탄) '사과의 마을'

【산스크리트어계】

~나가르 –nagar '도시'라는 뜻. 시암나가르, 바우나가르(인도)

~푸르 –pur, ~푸라 –pura '도시'(성새 도시)라는 뜻. 우다이푸르(인도) '영웅 우다이의 도시'

~다라 –dhara '토지'라는 뜻. 간다라(인도) '향기가 높은 토지'

~카르타 –karta '도시'라는 뜻. 자카르타(인도네시아) '승리의 도시'

9장

'자연'이 낳은
지명의 역사

인류의 모든 것은
강에서 시작되었다

인더스강도 산스크리트어로 강을 뜻하는 '힌두'에서 유래

태초부터 인류는 강가에서 농경을 했고, 풍년을 기원하며 차츰 사회 조직을 확립해나갔다.

우선 4대 문명의 발상지가 된 강부터 살펴보자. 고대 그리스인은 일찍부터 목축과 농경이 시작된 티그리스-유프라테스강 유역을 메소Meso, 사이와 포탐potam, 강의에 지명 접미사 '-ia'를 붙여서 '메소포타미아'라고 불렀다. 유프라테스는 강의 폭이 넓어서 '평온하게 흐르는' 반면에 티그리스는 '화살과 같이 흐름이 빠른 강'을 뜻하며 가끔 범람하기도 한다. 이 두 강의 이름은 그 특징에서 따와 지어졌다.

그 후로 이 두 강 상류에서 계속 토사가 떠내려오며 점차 해안선을 메웠고, 고대 문명이 발상한 지 3,000년 후인 기원전 1세기에 두 강의 하류 지역에서 물줄기가 합쳐졌다. 그래서 기원후에 세력이 확대된 아랍인이 아랍어로 '대하大河'를 뜻하는 샤트Shatt에 정관사 알al-과 아랍Arab을 합친 샤트알아랍강으로 새로 이름 붙였다. 이 이름은 '아랍의 대하'라는 뜻이다.

1975년에 이란과 이라크가 이 강을 양국의 국경으로 삼는 협정을 맺었다. 그런데 1979년에 이란에서 혁명이 일어나고 국경을 새로 정하겠다고 나오자 이라크가 이 강을 건너 이란을 침공했다. 이렇게 해서 일어난 이란-이라크 전쟁은 8년이 넘도록 이어졌다. 특히, 이때 이란의 지도자 호메이니가 반서구화를 목표로 국가의 주도권을 장악하려고 해, 미국과 아랍제국이 이를 저지하기 위해 이라크를 전적으로 지지하면서 전쟁이 장기화되었다.

고대 중국 문명의 발상지인 황허黃河과 창장長江도 그 특징에 따라 이름이 지어졌다. 황허는 상류의 황토 지대에서 발원해 흐르기 때문에 이름 그대로 물이 탁한 황색이다. 그리고 창장은 중국에서 가장 길이가 긴 강으로 대륙의 중앙부를 횡단하며 유유히 흐른다.

일찍이 창장은 양쯔강이라는 이름으로 잘 알려졌는데, 이것은 강 하구 부근의 양주揚州에서 따온 국지적인 이름이다. 참고로 강을 뜻하는 한자 '천川'과 '하河' 중에서 '하'가 좀 더 큰 강을 나타낸다. 중국에서 강북江北, 강남江南, 강서江西로 지역을 구분하는 명칭은 모두 창장을 기준으로 어느 쪽에 있는 땅인가를 나타낸다.

이집트 나일강의 이름은 고대 이집트어를 어원으로 한다. 이집트에는 국토를 흐르는 강이 오직 하나 있는데, 그것도 하류의 삼각주

지대에 이르기까지 물줄기가 갈라지는 샛강이 없어서 강의 이름을 달리 부를 필요가 없었다. 우리가 강 이름으로 알고 있는 '나일'은 강을 뜻하는 '일'에 관사 '나'를 붙인 것이다.

인더스 문명의 발상지인 인더스강도 산스크리트어로 강을 뜻하는 힌두hindu가 그대로 이름이 된 것으로 단순히 '강'이라는 뜻을 지니고 있다. 오늘날 인더스강은 파키스탄을 흐르며, 일찍이 이 땅을 포함한 인도의 국명은 바로 이 강의 이름에서 유래했다. 힌두교도들이 성스러운 강으로 여기는 갠지스강도 힌두어로 강가Ganga, 강 또는 '강의 여신 강가'라는 의미이며 어쨌든 이것도 그냥 '강'이다.

세계 각지의 주요 하천은 단순히 '강'이라는 뜻이 많다

세계 각지의 하천 이름에서 특징적인 것은 주요 강일수록 단순히 '강'이라는 뜻이거나, 그 강을 형용하는 말로 불리는 정도로 간단한 이름이 많다는 점이다.

예컨대 런던을 흐르는 템스Thames강은 유럽의 토착 주민인 켈트인의 언어로 '검은 강', 중부 유럽의 대하인 라인Rhein강은 켈트어로 '흐르는 강', 독일 북부의 엘베Elbe강도 게르만어로 '흐르는 강'이라는 뜻이며, 프랑스 파리를 흐르는 센강은 켈트어의 sog유유히와 han강이 합쳐져 '유유히 흐르는 강'을 뜻한다. 그리고 스페인 이베리아반도의 어원이기도 한 에브로Ebro강은 바스크어로 '강', 포르투갈과 스페인을 흐르는 도루Douro강도 켈트어로 단순히 '강'을 뜻한다.

흑해로 흘러드는 강들의 공통점은 인도·유럽어족 이름으로 '강'을 뜻하는 접두사 'Do' 또는 'Da'가 붙는다는 것이다. 도나우Donau강과 돈Don강도 그 뜻은 마찬가지로 '강'을 나타낸다. 참고로 도나우강은 여러 나라를 흐르고 있기 때문에 각지에서 부르는 이름이 다르다. 독일어로 도나우, 슬로바키아어로 두나이, 마자르어헝가리로 두나, 세르비아크로아티아어로 두나브, 루마니아어로 두너레아, 러시아어로 두나이, 영어로는 다뉴브이다.

아시아에서도 마찬가지이다. 아무르Amur강은 '검은 강', 동남아시아의 메콩Mekong강은 태국어의 메남Menam, 강과 콩kong, 큰이 합쳐진 것으로 '큰 강'을 뜻한다.

아프리카의 큰 강들도 각각 현지 언어로 나이저Niger강은 '강', 자이르Zaire강은 '큰 강', 잠베지Zambez강은 '큰 수로'를 뜻한다.

신대륙의 미국에서도 인디언의 언어가 남은 미시시피Mississippi강은 '큰 강'이라는 뜻이다.

한편, 강이라는 말의 성性에 대해 알아보자. 강을 형용할 때 라틴어계 아랍어에서는 남성형, 러시아어슬라브계에서는 여성형을 사용한다. 그 차이를 알아보면 흥미롭다. 종종 강을 '젖줄'이라고 표현하기도 하는데 이는 문명을 키웠다는 의미에서 여성형을 사용한 것이다. 반면에 남성형을 사용하는 것은 강이 먹을 것을 주고 외적의 공격으로부터 지켜주는 요새와 같은 존재라는 인상을 주어서일 것이다. 예를 들어, 이집트에서 나일강의 화신인 하피는 뚱뚱한 남자 신이며, 음식이 넘치도록 가득 차려진 제사상을 받은 모습으로 표현된다. 그런가

하면 슬라브어계인 러시아에서는 민요 〈젖줄인 볼가〉에서 알 수 있 듯이 강의 모성을 강조했다.

고대 그리스 시대로부터 2,000년이나 지난 1541년에, 신화에 등장 하는 '아마존' 전설을 잊지 않은 스페인 탐험가가 있었다. 프란치스 코 드 오렐라나Francisco de Orellana는 남아메리카 대륙의 안데스산맥에 서 발원해 흐르는 큰 강을 탐험하기 위해 동쪽의 대서양 연안까지 약 6,400킬로미터를 걸었다. 페루에서 탐험을 시작해 강을 따라 내려가 면서 그는 수시로 인디오들과 싸워야 했다. 그런데 어쩐지 매번 어 떤 여성이 자신과 함께 싸워준 것 같은 느낌이 들었다. 그때 그의 머 릿속에 떠오른 것이 아마존의 전설이었다. 그래서 그는 그 강을 리오 데 라스 아마조나스아마조네스의 강이라고 이름 지었다. 한때는 발견자 오렐라나의 이름을 따서 오렐라나강으로 불린 적도 있지만 결국에는 신비함을 담은 '아마존'이라는 이름이 지금까지 사용되고 있다.

마젤란이 태평양으로 명명한 이유는?

마젤란은 4개월 내내 '평화로운 바다'를 항해했다

대서양은 지중해와 이어져 있어서 일찍부터 유럽인들에게 그 존재가 알려져 있었다. 그러나 태평양은 마젤란이 횡단하기 전까지 유럽인에게는 전혀 알려지지 않았다.

유럽에서는 대서양을 건너 신대륙으로 가거나 지중해, 대서양, 홍해, 인도양을 거쳐 아시아로 가는 해로만 발견되었기 때문에 태평양과는 인연이 없었다.

대서양을 건너 신대륙을 발견한 유럽인은 대륙을 탐험하면서 자신들이 상륙한 곳의 반대편에 또 다른 바다가 펼쳐진다는 것을 알았다. 1513년에 스페인 탐험가 바스코 발보아는 남북으로 길게 이어진 신대륙에서 가장 폭이 좁은 중앙아메리카의 파나마로 가서 그대로 육지를 횡단해 새로운 바다를 발견했다. 이때 그는 파나마를 북쪽에서 남쪽으로 종단해 바다에 이르렀다 해서 '남쪽의 바다'라는 의미로 마르델수르Mar del Sur라고 이름 지었다.

1519년에 아메리카 대륙의 남단까지 내려온 마젤란은 그곳의 인디오들이 두꺼운 가죽 구두를 신고 있다는 데 착안해 스페인어로 '큰 발'을 뜻하는 '파타고니아Patagonia'라고 이름 지었다. 그리고 계속 남쪽으로 향해 동쪽에서 서쪽으로 흐르는 수로에 도착했다. 이곳이 바로 지금의 '마젤란 해협'이다. 그는 이곳을 5주에 걸쳐 통과해 '남쪽의 바다'에 도착했고 드디어 신대륙의 서쪽에 펼쳐지는 바다로 나아갈 수 있게 되었다.

마젤란의 항해는 약 4개월110일이 걸렸는데, 도중에 폭풍우를 만난 적이 하루도 없었다. 그런 날씨가 얼마나 강렬했던지, 마젤란은 이 바다를 '평화로운 바다'라는 뜻인 라틴어 마레 파시피쿰Mare Pacificum 으로 이름 지었다. 이런 이유로 영어는 'Pacific Ocean'이되었고, 한자 표기인 '태평양太平洋'도 그 뜻을 나타낸 것이다. 가끔 '태평양'을 넓고 큰 바다라는 뜻으로 '大平洋'이라고 잘못 쓰는 경우가 있으나 이는 잘못된 표기이다. 이렇게 그 기원을 살펴보면 뜻이 전혀 다르다는 것을 알 수 있다.

흑해와 홍해, 사해의
바다 이름 유래는?

홍해는 '붉은 사막으로 둘러싸인 바다'라는 뜻이다

일반적으로 바다라고 하면 파란색이라는 인상이 강하다. 그런데
홍해紅海는 왜 바다 이름에 붉을 홍紅 자가 붙여졌을까? 이에 대해
이 바다에 식물성 플랑크톤인 규조가 많이 서식해서 물빛이 붉은색
을 띠는 적조가 발생하기 쉽다는 것을 유래로 보는 의견도 있다.

그런데 홍해의 물빛은 여느 바다와 다를 바 없을 뿐 아니라, 연안
에 가서 봐도 바다가 붉게 보이는 것은 석양에 물들 때뿐이다.

홍해에는 강물이 전혀 흘러들어 가지 않기 때문에 생활 폐수로 오
염될 일이 없고, 비가 내릴 때 흙탕물이 흘러들어서 탁해지는 일도
없다. 이 바다에서 인상적인 것은 검푸른 바다와 그에 맞닿아 펼쳐지
는 황금빛 사막의 강렬한 대비이다.

고대 이집트 시대에 사막을 나타낸 말은 '빨강'을 뜻하는 데쉘레에서 파생된 데쉘레트였다. 사막 건너편의 외국에서도 그 사이의 사막을 데쉘레트라고 불러서 사막 사이에 있는 바다는 자연히 '붉은 사막으로 둘러싸인 바다', 즉 '홍해'라는 이름이 되었다.

그리스인들은 이를 그대로 의역해 에리트레아Erythraei라고 불렀으며, 나중에 아랍인도 바르 엘 아마르Bahr el Ahmar라고 불러 지금에 이르고 있다.

기원전 8세기경 그리스인이 흑해 연안에 식민 도시를 건설해 교역하기 시작했다. 흑해는 지중해와 달리 평온한 바다여서 '부드러운 바다', '우호적인 바다'라는 뜻으로 폰토스에우크세이노스라고 불렀다. 그리고 후에 고대 페르시아인이 이곳에 도착했을 때 페르시아만의 검푸른 바다에 비해 바닷물의 색깔이 어둡다고 느껴서 그들의 언어로 '어두운 바다'라는 뜻으로 불렀다.

키예프공국 시대에 러시아가 '러시아의 바다'라는 뜻으로 루스모르Russkoe More라고 부르기도 했지만, 오스만튀르크와 그 밖의 나라들도 고대 페르시아어의 '어두운 바다'를 그대로 자국 언어로 번역해 불렀다.

생물이 생존할 수 없는 죽음의 바다, 사해

이스라엘과 요르단의 국경에는 튜브 등의 도구에 의지하지 않고서도 물에 둥둥 떠서 책을 읽을 수도 있는 바다가 있다. 바로 사해死海

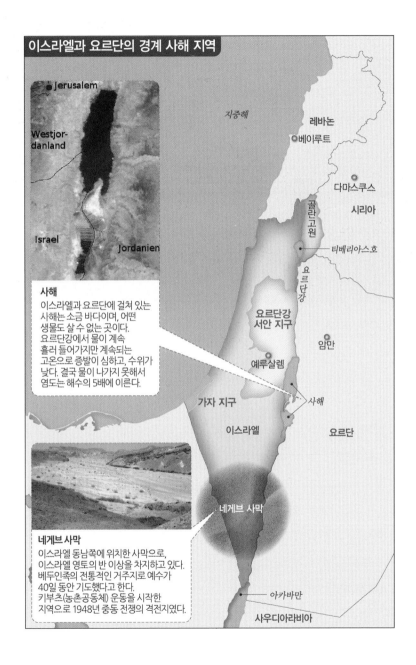

이스라엘과 요르단의 경계 사해 지역

Jerusalem

Westjor-
danland

Israel

Jordanien

지중해

레바논

베이루트

다마스쿠스

시리아

골란고원

티베리아스호

요르단강

요르단강
서안 지구

암만

예루살렘

사해

가자 지구

이스라엘

요르단

네게브 사막

아카바만

사우디아라비아

사해
이스라엘과 요르단에 걸쳐 있는
사해는 소금 바다이며, 어떤
생물도 살 수 없는 곳이다.
요르단강에서 물이 계속
흘러 들어가지만 계속되는
고온으로 증발이 심하고, 수위가
낮다. 결국 물이 나가지 못해서
염도는 해수의 5배에 이른다.

네게브 사막
이스라엘 동남쪽에 위치한 사막으로,
이스라엘 영토의 반 이상을 차지하고 있다.
베두인족의 전통적인 거주지로 예수가
40일 동안 기도했다고 한다.
키부츠(농촌공동체) 운동을 시작한
지역으로 1948년 중동 전쟁의 격전지였다.

소돔과 고모라, 1852년, 존 마틴, 영국 뉴캐슬 라잉 미술관

이다. 염분 농도가 약 32퍼센트로 일반적인 바다 염도보다 훨씬 높다. 여기저기에서 소금이 결정화되어 기둥을 이룬 광경이 사진을 통해 많이 소개되고 있다.

사해는 사실 바다가 아닌 호수이며, 수면이 해면보다 395미터나 낮을 정도로 지상에서 가장 낮은 곳에 있어서 소금 호수가 된 것이다. 요르단의 강물이 흘러드는 사해는 물길이 밖으로 빠져나가는 곳은 없고 그만큼 수분이 증발해 염도가 차츰 높아지면서 결정화된다. 한편, 요르단강의 이름은 깊은 사해로 흘러 내려오는 상태를 나타낸 '내려오다', '막힘없이 흐르다'라는 뜻이다.

2세기에 그리스의 한 지리학자가 이 바다에는 짙은 농도의 염분 때문에 생물이 생존할 수 없다고 해서 사해Dead Sea라고 이름 지었다.

《구약성서》에서는 '소금 바다'라고 하며, 일찍이 이 호수 옆에 소돔과 고모라라는 부도덕한 마을이 있어서 하느님이 하늘에서 유황과 불을 내려서 두 마을을 멸망시켰다고 기록되어 있다. 그때, 마음이 올바른 롯 부부와 딸 두 명은 하느님의 노여움을 피해 마을을 빠져나올 수 있었다. 그런데 롯의 아내는 도망치면서 절대로 뒤를 돌아봐서는 안 된다는 하느님의 말을 어겨 소금 기둥이 되었다.《성서》의 이런 이야기 때문에 사해는 '롯의 바다Sea of Lot'라고도 불린다. 또한 이슬람교에서도 아브라함 시대까지는 유대교와 동일한 전설을 믿으므로 아랍인도 사해를 '롯의 바다'라는 뜻으로 '바르 롯'이라 불렀다.

19세기 전반에 러시아 시인 푸시킨이 몰도바공화국의 수도 키시네프를 소돔이라고 부른 적이 있다. 유대인과 로마인집시이 주민 대부분을 차지한다는 이유에서였다. 오늘날 잘 알려지지는 않았지만, 일찍이 이곳에서는 유대인 학살과 박해가 벌어졌다. 이는 지명이 박해의 구실을 준 경우이다.

피레네산맥에 사는
'산의 백성' 바스크인

피레네산맥의 이름은 '산'을 뜻하는 '피렌'에서 유래

　프랑스의 서쪽, 스페인의 북쪽에 있는 만에는 가스코뉴만Gascogne, 비스케이만Biscay이라는 두 개의 이름이 있다. 역사를 거슬러 올라가 살펴보면 이 두 이름이 같은 뜻을 나타낸다는 것을 알 수 있다.

　로마가 갈리아 지방을 침공하기 이전에 알프스 이북의 서유럽에는 켈트인이, 동유럽에는 슬라브인이, 그리고 지금의 덴마크 주변과 발트해 연안에는 게르만인이 살았다.

　이러한 토착 주민의 하나로 피레네산맥 주변부터 이베리아반도에 걸친 지역에는 바스크인이라고 불리는 사람들의 선조가 살고 있었다. 그들의 언어는 켈트인, 슬라브인, 게르만인 등 어떤 언어 계통과도 비슷하지 않아서 태고부터 독자적인 문화를 발전시켰다고 볼 수 있다.

그들은 스스로를 '에우즈카디Euzkadi'라고 불렀다. 나중에 이 땅까지 침공해 온 로마인은 그들을 가리켜 '산의 백성'이라는 뜻의 바스코네스Vascones라고 불렀다. 피레네산맥의 이름은 이들의 언어로 '산山'을 뜻하는 '피렌pyren'에서 유래한 것이다.

이후 그들은 이민족의 침공을 받아 피레네산맥의 서쪽에 있는 고지로 쫓겨났다. 당시 이들을 가리킨 '바스코네스'라는 이름에서 유래해 프랑스에서는 이들을 바스크인이라 지칭했고, 스페인은 이 지방을 비스카야라고 불렀다. 그리고 당시에 만灣에도 그 지명에서 따온 이름이 붙여진 것으로 보인다. 1979년 이래로는 이곳에 자치주가 성립되어 스페인어로 바스콩가다스vascongadas라고 불린다.

바스크인 중에는 피레네산맥의 북쪽으로 도망간 사람들도 있었다. 이후 이 지방의 프랑스 쪽을 바스코니아라고 불렀고, 이 이름은 나중에 프랑스어로 가스코뉴Gascogne가 되었다. 이 지방의 만灣도 지명에서 따와 가스코뉴만으로 불렸다. 그리고 스페인 쪽의 만은 이 지방의 스페인어 이름인 비스카야에서 유래해 비스케이만으로 불린다. 양국의 지명 모두 '바스크 지방의 만'이라는 뜻이다.

유목민이 살아가는 사막 지명의 역사

아랍은 아랍어에서 '유목민'을 뜻한다

고대사에서 사막과 가장 연관이 깊은 민족은 이스라엘인일 것이다. 《구약성서》에 기록된 바와 같이 이집트에서 탈출해 약속의 땅을 찾아간 계약의 백성은 모세와 함께 시나이반도의 황야에서 네게브 사막으로 가다가 길을 잃고 40년이라는 세월을 방황했다. 여기에서 '시나이'라는 지명은 고대 메소포타미아어에서 '달'을 뜻하는 '신shin'이라는 말에서 유래했다. 그리고 네게브는 헤브라이어로 '황무지', '건조한 땅'을 뜻한다. 당시에 아라비아반도에 살았던 아랍인은 이곳을 '북쪽 땅'을 뜻하는 아쉬 샴Ash Sham이라고 불렀다.

아라비아반도에도 광대한 사막이 있다. '아라비아'는 '아랍인의 땅'이라는 뜻으로, '아랍Arab'에 라틴어의 지방 접미사 '-ia'가 합쳐진 것이다. 아랍은 아랍어에서 '유목민'을 뜻한다. 일설에는 '아랍'이 헤브라이어를 기원으로 한다고 하는데 근거가 확실하지는 않다.

아라비아반도 북부에 펼쳐진 네푸드Nefud 사막은 '모래'를 뜻하며, 남부의 룹알할리Rub al Khali 사막은 '무無의 지역'을 뜻한다. 일찍이 아라비아반도에서는 남단의 농경 지역이 모래에 침식되어 충분한 식량을 얻을 수 없게 되었다. 그러자 농경민 가운데 용기 있는 사람이 가축을 끌고 북쪽에 있는 '마을이 아닌 곳'이라는 뜻의 바디야로 갔다. 이 '바디야'라는 이름에서 사막의 유목 민족을 가리키는 '베두인Bedouin'이라는 이름이 생겨났다. 참고로 아라비아반도의 중앙부에 자리한 오아시스 마을과 사우디아라비아의 수도 리야드Riyadh는 '정원', '농원'을 뜻한다.

'오아시스'의 어원은 고대 이집트에 있다. 3~7세기에 걸쳐 이집트에서 번성한 그리스도교의 한 파派인 콥트교도는 아랍인에게 쫓겨 나일강 서쪽에 오아시스가 흩어져 있는 지대로 도망쳤다. '오아시스'는 고대 이집트어의 흐름을 뜻하는 콥트어 오우아ouahe에서 유래했다.

타클라마칸 사막은 실크로드가 생기기 전까지 사람들이 어쩔 수 없이 발을 디뎌야 했던 사막이었다. 모래사막인 타클라마칸에서는 지형이 수시로 달라져 길을 잃기 쉽기 때문이다. 그 이름도 '길을 잃으면 빠져나올 수 없다'라는 뜻이다. 그런가 하면 이 타클라마칸 사막이 있는 타림 분지는 '물이 모이는 곳'이라는 뜻이어서 서로 대조되는 점이 매우 흥미롭다. 또한 사막을 걷는 이에게는 듣기만 해도 즐거운 지명일 것이다.

타클라마칸 사막의 동쪽에는 한때 몽골인이 말을 달리던 고비 사막이 있다. 이 사막은 건조 기후에 강한 풀이 자라고 돌맹이가 많은 점이 특징이다. 사막의 이름은 '풀의 생육이 나쁜 토지', '거친 토지'라는 뜻이다.

세계에서 가장 큰 사막인 사하라는 아랍어로 '황무지'라는 뜻

바다와 달리 육지에서는 광대한 불모지라도 사람들이 살지 못하는 곳은 없다. 그러나 그리스인도 로마인도 지중해 연안의 북아프리카 지역에는 발을 들여놓아도 그 뒤에 있는 사막을 넘으려고는 하지 않았으며, 현지인도 그곳에 발을 디디는 일이 없었다.

세계에서 가장 큰 사막인 사하라Sahara는 아랍어로 '사막', '황무지'라는 뜻이다. 사하라가 '모래땅'이 아닌 것을 신기하게 생각할지도 모른다. 그러나 실제로 사하라 사막은 몇백 킬로미터나 검붉게 그을린 불모지, 그것도 단단한 토지가 계속될 뿐이며, 많은 사람이 '사막' 하면 연상하는 모래사막은 좀처럼 찾아볼 수 없다. 모래사막은 사하라 사막 면적의 20퍼센트 정도를 차지하는데, 사막의 남단에는 점점 사막화가 진행되고 있다.

1만 년 전 빙하기가 끝났을 무렵에 사하라는 광대한 열대 초원, 즉 사바나로 야생 동물의 낙원이었다. 사하라 사막 한가운데의 타실리 나제르는 베르베르인의 언어로 '강이 있는 대지臺地'라는 뜻으로, 녹색이었던 시절의 흔적이 남아 있는 지명이다. 실제로 이 땅에는 하마와 같은 수생 동물부터 코끼리, 기린, 사자 등 사바나 동물을 묘사한 암벽화가 남아 있다. 그리고 그 그림에는 사막화 과정이 분명하게 그려져 있다. 그림의 주제는 사바나의 야생 동물에서 가축으로, 그리고 건조 기후를 잘 견디는 낙타로 변해갔다. 그리고 지금은 아무도 살지 않으며, 더 이상 그림으로 그려지는 일도 없다.

북아프리카의 베르베르인은 사하라의 이러한 변천을 직접 눈으로 확인하고, 그것을 그림으로 남겨온 역사의 증인이다. 베르베르Berber라는 호칭은 이들의 언어를 이해하지 못한 고대 그리스인이 '이해할 수 없는 말을 하는 미개인'이라는 의미로 '바르바로이'라고 부른 데서 유래했다. 또한 이는 야만인을 뜻하는 바베리언Barbarian의 어원이기도 하다.

이 명칭은 로마 시대에도 이어졌다. 한편, 3~4세기에 그리스도교가 확대되는 과정에서 바르바라라는 이름의 처녀가 순교해 성녀가 되었다. 그녀의 이름은 바로 '바르바로이'에서 유래한 것이다. 그리고 이 이름은 그리스도교가 더욱 교세를 확장하면서 신대륙의 미국에까지 이르러 여성 이름 '바버라'가 되었다. 그 애칭인 '바비Barbie'는 미국의 한 장난감 회사에서 만든 인형의 이름이 되어 전 세계에 널리 알려졌다.

06

에베레스트, 초모룽마, 사가르마타는 동일한 산?

알프스 최고봉은 프랑스어로 '하얀 산'이라는 의미의 몽블랑

알프스, 에베레스트, 로키 등 세계를 대표하는 산들의 높은 봉우리는 모두 대륙 이동 때 일어난 대륙의 충돌, 습곡 과정을 통해 형성된 바위산으로, 이 중에는 '희다'라는 뜻의 이름이 많다. 태고부터 사람들은 높디높은 봉우리가 만년설을 이루고 있는 모습을 숭배해왔다.

고대 로마인이 갈리아 원정을 하면서 먼저 보게 된 것이 알프스산맥이다. 유럽의 토착 주민 켈트인은 험준하게 솟은 이 산을 바위산이라는 뜻으로 알프Alp라고 불렀다. 이 말을 로마인이 듣고 이탈리아어로 알피Alpi라고 불렀고, 프랑스어로는 알프Alpes, 독일어로는 알펜Alpen이 되었다. 알프스 중에서도 최고봉은 프랑스어로 '하얀 산'이라는 의미의 몽블랑Mont Blanc이다. 이 이름에서 몽Mont은 '산'을 뜻한

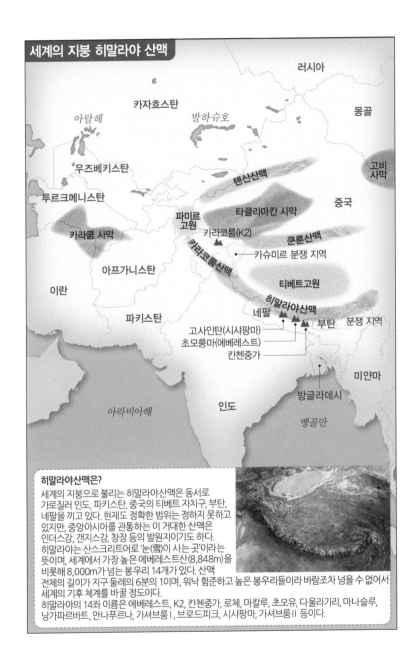

세계의 지붕 히말라야 산맥

러시아

카자흐스탄

몽골

아랄해

발하슈호

고비 사막

우즈베키스탄

텐산산맥

투르크메니스탄

타클라마칸 사막

중국

파미르 고원

카라쿰 사막

카라코룸(K2)

쿤룬산맥

카라코룸산맥

카슈미르 분쟁 지역

아프가니스탄

티베트고원

이란

히말라야산맥

파키스탄

네팔

부탄 분쟁 지역

고사인탄(시샤팡마)

초모룽마(에베레스트)

칸첸중가

미얀마

방글라데시

아라비아해

인도

벵골만

히말라야산맥은?

세계의 지붕으로 불리는 히말라야산맥은 동서로
가로질러 인도, 파키스탄, 중국의 티베트 자치구, 부탄,
네팔을 끼고 있다. 현재도 정확한 범위는 정하지 못하고
있지만, 중앙아시아를 관통하는 이 거대한 산맥은
인더스강, 갠지스강, 창장 등의 발원지이기도 하다.
히말라야는 산스크리트어로 '눈(雪)이 사는 곳'이라는
뜻이며, 세계에서 가장 높은 에베레스트산(8,848m)을
비롯해 8,000m가 넘는 봉우리 14개가 있다. 산맥
전체의 길이가 지구 둘레의 6분의 1이며, 워낙 험준하고 높은 봉우리들이라 바람조차 넘을 수 없어서
세계의 기후 체계를 바꿀 정도이다.
히말라야의 14좌 이름은 에베레스트, K2, 칸첸중가, 로체, 마칼루, 초오유, 다울라기리, 마나슬루,
낭가파르바트, 안나푸르나, 가셔브룸 I , 브로드피크, 시샤팡마, 가셔브룸 II 등이다.

다. 캐나다의 몬트리올Montreal도 '산'이라는 뜻의 몬트Mont에 '국왕의'라는 뜻의 레알real이 합쳐진 이름으로 '왕의 산'을 뜻한다.

중앙아시아의 파미르고원에서 티베트고원으로 이어지는 히말라야 산맥은 산스크리트어로 '눈'을 뜻하는 히마hima와 '있다'를 뜻하는 알라야alaya가 합쳐져 '눈이 있는 장소', 즉 만년설을 품은 산의 모습을 나타낸 이름이다. 지질학적으로 지금도 해마다 1~3센티미터씩 높아지며 성장 중인 산맥이다.

세계의 최고봉인 에베레스트Everest는 인도가 영국의 식민지이던 시대에 측량하려고 이곳을 찾아간 영국인 측량사 조지 에버레스트George Everest의 이름에서 유래한 것이다. 최근에는 식민지 시대의 이름이 아닌 현지의 티베트어로 '여신'을 뜻하는 초모Chomo와 '세계

에베레스트산의 북쪽 면: 티베트 자치구에 있는 베이스캠프로 가는 길에서 본 모습

의'를 뜻하는 룽마ungma를 합쳐 '세계의 여신'이라는 뜻의 초모룽마 Chomolungma라고 하거나, 산스크리트어로 '세계, 천공'을 뜻하는 사 가르sagar에 '정상'을 뜻하는 마타matha를 붙여서 '세계의 정상'이라는 뜻의 사가르마타Sagarmatha라고 부르는 경우가 많다.

에베레스트의 동쪽으로 130킬로미터 정도 떨어진 곳에 있으며 히 말라야에서 세 번째로 높은 봉우리 칸첸중가Kánchenjunga도 유명하다. 정상이 다섯 개인 이 산은 티베트어로 '눈'을 뜻하는 킨치Kinchi, '크 다'를 뜻하는 친chin, '창고'를 뜻하는 중jung, '다섯'을 뜻하는 가ga를 합친 '다섯 개의 커다란 눈 창고'라는 뜻이다.

히말라야산맥의 서쪽에 있는 카라코룸Karakorum은 튀르크어로 '검 다'는 뜻의 카라kara와 '돌멩이'를 뜻하는 코룸korum을 합쳐 '검은 돌 멩이의 산'이라는 뜻을 지니고 있다. 이 산맥의 높은 봉우리 K2는 히 말라야에서 두 번째로 높은 봉우리이다. 'K2'란 1856년에 인도의 측 량 기사가 카슈미르에서 카라코룸산맥의 정상을 보며 카라코룸의 머 리글자 'K'를 사용해 차례로 기록한 것이다. 이 봉우리의 중국명인 초고리Chogori에는 '큰 산'이라는 뜻이 있다. 이 산은 또한 고드윈오 스틴Godwin-Austin산으로 불리는데, 이는 1861년에 K2에 접근하는 경 로를 발견한 영국인 탐험가 오스틴의 이름에서 유래했다.

히말라야산맥 중에서 고사인탄은 산스크리트어로 '성자가 사는 곳'을 뜻한다. 그러나 티베트어로는 '보리가 시들고 소, 양이 죽는 곳'을 뜻하는 시샤팡마라는 험한 지명이다.

그리고 이 카라코룸 지방을 지나는 교역로를 통해 중국으로 이슬람교가 전해졌다. 당시에 터키, 이란, 아랍인 등이 중국으로 이주하기도 했다. 카라코룸 지방의 위구르인도 이슬람교의 영향을 강하게 받아서 신도가 많았기 때문에 13세기 원나라 때에는 '회흘回紇'이라고 표기한 위구르인과 관련해 이슬람교도를 '회회回回', 이슬람교는 '회교回教'라고 표기했다.

티베트고원은 히말라야산맥의 북쪽으로 펼쳐지는 해발 4,800미터의 고지대로, 현지에서는 티베트어로 보드bod. 보드인의 토지에 '높은'을 뜻하는 투to가 합쳐진 투보드To-bod, 보드인의 고지로 불렸다. 이 말을 17세기 초에 이곳을 발견한 유럽의 탐험가가 티베트Tibet로 기록하면서 이 지역명으로 불리게 되었다.

중앙아시아 서단의 파미르Pamir고원은 페르시아어의 '산기슭'을 뜻하는 파pa와 '산들'을 뜻하는 이미르imir가 합쳐진 이름으로 '산들의 산기슭'을 뜻한다. 파미르고원의 서쪽 끝에 있는 파키스탄의 이스마일 사마디Ismail Samadi, 성스러운 이스마일의 산산은 1960년대까지 냉전 시대에 공산주의산코뮤니즘산으로 불렸고, 스탈린이 집권하던 시대에는 이곳이 구소련의 최고봉이라는 이유에서 스탈린산이라고 불린 적도 있다.

부록

국명과 수도명에 얽힌 5,000년 인류의 역사

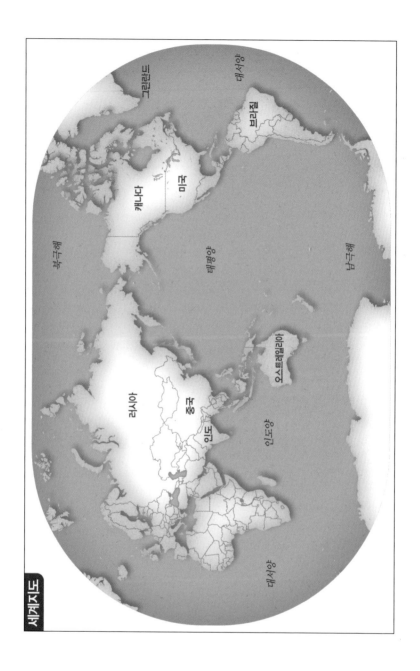

세계지도

북아메리카

자연 지명

애팔래치아산맥 Appalachian
'산 너머의 땅'. 인디언 촉토족의 언어로, 산맥에서 내륙부로 이어지는 광활한 땅을 막연하게 가리킨다. 영국인이 산맥의 이름으로 오해했다.

로키산맥 Rocky
로키족의 이름에서 유래. 프랑스인이 이 지역을 'Les Montagnes Rocheuses(레 몽타뉴 로쉐우스, 바위투성이산맥)'라고 불렀고, 이곳에 거주하던 인디언 부족을 로키족이라고 칭했다. 이렇게 정해진 부족명이 그대로 산맥의 이름이 되었다.

로렌시아 대지 Laurentian
'세인트로렌스강 유역'.

세인트로렌스강 Saint Lawrence
'성(聖) 로렌스(의 날)'. 프랑스인 카르티에(Cartier)가 발견한 1535년 8월 10일이 가톨릭력으로 성 로렌스(Saint Lawrence) 축제일이었던 점에서 유래.

미시시피강 Mississippi
'큰 강'. 인디언 말로 mes(큰)와 sipi(강)가 합쳐져 '큰 강'을 뜻한다.

유콘강 Yukon
'큰 강'. 1842년에 이 강을 탐험한 러시아인이 인디언들이 해안 지역에서는 크비크팍강(Kvikpak), 중류 지역에서는 유크하나강(Yukhana), 상류 지역에서는 유나강(Yuna)이라고 부른다고 러시아 정부에 보고했다. 러시아 정부가 이 이름을 합쳐서 유콘강이라고 명명했다. 장소에 따라 이름은 다르지만 모두 '큰 강'이라는 의미이다.

리오그란데강 Rio Grande
'대하(大河)'. 스페인어로 rio(강)와 grande(큰). 참고로 멕시코에서 부르는 명칭인 리오 브라보 델 노르테강(Rio Bravo del Norte)은 스페인어로 '북쪽의 용맹한 강'이다.

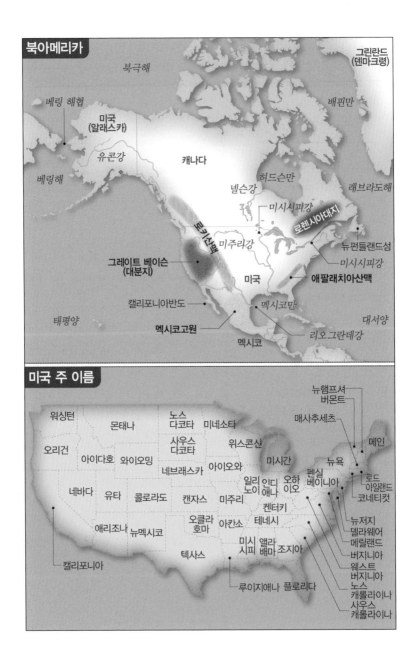

북아메리카

그린란드
(덴마크령)

북극해

배핀만

베링 해협

미국
(알래스카)

유콘강

캐나다

허드슨만

래브라도해

넬슨강

미시시피강

베링해

로렌시아대지

로키산맥

미주리강

뉴펀들랜드섬

그레이트 베이슨
(대분지)

미시시피강

미국

애팔래치아산맥

캘리포니아반도

멕시코만

대서양

태평양

멕시코고원

리오그란데강

멕시코

미국 주 이름

워싱턴

몬태나

노스
다코타

미네소타

뉴햄프셔
버몬트

매사추세츠

오리건

아이다호

와이오밍

사우스
다코타

위스콘신

메인

네브래스카

아이오와

미시간

뉴욕

로드
아일랜드

네바다

유타

콜로라도

캔자스

미주리

일리
노이

인디
애나

오하
이오

펜실
베이니아

코네티컷

켄터키

뉴저지

애리조나

뉴멕시코

오클라
호마

아칸소

테네시

델라웨어

메릴랜드

버지니아

텍사스

미시
시피

앨라
배마

조지아

웨스트
버지니아

캘리포니아

루이지애나

플로리다

노스
캐롤라이나

사우스
캐롤라이나

미합중국(미국) United States of America

최초 발견자는 이탈리아의 탐험가 크리스토퍼 콜럼버스(Christopher Columbus)이지만 그는 평생 이곳을 인도라고 믿었다. 조금 뒤늦게 도착한 이탈리아 탐험가 아메리고 베스푸치(Amerigo Vespucci)가 신대륙이라고 제창했기에 그의 이름을 따서 대륙의 이름을 지었다.

[수도] 워싱턴 D. C. Washington D. C.

워싱턴 컬럼비아 특별구(Washington District of Columbia)의 약칭. 미국 초대 대통령 조지 워싱턴(George Washington)과 아메리카 대륙의 발견자 크리스토퍼 콜럼버스의 이름에서 유래했다.

[주]

아이오와 Iowa

'아유와(Ayuhwa)'라는 인디언 부족명을 알파벳으로 표기한 것으로, 의미는 분명하지 않다. '아름다운 땅'이라는 설도 있고, '우둔한 자'라는 의미로 다른 부족이 멸시하며 부르던 말이었다는 설도 있다. 1846년에 29번째 주가 되었다.

아이다호 Idaho

인디언 말로, 의미는 분명하지 않다. '해돋이', '산 정상의 빛'이라는 설이 있다. 1890년에 43번째 주가 되었다.

아칸소 Arkansas

인디언 부족명으로 '하류에 사는 사람들'이라는 뜻이다. 1836년에 25번째 주가 되었다.

알래스카 Alaska

해양 민족 알류트족이 '섬이 아닌 땅'이라는 의미의 알래스카(Alyeshka)라고 부른 데서 유래했다. 1958년에 49번째 주가 되었다.

앨라배마 Alabama

인디언 부족명에서 유래한 강 이름으로, 의미는 '덤불을 여는 자'. 1891년에 흑인 차별법이 제정되는 등 인종 차별 문제가 매우 심각했다. 목사 마틴 루터 킹(Martin Luther King Jr.)의 민권운동으로 유명하다. 1819년에 22번째 주가 되었다.

애리조나 Arizona

인디언 말로 '작은 호수'. 그랜드 캐니언 국립공원으로 유명하다. 1912년에 48번째 주가 되었다.

일리노이 Illinois

인디언 말로 '사람들'. 1818년에 21번째 주가 되었다.

인디애나 Indiana

스페인어로 '인디언의 땅'. 1765년에 설립된 토지 개발 회사 '인디애나회사(the Indiana Company)'에서 유래했다. 1816년에 19번째 주가 되었다.

위스콘신 Wisconsin

이름의 의미는 분명하지 않다. 여기저기에 작은 호수가 있다는 데서 '물이나 강이 모인 곳'이라는 의미 등 학설이 분분하다. 1848년에 30번째 주가 되었다.

웨스트버지니아 West Virginia

'버지니아의 서쪽'. 1863년에 35번째 주가 되었다.

오클라호마 Oklahoma

인디언 말 okla(사람들)와 humma(붉은)의 합성어로 '붉은 사람들', 즉 인디언을 뜻한다. 1907년에 46번째 주가 되었다.

오하이오 Ohio

인디언 말로 '아름다운 강', '거대한 강'이라는 의미의 오하이오강에서 유래했다. 오하이오주는 대통령을 7명이나 배출했다. 18대 그랜트, 19대 헤이스, 20대 가필드, 23대 해리슨, 25대 매킨리, 27대 태프트, 29대 하딩. 대통령을 8명 배출한 버지니아주와 함께 '대통령의 어머니 주(the Mother of Presidents)'라고 불린다. 1803년에 17번째 주가 되었다.

오리건 Oregon

인디언 말로 '풍요로운 땅', '아름다운 강'이라는 설이 있지만 둘 다 확실하지 않았다. 1859년에 33번째 주가 되었다.

캘리포니아 California

중세 프랑스 서사시 《롤랑의 노래》에 등장하는 상상의 국명. 1850년에 31번째 주가 되었다.

캔자스 Kansas

인디언 말 캔사(Kansa)는 '남풍 사람들'. 1861년에 34번째 주가 되었다.

켄터키 Kentucky

인디언 말로 '평원', '목초지'. 1792년에 15번째 주가 되었다.

코네티컷 Connecticut

인디언 말로 '간조와 만조가 있는 긴 강'이라는 의미의 코네티컷강에서 유래했다. 1788년에 5번째 주가 되었다.

콜로라도 Colorado
지역의 토질 때문에 붉고 탁한 강을 스페인어로 '리오 콜로라도(Rio Colorado, 붉은 강)' 라고 부른 데서 유래했다. 1876년에 38번째 주가 되었다.

사우스캐롤라이나 South Carolina
영국 국왕 찰스 1세(Charles), 프랑스 국왕 샤를 9세(Charles)의 이름에서 유래했다. 1788년에 8번째 주가 되었다.

사우스다코타 South Dakota
인디언 부족명으로 의미는 '친구'. 1889년에 40번째 주가 되었다.

조지아 Georgia
영국 국왕 조지 2세(George)의 이름에서 유래했다. 인종 차별이 강한 지역이어서, 1961년에야 공립학교에 백인과 흑인이 함께 다니기 시작했다. 1788년에 4번째 주가 되었다.

텍사스 Texas
인디언 말로 '친구'. 1845년에 28번째 주가 되었다.

테네시 Tennessee
미시시피강 연안에 있던 인디언 마을명에서 유래했다. 1796년에 16번째 주가 되었다.

델라웨어 Delaware
버지니아 식민지 시절에 초대 총독 토머스 웨스트, 일명 로드 라 워(Lord la Warr)의 이름을 영어식으로 읽은 '델라웨어(Delaware)'에서 따왔다. 1787년에 미합중국의 첫 번째 주가 되었다.

뉴저지 New Jersey
영국 국왕 찰스 2세가 이 땅을 남동생 요크 공작(훗날 제임스 2세)에게 하사했다. 요크 공작은 땅 일부를 존 버클리 경과 조지 케이터레트 경에게 나눠주었다. 케이터레트 경은 고향 영국 해협에 있는 저지(Jersey)섬에 '뉴(new)'를 붙여서 뉴저지(New Jersey)라고 이름 지었다. 1787년에 3번째 주가 되었다.

뉴햄프셔 New Hampshire
영국 중남부의 햄프셔주에서 딴 이름이다. 1788년에 9번째 주가 되었다.

뉴멕시코 New Mexico
멕시코와 버금가게 황금이 풍부하게 채굴될 땅이라는 믿음에서 '새로운 멕시코'로 여겨졌다. 1821년에 멕시코가 독립하면서 멕시코 영토에 편입되었지만, 1846년에 발발한 멕시코-미국 전쟁에서 미국이 승리하면서 미국이 차지했다. 1912년에 47번째 주가 되었다.

뉴욕 New York

뉴저지와 함께 영국 국왕 찰스 2세가 남동생 요크 공작(Duke of York)에게 하사하면서 유래한 이름이다. 요크 공작의 칭호는 영국 요크셔(Yorkshire)에서 유래했다. 1788년에 11번째 주가 되었다.

네바다 Nevada

스페인 선교사가 최초로 방문해 고향의 시에라네바다산맥(Sierra Nevada)에서 따와 이름을 붙였다. sierra(산맥), nevada(눈이 내리는)가 합쳐져 '눈 내리는 산맥'이다. 1864년에 36번째 주가 되었다.

네브래스카 Nebraska

인디언 말로 '넓고 평탄한 강'. 1867년에 37번째 주가 되었다.

노스캐롤라이나 North Carolina

영국 국왕 찰스 1세, 프랑스 국왕 샤를 9세의 이름에서 유래했다. 1789년에 12번째 주가 되었다.

노스다코타 North Dakota

인디언 부족명으로 의미는 '친구'. 1889년에 39번째 주가 되었다.

버지니아 Virginia

버진(virgin)에 지명 접속사 '-ia'가 붙어 '처녀지'. 엘리자베스 1세(Elizabeth)의 'the Virgin Queen of England(영국의 처녀왕)' 혹은 아명 버지니아(Virginia)에서 유래했다. 1788년에 10번째 주가 되었다.

버몬트 Vermont

프랑스어 몽베르(mont vert). 몽(mont, 산)과 베르(vert, 녹색)가 합쳐져 '푸른 산'. 1791년에 14번째 주가 되었다.

하와이 Hawaii

폴리네시아어로 '신이 계시는 곳'. 1959년에 50번째 주가 되었다.

플로리다 Florida

1513년 4월 2일, 스페인 탐험가 후안 폰세 데 레온(Juan Ponce de Leon)이 상륙했다. 이 날은 가톨릭 부활절로, 부활절의 별칭인 '꽃의 이스터(파스쿠아 플로리다, pascua florida)'에서 유래한 이름. 1845년에 27번째 주가 되었다.

펜실베이니아 Pennsylvania

'펜의 삼림'. 개척 거점이었던 필라델피아는 1790년부터 워싱턴을 수도로 삼기 전까지 수도였다. 1787년에 미국의 2번째 주가 되었다.

매사추세츠 Massachusetts

인디언 말로 '거대한 언덕'. 1620년. 영국에서 퓨리턴(청교도)이 메이플라워호를 타고
도착한 곳. 1788년에 6번째 주가 되었다.

미시간 Michigan

인디언 말로 '큰 호수'. 1837년에 26번째 주가 되었다.

미시시피 Mississippi

인디언 말로 '위대한 강', '큰 강'이라는 뜻으로 1817년에 20번째 주가 되었다.

미주리 Missouri

미주리강 이름에서 유래했으며, 인디언 말로 '큰 카누의 마을'이다. 1824년에 24번
째 주가 되었다.

미네소타 Minnesota

인디언 말로 '하늘빛을 띤 물의 나라'. 1858년에 32번째 주가 되었다.

메릴랜드 Maryland

영국 국왕 찰스 1세의 왕비 앙리에타 마리아(Henrietta Maria)의 이름에서 따왔다. 1788
년에 7번째 주가 되었다.

메인 Maine

의미는 말 그대로 Maine(본토). 1820년에 23번째 주가 되었다.

몬태나 Montana

라틴어로 몬태나(montana, 산이 많다). 1889년에 41번째 주가 되었다.

유타 Utah

그리스도교 일파인 몰몬교 신도가 전체 주민의 70퍼센트 이상에 달하는 것으로 유명
하다. 지도자 브리검 영(Brigham Young)의 지도 아래 몰몬교 신도가 토지를 개척하고
관개 설비를 갖추어 1848년에 데저레트(Deseret, 꿀벌)라는 이름을 붙였다. 1850년에
영은 데저레트를 준주(準州)명으로 제안했지만 데저트(Desert, 사막)와 비슷하다는 이
유로 승인되지 않았다. 결국 토착 주민 인디언의 이름인 '유트'를 채용해 유타(Utah,
산에 사는 사람들)로 정해졌다. 1896년에 45번째 주가 되었다.

루이지애나 Louisiana

1682년, 프랑스인 라 살(La Salle)이 미시시피강 유역을 탐험해 프랑스 국왕 루이 14세
(Louis)의 이름을 따와 '루이 왕의 것'이라고 명명했다. 1812년에 18번째 주가 되었다.

로드아일랜드 앤 프로비던스플랜테이션 Rhode Island and Providence Plantations

1663년, 영국 국왕 찰스 2세가 내린 칙허장에도 이 지명이 기록되었다. 1790년에 13
번째 주가 되었다.

와이오밍 Wyoming

펜실베이니아주에 있는 와이오밍 협곡(Wyoming Valley)에서 따온 이름. 1778년 독립 전쟁 때, 펜실베이니아 와이오밍 협곡으로 이주한 미국인을 인디언과 손잡은 영국군이 습격해서 수많은 희생자를 낸 사건이 있었다. 의미는 인디언 말로 '광활한 평원'이다. 1890년에 44번째 주가 되었다.

워싱턴 Washington

건국 시조 조지 워싱턴의 이름에서 따왔다. 1889년에 42번째 주가 되었다.

캐나다 Canada

분명하게 밝혀진 바는 없지만 이로쿼이 인디언 말로 kanata 혹은 kanad(촌락, 오두막 촌락)에서 왔다는 설이 유력하다. 1497년에 이탈리아인이 뉴펀들랜드로 들어오고, 16세기 이후 프랑스인과 영국인 사이에 식민지 쟁탈전이 벌어졌다. 1763년에 영국이 지배권을 획득했다. 1931년에 독립했다.

[수도] 오타와 Ottawa

1826년, 온타리오 호수와 오타와강 사이에 운하를 만들면서 건설되었고, 오타와강에서 따온 이름이다. 오타와강은 인디언이 교역할 때 이용했던 강으로, 알곤킨 인디언의 말로 '거래'를 의미한다.

(그린란드) Greenland

북아메리카 북동부 대서양과 북극해 사이에 있는 세계에서 가장 큰 섬. 982년에 노르만인 에리크가 발견하고 이민자를 모으기 위해 얼음으로 뒤덮인 이 섬을 '초록의 땅'이라고 이름 지었다. 원주민인 이누이트족 말로 칼라알릿누나앗(Kalaallit Nunaat, 사람들의 땅). 덴마크령.

중앙아메리카

(아루바) Aruba

1499년에 스페인 탐험가 오헤다가 발견했다. 1816년 이후 네덜란드령이 되었고, 스페인인으로는 처음으로 네덜란드 총독이 된 페르난도. A. 알바의 이름에서 따왔다.

(앵귈라) Anguilla

1493년에 콜럼버스가 발견했다. 동서로 좁고 긴 섬의 형태에서 스페인어로 anguila(장어)라고 명명했다. 1650년 이후 영국에 귀속되었다.

앤티가 바부다 Antigua and Barbuda

1493년에 콜럼버스가 발견했다. 앤티가섬과 바부다섬으로 이루어진 나라로, 앤티가는 탐험 기회를 제공한 스페인에 대한 경의의 표시로 스페인 세비야에 있는 '산타 마리아 델라 안티가 교회(구(舊) 산타 마리아 교회)'의 이름에서 따왔다. 바부다는 지도에 바베이도스섬으로 잘못 표기되면서 영어로 옮겨진 것이다. 1667년에 영국령, 1981년에 독립.

[수도] 세인트 존스 Saint John's

그리스도교 12사도 중 한 명인 성 요한(Johannes)의 영어식 이름.

(네덜란드령 앤틸리스 제도) Netherlands Antilles

대서양 앞바다에 실재한다고 전해지는 전설의 섬 이름으로, 유럽의 관점에서 '전방에 있는 섬'이라는 의미. 1643년에 네덜란드가 점령. 1816년에 네덜란드령으로 확정.

엘살바도르공화국 Republic of El Salvador

1524년에 스페인의 식민 통치가 시작되었다. 이듬해에 페드로 데 알바라도가 건설한 수도 산살바도르(성스러운 구세주)가 바뀌어 el Salvador(구세주)라고 불리게 되었다. 같은 해에 이 땅을 점령한 스페인 장군이 그리스도에게 감사하라는 의미로 성채 이름을 지은 데서 유래해 국명이 되었다. 1841년에 독립.

[수도] 산살바도르 San Salvador

1523년, 고난 끝에 이곳에 도착한 스페인 탐험가 알바라도가 그리스도에게 감사를 표명하기 위해 산(san, 성) 엘살바도르(el Salvadora, 구세주. 그리스도)를 합성해 '성스러운 구세주의 마을'이라고 명명했다.

쿠바공화국 Republic of Cuba

쿠바는 영어식 발음으로, 쿠바식 발음은 꾸바이다. 일반적인 학설은 인디오 말로 cubanacan(중심지)이다.(대(大)앤틸리스 제도에서 가장 큰 섬이기 때문) 카리브해의 진주라고도 불렀다. 콜럼버스가 1492년의 첫 번째 탐험에서 발견해 '파나'라고 명명했다. 그 후 '페르난디나', '산티아고', '아베마리아' 등 개명을 거쳐 '꾸바(쿠바)'로 돌아갔다. 1898년에 미국이 점령, 1934년에 독립.

[수도] 아바나 Havana

자칭 라 아바나(La habana, 항구). 1515년, 스페인 탐험가 벨라스케스가 산크리스토발 데 라 아바나(San Cristobal de la Habana, 아바나의 성(聖) 크리스토퍼 콜럼버스)라고 명명한 데서 유래했다. 아바나 담배, 설탕을 선적하는 항구로 번성했다.

과테말라공화국 Republic of Guatemala

1524년에 스페인령이 되기 전까지 마야 문명이 번성했다. 어원은 인디오 말로 추정하지만 학설이 다양하다. 가장 유력한 설은 인디오 부족인 나후아틀의 언어로 'quauhtitlan(나무들 사이)'. 1821년에 독립.

[수도] 과테말라 시티 Guatemala City
국명과 동일. 커피의 가장 큰 집산지.

(과들루프섬) Guadeloupe
1493년에 콜럼버스가 상륙. 스페인 에스트레마두라 지방에 있는 과달루페(Guadeloupe) 수도원에서 유래했다. 1816년에 프랑스령.

그레나다 Grenada

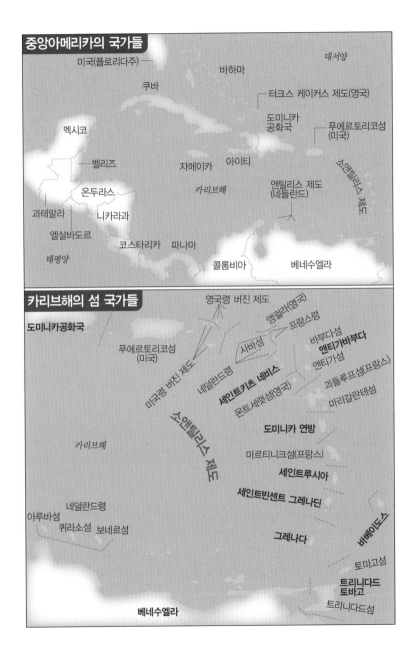

중앙아메리카의 국가들

미국(플로리다주)
바하마
대서양
쿠바
터크스 케이커스 제도(영국)
도미니카
공화국
푸에르토리코섬
(미국)
멕시코
벨리즈
자메이카
아이티
앤틸리스 제도
(네덜란드)
소앤틸리스 제도
온두라스
카리브해
과테말라
니카라과
엘살바도르
코스타리카
파나마
태평양
콜롬비아
베네수엘라

카리브해의 섬 국가들

영국령 버진 제도
앵귈라(영국)
프랑스령
도미니카공화국
바부다섬
앤티가바부다
사바섬
푸에르토리코섬
(미국)
앤티가섬
미국령 버진 제도
네덜란드령
세인트키츠 네비스
괴들루프섬(프랑스)
마리갈란테섬
몬트세랫섬(영국)
소앤틸리스 제도
도미니카 연방
카리브해
마르티니크섬(프랑스)
세인트루시아
세인트빈센트 그레나딘
바베이도스
네덜란드령
아루바섬
퀴라소섬 보네르섬
그레나다
토마고섬
트리니다드
토바고
트리니다드섬
베네수엘라

1498년, 콜럼버스가 최초로 발견했다. 그레나다는 영어 명칭이고, 원래 스페인어로는 granada(석류)이다. 석류와 시계꽃이 번성해서 '석류고원'이라고 불렸다. 1650년에 프랑스 식민지가 되면서 La Grenada로 변했고, 1783년에 영국령에 속하면서 Grenada로 바뀌었다. 1974년에 독립.

[수도] 세인트 조지스 Saint George's
영국의 수호성인 조지(George)의 이름에서 유래했다. 성 조지는 3~4세기에 그리스도교를 포교한 전설상의 기사로 용을 무찌르는 모습으로 유명하다.

(케이맨 제도) Cayman Islands
카리브 부족 말로 '이구아나'를 뜻하는 카이마나에서 유래했다. 1503년에 콜럼버스는 해안에 무리 지은 바다거북을 보고 토르투가스(거북이)섬이라고 이름 지었으나, 1670년에 영국이 점유하면서 지금의 이름으로 바뀌었다. 악어의 일종인 '카이만(악어)'도 이 지명에서 유래했다.

코스타리카공화국 Republic of Costa Rica

1502년에 콜럼버스가 방문했을 때 원주민이 황금을 바쳤기 때문에, 혹은 삼림이 끝없이 펼쳐진 풍부한 곳이라는 이유에서 Costa del Oro(황금 해안)이라고 불렸다. 그 후 1524년(혹은 1539년)에 방문한 프란시스코. F. 코르도바가 풍부한 동식물에 놀라 스페인어 costa(해안) rica(풍부하다)로 개칭했다고 전해진다. 그러나 토착 주민 인디오는 풍요롭지 못했다. 1821년에 독립.

[수도] 산호세 San José
1738년, 스페인인이 그리스도교의 성인 산호세(성 요셉)의 축제일에 건설을 시작해서 붙은 이름이다. 스페인어로 산(san)은 '신성한', 호세(José)는 영어로 Joseph(요셉)이다. 미국 캘리포니아주에 있는 산호세도 마찬가지이다.

(생피에르섬, 미클롱섬) St. Pierre and Miquelon
1670년, 서인도 제도를 둘러싸고 벌어진 영국과 프랑스의 식민지 쟁탈전 당시 프랑스가 요새를 건설했다. 어장이 풍부한 섬이어서 그리스도교의 12사제 중 하나인 성 베드로(어부)의 이름을 빌려 프랑스어로 St. Pierre라고 명명했다. 미클롱(Miquelon)은 프랑스어로 '멀리 떨어진 (섬)'이다. 1814년에 프랑스령이 되었다.

자메이카 Jamaica

1494년에 콜럼버스가 발견했다. 인디오 말 하이마카(xaimaca, 샘이 용솟음치는 곳)가 와전되었다. 석회 암벽에 지하 동굴이 많고 지하수가 풍부한 환경이 그대로 국명이 되었다. 발견자 콜럼버스는 '산티아고(성 야곱)'라고 이름 지었으나 1670년 이후 영국의 통치를 받으면서 변경되었다. 1962년에 독립.

[수도] 킹스턴 Kingston
1692년, 프랑스인이 이주하면서 포트 로열(Port Royal, 왕가의 항구)이라고 명명했으나 후에 영국이 점령하면서 King's ton(town), 즉 왕의 마을로 변경했다. 카리브 해적의 본거지였던 점에서 알 수 있듯이 환경이 매우 뛰어난 양항(良港)이었다. 지금도 블루 마운틴 커피를 적하하는 등 무역항으로 번영 중이다.

세인트키츠 네비스 Saint Kitts and Nevis

세인트 크리스토퍼섬과 네비스섬을 합친 이름이다. 세인트키츠 네비스는 콜럼버스가 1493년에 도착한 날이 항해를 수호하는 성인 '성 크리스토폴로의 축제일'이어서 붙은 이름이다. 네비스는 발견 당시 눈에 뒤덮인 산을 보고 영국의 최고봉인 벤네비스산에 비교해 Las Nieves(눈)이라고 부른 데서 유래했다. 1783년에 영국령이 되었고 1983년에 독립했다.

[수도] 바스테르 Basseterre
'낮은 땅'. 1627년에 프랑스인이 천혜의 항구를 토대로 건설.

세인트빈센트 그레나딘 제도 Saint Vincent and the Grenadines

'세인트빈센트'는 콜럼버스가 발견한 1498년 1월 22일 '성 빈첸시오의 날'에서 유래했다.(성 빈첸시오는 포도 재배의 수호신) '그레나딘'은 스페인어로 granadino(석류)의 영어식 발음이다. 1783년에 영국령이 되었고 1979년에 독립했다.

[수도] 킹스타운 Kingstown
'왕의 마을'

세인트루시아 Saint Lucia

1502년 12월 3일, 콜럼버스가 '성 루시아의 날'에 도착했기에 붙은 이름. 성 루시아는 나폴리(안경, 유리 제조업, 농업)의 수호 성녀로, 칸초네로 유명한 산타 루치아와 동일 인물이다. 17세기 이후 영국과 프랑스가 쟁탈전을 반복했고 1814년에 영국령이 되었다. 1979년에 독립.

[수도] 캐스트리스 Castries
프랑스가 패권을 쥔 1768년에 건설되었고, 당시 장군인 캐스트리스의 이름을 붙였다.

(터크스 케이커스 제도) Turks and Caicos Islands
터크스(터키풍)와 케이커스(작은 섬). 터키 모자를 닮은 섬 형태에서 붙은 이름.

도미니카공화국 Dominican Republic

수도 산토도밍고에서 유래. 1492년에 콜럼버스가 발견하며 스페인이 점령했으나, 1795년에 프랑스령이 되었다. 1821년에 독립했고, 1823년에 아이티의 지배를 받았다. 1844년에 재독립.

[수도] 산토도밍고 Santo Domingo
1496년에 콜럼버스의 동생 바르톨로메오가 건설한, 서인도 제도에서 가장 오래된 식민지 도시. 산토(santo)는 스페인어로 '신성한'이라는 의미지만 도밍고는 domingo(안식일)에 건설했기 때문이라는 설과 콜럼버스 형제의 부친 이름인 도메니코(Domenico)가 스페인어로 바뀌었다는 설도 있다.

도미니카 연방 Commonwealth of Dominica

콜럼버스가 발견한 1493년 11월 3일이 Dies Dominicus(안식일)이어서 붙은 이름. 1805년에 영국령이 되었고 1978년에 독립했다.

[수도] 로조 Roseau
1795년 프랑스인이 건설했다. 지명은 '갈대'라는 의미.

트리니다드 토바고공화국 Republic of Trinidad and Tobago

1498년, 콜럼버스가 발견. 트리니다드섬과 토바고섬의 명칭에서 유래했다. 트리니다드는 섬의 남동쪽에 있는 트리니티, 스페인어로 트리니다드(언덕)에서 따왔다. 섬에 있는 산 세 개가 이루는 경관에 감동한 콜럼버스가 삼위일체를 의미하는 트리니다드라고 이름 붙였다. 토바고는 담배의 원산지인 이 섬의 인디오 말로, '연기가 나는 풀(담배)'을 말한다. 1802년에 트리니다드섬, 1814년에 토바고섬이 영국령이 되었지만 1962년에 독립.

[수도] 포트오브스페인 Port of Spain
1757년, 스페인인이 건설해 푸에르토 데 로스 히스파뇰레스(Puerto de los Hispanioles, 스페인인의 항구)라고 이름 지었지만, 1797년에 영국이 점령하며 영어 이름으로 바뀌었다.

니카라과공화국 Republic of Nicaragua

1502년에 콜럼버스가 발견. 스페인인 정복자에 대항해 저항 운동을 펼치고, 훗날 그리스도교로 개종해 선교 활동을 벌인 인디오 족장 니카로(Nicaro)의 이름에서 따왔다. 1821년에 독립. 1923년, 중앙아메리카 연방에 귀속되지만 1938년에 재독립.

[수도] 마나과 Managua
마나과 호수 남안에 있는 도시. 현지 나후아틀어로 '물이 펼쳐진 곳'.

아이티공화국 Republic of Haiti

인디오 말 또는 카리브어로 '산이 많은 나라'. 1492년에 방문한 콜럼버스는 '에스파뇰라(스페인)섬'이라고 불렀다. 1697년, 프랑스가 영유. 1804년에 독립을 맞아 현지어로 국명을 삼았다. 중남미 최초의 독립국. 세계 최초의 흑인 공화국.

[수도] 포르토프랭스 Port au Prince
프랑스어로 포르토(port, 항구), 프랭스(prince, 왕자)로, '왕자의 항구'. 1749년에 프랑스인이 건설. 1804년에 독립한 후에도 같은 이름을 사용 중이다.

(영국령 버진 제도) British Virgin Islands
1493년에 콜럼버스가 발견. 유럽의 전설에 등장하는 '처녀의 섬'에서 명명. 1680년에 영국령이 되었다.

(미국령 버진 제도) United States Virgin Islands
1493년에 콜럼버스가 발견. 네덜란드, 영국의 점령을 거쳐 덴마크령이 되었다. 1917년, 250만 달러에 미국령이 되었다.

파나마공화국 Republic of Panama

인디오 말로 '물고기가 많은 곳, 또는 어부'. 1502년, 콜럼버스가 발견했고 1516년, 스페인인 장관 페드로. A. 다빌라가 행정청이 있는 마을 이름으로 정했다. 이 이름이 훗날 국명, 수도명, 운하명이 되었다. 스페인인이 16세기 초엽에 상륙했을 당시에는 한적한 어촌이었다.
1903년에 독립.

[수도] 파나마 Panama
국명과 동일.

바하마 연방 Commonwealth of The Bahamas

1492년, 콜럼버스가 산살바도르섬을 발견하면서 바하마의 역사에 큰 변화가 찾아왔다. 카리브 인디오의 말로 '얕은 환초'라는 설이 있지만, 스페인어 baja-mar(얕은 바다)가 와전되었다는 설이 일반적이다. 1783년에 영국령이 되었고 1973년에 독립했다.

[수도] 낫소 Nassau
네덜란드 서인도회사(1621~1674년) 시대에 네덜란드 총독으로 영국 국왕이 된 윌리엄 3세가 오라니에 낫사우가(家) 출신이었기에 Nassau에서 따와 이름 지었다. 1647년에 건설되었지만 한동안 해적이 점거했다. 미국 금주법 시대(1920~1933년)에는 밀무역의 거점이었다. 현재는 카리브해의 리조트 지역으로 유명하다.

(버뮤다 제도) Bermuda
1515년, 최초로 발견한 스페인인 후안 데 베르무데(Juan de Bermudes)의 이름에서 왔다. 버뮤다는 영어식 발음. 1684년에 영국령이 되었고 1968년 자치권을 획득했다.

바베이도스 Barbados

1518년, 포르투갈인이 발견했다. 포르투갈어로 barbado(수염 난)이라는 의미. 섬에서 자라는 나무에 매달린 긴 이끼가 턱수염과 비슷하다는 데서 이름 지었다. 1652년에 영국령이 되었고 1966년에 독립했다.

[수도] 브리지타운 Bridgetown
'다리의 마을'. 1628년, 영국인이 건설.

(푸에르토리코) Puerto Rico
스페인어로 puerto(항구)와 rico(풍요로운)에서 따왔다. 1493년에 콜럼버스가 이름 지었다. 1898년, 미국-스페인 전쟁에서 미국에 양도되었다. 현재 자치령.

벨리즈 Belize

1502년에 콜럼버스가 발견해 스페인령이 되었고, 1862년에 영국령이 되었다. 1981년 독립. 스페인어로는 벨리제. 국토 대부분이 정글과 소택지라는 점에서 현지 마야어로 '흙탕물'을 의미한다는 설이 유력하다.

[수도] 벨모판 Belompan
선주민 인디오 벨모판족의 이름에서 유래.

온두라스공화국 Republic of Honduras

자칭은 온도라스이고, 온두라스는 영어식 발음. 스페인어로 hondura(깊은)가 와전되었다. 1502년, 콜럼버스의 4차 항해 때 바다가 깊어 닻을 내릴 수 없었던 데서 따온 이름이다. 1838년에 독립. '바나나 공화국'이라고 불릴 정도로 바나나 수출이 왕성하다.

[수도] 테구시갈파 Tegucigalpa
은의 산지여서 아스테카어로 '은의 산'이라는 뜻이다. 1578년, 스페인이 은 채굴 기지로 건설했다.

(마르티니크섬) Martinique
카리브어 마디니아(Madinia, 꽃의 섬)가 프랑스어로 변한 지명.

멕시코 합중국 United Mexican States

자칭 메히코. 멕시코는 영어식 발음. 멕시코(Mexico)는 1521년, 코르테스가 이끈 스페인군이 아스테카제국을 멸망시키고, 메히코(Mexico)라고 부른 데서 유래했다. 메히코란 아스테카제국의 수호신 '메시트리(Mexictli) 신에게 선택받은 자'라는 의미이다. 1821년에 독립.

[수도] 멕시코시티 Mexico City
국명의 유래와 동일.

(몬트세랫) Montserrat
1493년에 발견한 콜럼버스가 섬의 외관이 스페인 카탈루냐의 성지 몬트세랫(톱산)과 비슷해서 지은 이름. 1783년에 영국령이 되었다.

남아메리카

자연 지명

안데스산맥 Andes
인디오의 말로 동이 채굴되는 산을 안타(anta, 동)라고 한다. 여기에 스페인인이 복수형을 만드는 '-s'를 붙여 산맥명으로 삼았다. 혹은 인디오의 말로 안투(antu, 동쪽), 케추아어로 '계단형 밭'이라는 설도 있다. 여기에 스페인인이 복수형 '-s'를 붙여 산맥의 이름을 지었다고 한다.

알티플라노고원 Altiplano
'고원'. 스페인어로 alto(높다)와 plano(평원).

브라질고원 Brazil
국명 브라질 참조.

칠레(아타카마)고원 Chile
국명 칠레 참조.

마젤란 해협 Magellan
1520년에 포르투갈인 마젤란이 발견했다.

아타카마 사막 Atacama
인디오 아타카마족의 이름에서 따왔다.

아마존 Amazon
'여전사'. 그리스 신화에 나오는 여전사 아마존에서 따왔다.

오리노코강 Orinoco
카리브어로 '강'. 스페인인이 강의 이름이라고 착각했다.

라플라타강 La Plata
'은의 강'. 스페인어 정관사 la와 plata(은). 1526년에 이탈리아인 카보트가 강 하구에서 은이 산출될 것이라고 추측해 이름 지었다.

티티카카 호수 Titicaca
'퓨마의 바위'. 케추아어로 titi(퓨마)와 caca(바위)에서 따왔다.

아르헨틴공화국 Argentine Republic

정식 명칭은 아르헨티나(Argentina). 1816년에 독립할 당시에는 스페인어로 '은'을 의미하는 라플라타 합중국이었지만, 1826년에 스페인 본국에서 가하는 압정을 거부하며 라틴어 argentum(은)에 기초해 개명했다.

[수도] 부에노스아이레스 Buenos Aires
부에노(bueno, 좋다)와 아이레(aire, 바람). 1536년, 스페인의 멘도사가 건설했다. 그날이 가톨릭력에서 삼위일체 축제일이었기에, 뱃사람들이 수호신 마리아에게 항해 중 순풍을 기원하며 시우다드 데 라 산티시마 트리니다드 이 푸에르토 데 누에스트라 세뇨라 라 비르헨 마리아 데 로스 부에노스아이레스(삼위일체 축제의 도시와 좋은 바람이 부는 성모 마리아의 항구)로 명명했다. 이를 짧게 줄여 현재의 이름으로 사용했다.

우루과이 동방공화국 Oriental Republic of Urguay

남아메리카의 나라들

카리브해

베네수엘라

가이아나

기아나
(프랑스)

수리남

오리노코강

콜롬비아

에콰도르
갈라파고스 제도

아마존강

브라질

토칸틴스강

브라질고원

페루

티티카카호

알티플라노고원

아타카마 사막

안데스산맥

파라과이

태평양

아콩카과산
(6,960m)

우루과이

라플라타강

대서양

칠레

아르헨티나

포클랜드 제도
(영국)

사우스조지아
사우스샌드위치 제도
(영국)

마젤란 해협

우루과이강 이름에서 유래했다. 인디오 말로 uru(구불구불한) gua(강)라는 의미. 1516
년에 스페인인 솔리스가 내항해 1776년, 스페인령 라플라타 부왕령에 편입되었으나,
1814년에 독립을 선언했다. '많은 급류', '아름다운 얼룩(우루) 새가 가득 나는 강'이
라는 의미도 있다.

[수도] 몬테비데오 Montevideo

1520년, 마젤란이 세계 일주 도중에 발견. 갑판원이 "몬테 베르 에(monte ver eu, 산이
보인다)"라고 외친 데서 유래했다. 1930년, 월드컵을 최초로 개최했다.

에콰도르공화국 Republic of Ecuador

스페인어로 ecuador(붉은 길)를 의미. 1534년, 스페인령이 되기까지 잉카제국의 지배
를 받았다. 1821년에 그랑 콜롬비아의 일부로 스페인의 지배에서 독립했다. 페루와
국경 분쟁이 끊이지 않는다.

[수도] 키토 Quito

1533년, 스페인인 베날카사르가 정복했다. 인디오 키토족의 이름에서 따와서 명명
했다. 의미는 '자유'.

가이아나 협동공화국 Co-operative Republic of Guyana

1499년에 스페인인이 발견했다. 가이아나는 스페인어 기아나를 영어식으로 발음한
것. 인디오 말로 guyana(수원, 물의 왕국)를 의미한다는 설이 일반적이다. 1814년에 영
국령이 되었고, 1966년에 독립했다.

[수도] 조지타운 Georgetown

영국 국왕 조지 3세의 마을

(프랑스령 기아나) French Guiana

기아나는 인디오 말로 Guyana(수원, 물의 왕국). 1815년에 프랑스령.

콜롬비아공화국 Republic of Colombia

탐험가 콜럼버스를 기념해 붙여진 이름. 1499년에 스페인인 오헤다가 방문했다. 1538년에 페루 부왕 소유지로 편입되며 누에다 그라나다(새 그라나다)라고 불렸다. 1717년에 누에다 그라나다 부왕령으로 승격되며 1810년에 독립했다. 1821년에 그랑 콜롬비아로 독립했지만 베네수엘라, 에콰도르가 분리되면서 다시 누에다 그라나다로 돌아갔다. 그 후 콜롬비아 합중국을 줄여서 콜롬비아가 되었다.

[수도] 산타페 데 보고타 Santa Fe de Bogota

인디오 부족명 보고타(Bogota)에서 따왔다. 1538년, 엘도라도(황금향)를 찾아온 스페인인 케사다가 인디오 마을을 파괴하고 거점으로 삼았다. 산타페(Santa Fe)는 마을을 건설한 날이 가톨릭력 축제일(성스러운 신앙의 날)이었던 데서 유래했다.

수리남공화국 Republic of Suriname

1499년, 스페인인 오헤다가 발견했다. 한때 영국의 지배 아래에 있었으나 1667년에 네덜란드령으로 바뀌었다. 1975년에 독립. 인디오 말로 '바위가 많은 강'(수리남강)에서 유래했다.

[수도] 파라마리보 Paramaribo

인디오 부족명 파라마리보에서 왔다. 1540년, 프랑스가 인디오 마을 옆에 집락을 건설했다. 파라(para, 강) 마리보(maribo, 주민)로 '강 옆에 사는 주민'이라는 의미이다.

칠레공화국 Republic of Chile

1536년에 스페인인 알마그로가 발견했다. 인디오 케추아어로 chile(추운, 눈), 또는 아이마라어의 chili(땅의 끝) 등 학설이 분분하다. 3W, 즉 fair weather, good wine, beautiful woman(좋은 날씨, 맛있는 와인, 아름다운 여성)의 나라로도 불린다. 1818년에 독립.

[수도] 산티아고 Santiago

1541년, 스페인인 페드로 데 발디비아가 건설. 지명은 스페인어로 '성 야곱'. 야곱은 스페인에 선교한 12사도 중 하나이다.

파라과이공화국 Republic of Paraguay

파라과이강 이름에서 유래했다. 인디오 말로 para(바다 또는 대하)와 gua(물)의 합성어. 1537년에 스페인에 귀속, 1811년에 독립했다.

[수도] 아순시온 Asunción
1537년, 판 데 사라살이 건설. 정식 명칭은 '누에스트라 세뇨라 데 라 아순시온 (Nuestra Señora de la Asunción, 성모 승천일의 우리 성모님)'. 누에스트라(nuestra, 우리의)와 세뇨라(senora, 성모)가 축약되어 아순시온(asunción, 성모 승천 축제)이 되었다.

(포클랜드 제도) Falkland Islands (Malvinas)
1592년, 영국인 데이비스가 최초로 상륙했다. 1690년대에 영국 해군 포클랜드 공 앤 서니의 이름에서 유래했다. 아르헨티나에서 부르는 명칭인 마르비나스는 '생말로의 선원들'이라는 의미. 프랑스 생말로의 선원들이 자주 내항하며 말로인의 땅이라고 불렸던 데서 말비나스(Malvinas) 제도라고 이름 붙었다. 1982년에 아르헨티나와 영국 이 영유권을 놓고 분쟁했다.

브라질 연방공화국 Federative Republic of Brazil

1500년에 포르투갈인 페드로 알바레스 카브랄(Pedro Alvares Cabral) 함대가 인도를 향 해 가던 중에 상륙했다. 붉은색 염료의 재료인 브라질 다목(브라질 스오우) 숲이 있었 다. 브라질은 포르투갈어 brasa(빨갛게 달아오른 탄화)로 붉은색이라는 의미이다. 1822 년에 독립.

[수도] 브라질리아 Brasilla
브라질 국명에 라틴어 지명 접미사 '-ia'가 붙어 '브라질의 마을'.

베네수엘라볼리바르공화국 Bolivarian Republic of Venezuela

스페인어 Venecia(베네치아, 베니스)에 '-uela'(축소 접미어)가 붙어 변형된 이름. 1498년 에 콜럼버스가 발견했고, 이듬해에 탐험가 아메리고 베스푸치와 오헤다가 스페인령 으로 선언했다. 말라카이보 호숫가에 늘어선 원주민 수상 주택을 보고 고향 베네치 아를 떠올려 '작은 베네치아'라고 이름 지었다. 볼리바르는 라틴 아메리카 독립 해방 운동 지도자 시몬 볼리바르(Simón Bolívar)를 기념하며 붙은 이름이다. 1830년에 독립.

[수도] 카라카스 Caracas

1567년, 스페인인 로사다가 건설. 산티아고 데 레옹 데 카라카스(Santiago de Leon de Caracas, 카라카스족의 용사가 있는 성 아곱의 마을)라고 이름 지었으나 현재는 마지막 카라카스로 부른다. 카라카스는 인디오 카라카스족 말로는 '상처 입히다'이다.

페루공화국 Republic of Peru

1533년에 스페인인 피사로가 잉카제국을 멸망시키고 스페인령으로 삼았다. 일설에 따르면, 1522년에 스페인인이 처음 이 땅에 도착했을 때, Biru(강, 물)라고 불렸던 하구에서 원주민에게 환영을 받은 것이 기원이다. 1821년에 독립.

[수도] 리마 Lima

1535년에 피사로가 건설. 마을에 흐르는 리마크강의 이름에서 유래했다. 리마크(rimac)는 케추아어로 '예언의 땅, 말하는 땅'.

볼리비아공화국 Republic of Bolivia

1535년, 스페인이 영유. 독립전쟁을 벌인 끝에 1825년에 독립. 라틴아메리카 독립해방 운동 지도자인 시몬 볼리바르의 이름에서 따와 명명했다.

[수도] 라파스 La paz

1548년, 스페인인이 금 채굴 기지로 건설. 당시에 푸에블로 누에보 데 누에스토라 세뇨라 데 라파스(평화의 성모 마리아가 깃든 우리의 새 평화로운 마을)라고 불렸다. 푸에블로(pueblo, 마을, 도시), 누에보(nuevo, 새로운), 누에스트라(nuestra, 우리의), 세뇨라(senora, 성모 마리아)가 생략되고 정관사 la와 파스(paz, 평화)만 남았다.

유럽

자연 지명

아펜니노산맥 Apennino
'봉우리'. 켈트어 pen(산 정상, 봉우리, 솟아오른 것)에서 유래했다.

알프스산맥 Alps
'바위산'. 켈트어 alp(산, 바위산)에서 유래했다.

카르파티아산맥 Carpathian
고대 슬라브어로 chorwat, 또는 chrbat(산맥)에서 유래했다.

스칸디나비아산맥 Scandinavia
'어두운 섬'. 고대어 skad(어두운)와 aujo(섬)에서 따왔다. 사엽(斜葉)수림의 경치 혹은 짧은 일조 시간을 말한다.

트란실바니아산맥 Transylvania
'숲 너머 지방'. 라틴어 trans(넘어서, 횡단해)와 silva(숲)에 지명 접미사 '-ia'가 붙은 것이다.

피레네산맥 Pyrenees
'산'. 바스크어 pyren(산)에서 유래. 그리스 신화에 따르면 피레네는 헤라클레스가 사랑한 처녀로, 이 산에 매장되었다.

베수비오산 Vesuvio
화산으로, '연기를 내뿜다'라는 의미.

페닌산맥 Pennine
켈트어 pen(산 정상, 봉우리, 솟아오른 것)에서 따왔다. 영국의 중앙 구릉지를 지나는 산맥.

아드리아해 Adriatic
일리리아어 adur(아두르, 바다)에서 온 아드리아라는 마을명에서 유래. 이탈리아 동쪽과 발칸반도 사이의 바다.

지중해 Mediterranean
라틴어 메디테라네우스(mediterraneus, 내륙의)와 접미사 '-an'을 합친 이름.

바렌츠해 Barents

시베리아 북해안을 따라 중국으로 이어지는 북동 항로를 발견하기 위해 네덜란드가 파견한 탐험가 바렌츠의 이름에서 따왔다.

엘베강 Elbe

'강'. 원시 인도유럽어 alb는 흐름, 즉 강이다. 독일에서 라인강이 아버지 강이라면 엘베강은 어머니 강이다.

가론강 Garonne

'급류'. 켈트어 garw(격렬한)와 onn(강)에서 따왔다.

타호강 Tejo(타구스강)

'단애(斷崖)'. 스페인어 타호(tajo, 단애)에서 유래했다. 테조는 포르투갈어 발음이고, 스페인어로는 타호, 영어로는 타구스(tagus)이다.

포강 Po

'매우 깊다'. 로마 시대의 옛 명칭 파두스(padus)에서 따왔다. 파두스는 리구리아어 보덴쿠스(bodincus, 매우 깊다)에서 유래한 말이다. 이탈리아 북부 지역.

라인강 Rhein

'강'. 켈트어 ri(흐름)와 n(강. 물)을 합친 이름. 프랑스어로 란강(Rhin), 네덜란드어로 라인강(Rijn), 영어로도 라인강(Rhine)이다.

론강 Rhone

'흐름이 빠른 강'. 라틴어 옛 명칭 로다누스강(Rhodanus)에서 유래. 로다누스는 켈트어 rho(빠른), da(강, 물), nus(강, 물)를 합친 말이다.

루아르(루와르)강 Loire

'흐름'. 기원 전후의 옛 명칭 리겔강(Liger)에서 유래. 리겔은 켈트어로 리그(lig, 흐름. 물)이다.

아이슬란드공화국 Republic of Iceland

자칭 이슬랜드(Ísland). 스칸디나비아어로 '얼음 섬'. 9세기 말, 노르웨이의 바이킹이 개척했다. 오래도록 덴마크의 지배를 받았으나 1944년에 완전히 독립했다.

[수도] 레이캬비크 Reykjavík

바이킹 아르나르손이 간헐천을 뿜어내는 풍경을 보고 레이캬(reylja, 수증기가 나다)와 비크(vík, 후미, 바다의 일부가 육지 속에 깊숙이 들어간 곳. 물가나 산길이 휘어서 굽어진 곳)를

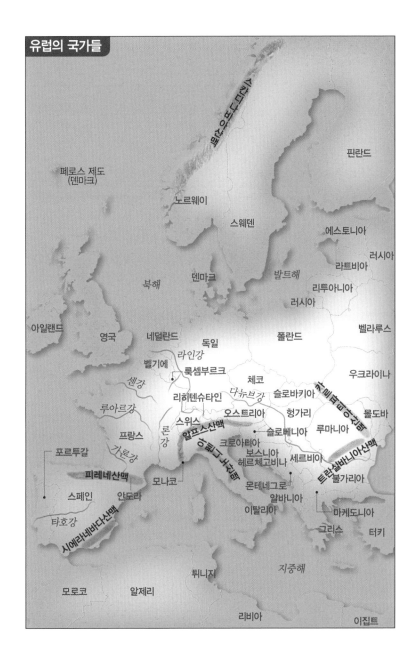

스칸디나비아 산맥

핀란드

페로스 제도
(덴마크)

노르웨이

스웨덴

에스토니아

러시아

라트비아

리투아니아

러시아

벨라루스

북해

덴마크

발트해

아일랜드

영국

네덜란드

독일

폴란드

라인강

벨기에

룩셈부르크

센강

리히텐슈타인

다뉴브강

체코

슬로바키아

카르파티아산맥

우크라이나

몰도바

루아르강

스위스

오스트리아

헝가리

루마니아

프랑스

론강

알프스산맥

슬로베니아

가론강

크로아티아

디나르알프스산맥

트란실바니아산맥

포르투갈

보스니아
헤르체고비나

세르비아

불가리아

피레네산맥

모나코

몬테네그로

스페인

안도라

알바니아

이탈리아

마케도니아

타호강

시에라네바다산맥

그리스

터키

튀니지

지중해

모로코

알제리

리비아

이집트

합쳐 '수증기가 나오는 후미'라고 이름 지었다.

아일랜드 Ireland

자칭 에이레(Éire)로, 아일은 영어 발음이다. 에이레는 켈트어 re(뒤쪽, 서쪽)가 와전하고 land가 붙은 것이다. 12세기 말부터 영국 침략을 받아 지명도 영어화했다. 쫓겨난 켈트인의 주거지였으나 12세기 이후 잉글랜드의 지배를 받았다. 오랜 기간에 걸쳐 독립전쟁을 한 끝에 1949년에 독립했다.

[수도] 더블린 Dublin
고대 아일랜드어 더브(dubh, 까맣다)와 린(lind, 연못)을 합쳐 '까만 연못'. 836년에 데인 족이 건설. 1169년에 앵글로색슨인이 아일랜드의 지배 거점으로 삼았다.

알바니아공화국 Republic of Albania

자칭 슈키퍼리서(Shqipërisë, 독수리의 나라). 전쟁 영웅의 선조가 독수리였다는 것에서 유래했다. 알바니아는 '새하얀 대지'. 하얀 석회성이 강한 지질 때문에 라틴어 albus(흰)에 어원을 두고 있다는 학설이 일반적이다. 비잔틴, 세르비아, 오스만튀르크 등의 지배를 받다가 1912년에 독립.

[수도] 티라나 Tirana
이란의 수도 테헤란에서 따온 이름이다. 1614년, 오스만튀르크의 총독 술레이만 파샤가 승리한 것을 기념해 건설했다.

안도라공국 Principality of Andorra

기원전 1세기부터 기원후 3세기에 걸친 고대 안도라왕국의 이름에서 유래했지만 의미는 분명하지 않다. 13세기 이후 프랑스와 스페인의 우르젤(Urgell) 교구 가톨릭 사교의 공동 주권 아래에 있는 보호국이었다. 1993년에 독립. 프랑스와 스페인의 국경에 위치한 작은 나라.

[수도] 안도라라베야 Andorra la Vella

베야(vella, 오래된, 옛)와 안도라를 합쳐 '옛 안도라'라는 의미.

영국

그레이트브리튼 참조

이탈리아공화국 Republic of Italy

고대 로마제국의 중심지로 번성. 수없이 판도를 바꾸다가 1861년에 사르데냐왕국을 중심으로 이탈리아가 탄생. 1870년에 통일 국가를 이룩했다. 이탈리아는 고대 라틴어 vitulus(송아지)에서 유래. 고대에 반도 아래쪽에서 소를 대량 방목했기에 그리스인이 Vitelia라고 이름 지었다.

[수도] 로마 Roma
로마제국 이전에 이탈리아에서 번영한 에트리아어로 rumon(강의 마을). 전설에 의하면 늑대의 젖을 먹고 자란 쌍둥이 가운데 형 로물루스(Romulus)가 기원전 753년에 건설했다. 로마제국의 수도로 더없이 번영했지만, 330년에 제국의 수도를 콘스탄티노플로 옮기면서 쇠퇴일로에 접어들었다. 962년에 신성 로마제국이 성립하면서 다시 유럽의 중심지 역할을 했다. 1871년에 이탈리아의 수도가 되었다.

에스토니아공화국 Republic of Estonia

자칭 에스티(Eesty). 의미는 '동쪽의'. 11세기에 역사에 등장한 핀-우르그계 에스토니아족의 이름에서 따왔다. 독일 기사단과 스웨덴의 지배를 거쳐 1721년에 러시아 영토가 되었다. 1918년에 독립했지만 1940년에 러시아가 강제 합병했다. 1991년에 독립.

[수도] 탈린 Tallinn
1200년경에 덴마크인이 건설했다는 이유로 에스토니아어 타니(taani, 덴마크인)와 린나(linna, 마을, 도시)를 합쳐 '덴마크인의 도시'.

오스트리아공화국 Republic of Austria

자칭은 게르만어 계통 언어 ost(동방)와 mark(변경지)가 와전된 '외스터라이히'. 오스트리아는 영어 발음이다. 9세기에 프랑크왕국의 동쪽에 있었기에 '동쪽 변경지'라고 불렸다. 1282년 이후 신성 로마제국의 제위를 독점한 합스부르크가의 중심지로 번영했다. 1867년에 오스트리아-헝가리 연합왕국으로 불렸지만 제1차 세계대전에서 패하면서 전쟁 전과 비교해 4분의 1 수준으로 국토가 줄어들었다. 또 1938년에 히틀러의 지배를 허용해 독일에 합병되었다. 제2차 세계대전 후 미영불소 4개국의 공동 관리를 받았고, 1955년에 영구 중립국으로 독립했지만 1995년에 EU에 가맹했다.

[수도] 빈 Wien
기원전 50년, 로마군이 침공해 빈도보나(Vindobona, 켈트어로 vindo(아름다운)와 bona(마을))라고 부른 데서 유래.

네덜란드왕국 Kingdom of The Netherlands

자칭 네데를란드(영어로 네덜란드 혹은 홀란드)로 '낮은 땅의 나라'. 낮은 땅에 고인 물을 퍼내는 풍차로 유명하다. 1556년에 스페인 합스부르크가의 영토가 되었지만 1581년에 연방공화국으로 독립. 1810년에 왕국이 되었지만 벨기에, 룩셈부르크가 분리 이탈했다. 1949년에 NATO에 가맹. EU의 창설 멤버국.

[수도] 암스테르담 Amsterdam
13세기 초엽 무렵, 암스테르강에 제방을 쌓아 마을을 건설했다. 1602년에 네덜란드 동인도회사의 주도 아래 항만 도시로 번성. 현재 헌법상 수도는 암스테르담이지만 실질적인 정부 소재지는 헤이그.

그리스공화국 Hellenic Republic (Greece)

자칭 헬라스(Ellas). 그리스 민족의 선조인 헬렌에서 유래. 펠로폰네소스반도에 거주했던 그라이키아족(Graecia, 높은 땅의 사람, 명예로운 사람)에 기원을 둔다고 하지만 정확하지 않다. 기원전 3세기 이후 로마, 비잔틴, 오스만튀르크의 지배를 거쳐 1830년에 왕국으로 독립. 1973년에 공화제로 이행했다.

[수도] 아테네 Athens

고대 그리스의 중심지로 번영. 전쟁과 지혜의 여신 아테나의 이름에서 따왔다. 로마 시대 이후 쇠퇴했지만 근대 국가에 들어서면서 부활.

그레이트브리튼 · 북부 아일랜드 연합왕국(영국)
United Kingdom of Great Britain and Northern Ireland

앵글로(Anglo)는 영국으로 넘어오기 전에 살던 지역이 독일 북부 슐레스비히 지방 앵글르(땅의 끝)였던 데서 유래했다. 브리튼은 선주민 브리튼인(소란스러운 사람들)에서 유래했다. 원래 선주민은 켈트인이지만 로마제국의 지배를 거쳐 5세기부터 게르만계 앵글로색슨인과 노르만인이 번갈아가며 침입하고 정주했다. 이들은 스스로 Anglish 라고 불렸다. 여기에서 English, England가 파생했다. 약자 UK는 United Kingdom(연방왕국)으로 잉글랜드, 스코틀랜드, 웨일스, 북아일랜드 4개국을 가리킨다. 19세기 빅토리아 왕조 당시 식민지를 포함해 전 세계의 4분의 1을 영유했다.

[수도] 런던 London
예전에는 켈트어로 카엘루드(Caer Ludd, 전쟁의 신 루드의 성)라고 불렀다. 후에 이곳을 침공한 로마인이 켈트계 토착 주민인 론디누스(Londinus)족이 사는 땅이라는 의미로 론디니움(Londinium, 론디누스의 땅)이라고 부른 데서 유래했다. 1066년에 노르망디 공작 윌리엄이 잉글랜드를 정복하고 노르만 왕조를 열었을 때, 런던에 있는 웨스트민스터 사원에서 즉위하며 수도로 삼았다.

크로아티아공화국 Republic of Croatia

자칭 흐르바트스카(Hrvatska). 7세기 중엽에 침입한 남슬라브계 크로아티아인의 이름에서 유래했다. 크로아티아는 슬라브어 gora(산)에서 따온 이름으로, 의미는 '산 민족'. 924년에 크로아티아왕국을 건국했다. 중세에는 열강의 지배를 받았지만 1918년에 유고슬라비아 연방의 전신인 크로아트 · 슬로벤 연합왕국에 참가했다. 1991년 유고슬라비아 연방으로부터 독립했다.

[수도] 자그레브 Zagreb
헝가리어 접두사 자(za, 뒤쪽의)와 그레블(Grebl, 굴)을 합쳐 '굴 뒤쪽 마을'. 성체 도시의 모습을 나타낸 말이 그대로 수도명이 되었다.

산마리노공화국 Republic of San Marino

4세기경에 고대 로마제국 디오클레티아누스 황제의 그리스도교 박해를 피해 이 땅에 그리스도교도의 마을을 세웠다고 하는 달마티아의 석공(성 마리누스) 이름에서 따왔다. 세계 최초로 1263년에 공화제를 선포한 나라이다. 1815년에 독립 국가가 되었다. 이탈리아반도의 중부 산악 지대에 위치.

[수도] 산마리노 San Marino
국명과 동일.

(지브롤터) Gibraltar
711년에 이 지역을 점령한 이슬람교도 타리크 이븐 지야드의 이름을 딴 타리크산(자발 알타리크)의 이름이 와전되었다. 아랍어로 자발(jabal)은 '산'을 뜻하므로 그대로 '타리크산'이라는 의미이다. 1501년에 스페인령이 되었고, 1713년에 영국 식민지가 되었다.

스위스 연방 Swiss Confederation

로마제국 지배기를 지난 후, 게르만의 지배를 받았다. 합스부르크가와 신성 로마제국의 압정에 저항해 1291년에 북동부 3주(우리, 슈비츠, 읍발덴)가 연맹을 맺어 건국했다. '스위스'는 이 3주 중 슈비츠(Schwyz → Shwicer → Suisse)를 프랑스어로 읽은 발음. 그 후 연맹에 가입하는 주가 늘어 1499년에 신성 로마제국에서 완전히 독립했다. 1648년에 국제적으로도 독립을 인정받았다. 슈비츠는 고대 고지 독일어 swaijazari(낙농장)에서 와전되었다.

[수도] 베른 Bern
구전에 따르면, 가장 처음 사냥해서 잡은 동물의 이름을 마을 이름으로 삼았다. 이 동물은 독일어로 베르(bar, 곰).

스웨덴왕국 Kingdom of Sweden

북게르만 계통 스베리족에서 유래했다. 자칭 스베리예. 스웨덴은 영어식 발음이다. 스베(svea, 우리 동포)와 리예(rige, 땅)로 '우리 동포의 땅'. 1250년에 통일 국가를 이룩했지만 덴마크의 지배를 받게 된다. 1523년에 왕국으로 독립한 이후 북유럽 최대 강국의 반열에 오르지만 18세기에 러시아 세력의 압박을 받아 많은 영토를 잃었다.

[수도] 스톡홀름 Stockholm
14개 섬으로 이루어진 항만 도시. 1253년, 스베리예인이 스타덴섬에 통나무로 성채를 쌓았다는 데서 stock(말뚝)과 holm(섬)을 합쳐 '말뚝 섬'이라고 명명했다.

(스발바르 제도 얀마옌섬) Svalbard and Jan Mayen Islands
노르웨이 영토. Svalbard는 노르웨이어로 스발(sval, 차가운)과 바르(bard, 언저리)라는 의미로 '차가운 해안'. Jan Mayen은 1614년에 포경 기지를 세운 네덜란드 항해사 얀마옌의 이름에서 따왔다.

스페인 Spain

자칭 에스파냐로, 스페인은 영어식 발음. 기원전 7세기경 이 땅에 도달한 페니키아인이 페니키아어로 shaphan(토끼) 또는 hispan(개)이라고 명명했다는 데서 유래했다고 하지만 분명하지 않다. 그러나 동물명에 기원을 둔 점은 확실하다. 로마제국, 서고트 왕국의 지배를 받은 후 711년에 아랍의 침입을 받았다. 1479년에 스페인왕국 성립. 1492년에 이슬람 세력을 국내에서 추방. 식민지 정책으로 번영. 1931년에 공화제로 이행했고, 1975년에 입헌군주제로 전환.

[수도] 마드리드 Madrid
아랍어로 마주리트(majrit, 샘솟는 물이 있는 곳, 물이 많은 곳). 아랍인이 살기 좋은 곳을 찾아 개척한 역사를 알 수 있다. 1083년에 그리스도교도가 탈취. 1561년에 수도가 되었다.

슬로바키아공화국 Slovak Republic

6세기경에 정주한 슬라브인에서 유래했다. 의미는 '슬라브족의 땅'. '슬라브'란 고트어로 slov(말수가 적고 둔한 사람들). 오래도록 헝가리의 지배를 받았지만 1918년, 체코와 연방제를 맺고 체코슬로바키아가 되었다. 1993년에 분리 · 독립.

[수도] 브라티슬라바 Bratislava

고대에는 로마 군사가 주둔했다. 10세기경 보헤미아의 왕 브라티스라우스의 이름에서 따왔다. 16세기 중반부터 18세기까지 오스만튀르크의 지배를 받으면서 대리 수도로 번영.

슬로베니아공화국 Republic of Slovenia

자칭 슬로벤시(Slovenci). 6세기경에 정주했던 슬라브인에서 유래했다. 의미는 '슬라브족의 땅'. 프랑크왕국, 신성 로마제국, 헝가리 등의 지배를 받은 후, 1918년에 구유고슬라비아 연방의 전신인 크로아트 · 슬로벤 연합왕국에 참가. 1991년에 분리 · 독립했다.

[수도] 루블랴냐 Ljubljana
기원전 34년에 로마제국이 이곳에 에모나라는 마을을 건설했다. 슬라브어로 루블랴냐는 '가장 사랑하는 사람'이라는 의미.

체코공화국 Czech Republic

자칭 체히. 슬라브계 민족 체코족에서 유래했다. 6세기에 보헤미아 지방에 정착한 '최초의 사람'이라는 의미. 중세에는 신성 로마제국의 지배를 받으며 보헤미아왕국으로 번영. 참고로 보헤미아는 '용사의 마을'이라는 의미이다. 1918년에 슬로바키아와 함께 체코슬로바키아를 형성했지만, 1993년에 슬로바키아가 분리 · 독립.

[수도] 프라하 Praha
체코어로 '경계', '문턱'. 전설에 따르면, 한 여왕이 숲을 바라보자 그곳에 미래 도시의 모습이 떠올랐다. 가신이 명령을 받고 숲을 탐색하러 나서자 한 남자가 오두막집의 문턱을 세우고 있었다. 그래서 프라하(문턱)라고 이름 붙였다. 보헤미아왕국의 중심지로 '황금의 프라하'라고 불릴 정도로 번영했다.

(채널 제도) Channel Islands
영어로 채널(channel, 해협). 영국 해협 남서부, 프랑스 노르망디 가까이에 있는 섬 다섯 개로 이루어졌다. 1154년에 영국령이 되었다. 현재 독자적으로 국가를 운영하는 보호령이며, 연합왕국에 속하지 않는다.

덴마크왕국 Kingdom of Denmark

'데인족과의 경계'라는 의미. mark는 '변경, 국경 지방'을 의미. 스스로는 단마르크(Danmark)라고 부른다. 데인족은 바이킹 일족으로, 9세기 초에 국가를 이루어 14세기 말에 북유럽 전역을 지배했다. 16세기에 스웨덴, 19세기 초엽에 노르웨이가 분리하며 소국이 되었다. 제2차 세계대전 때 중립을 유지했으나 나치 독일에 점령되었다.

[수도] 코펜하겐 Copenhagen

덴마크로 쾨벤하운(København). 쾨벤(København, 상인)과 하운(havn, 항구)으로 '상업 항구'. 1167년에 성새가 세워지고 교역이 활발해지자 도시가 확대되었다. 1849년, 자유항으로 개방되며 중계 무역항으로 번영했다.

독일 연방공화국 Federal Republic of Germany

자칭 도이칠란트로, 독일어 diutisk(민중, 동포)와 '국가'를 의미하는 Land의 합성어이다. 자민족을 도이체(Deutsche)라고 부른다. 영어 저머니(Germany)는 게르만 민족의 이름에서 따온 것으로 의미는 '이방인, 전사'. 프랑스어로 알마뉴(Allemagne). 3~4세기에 침범한 게르만 민족 알레마니족에서 따온 이름이다.

843년에 동프랑크왕국을 시작으로 신성 로마제국의 지배를 받았고, 1815년에 독일 연방이 성립했다. 1871년에 독일제국이 되었다. 1918년, 제1차 세계대전에서 패배해 바이마르공화국을 성립했다. 제2차 세계대전 후 1949년에 독일 연방공화국(서독)과 독일 민주공화국(동독)으로 분단되었으나, 1990년에 재통일에 성공.

[수도] 베를린 Berlin

늪지였으므로 슬라브어로 베르지나(berljina, 연못)에서 유래한다는 설이 있으나, 게르만계, 켈트계 등 학설이 분분해 어원이 정확하지 않다. 12세기에 브란덴부르크 변경의 백작 알브레히트가 정복. 이후 국가의 중심지, 수도로 번영했다. 제2차 세계대전 후 동·서 베를린으로 분단되었지만, 1990년에 통일 독일의 수도가 되었다.

노르웨이왕국 Kingdom of Norway

자칭 노르게로, 노르웨이는 영어식 발음. 9세기, 바이킹 시대 때 통일 국가를 이룩했다. 뜻은 옛 노르만어로 노르레베그(norreweg, 북쪽 항로). 남쪽에서 북상한 목축 민족이 붙인 이름이라고 전해진다. 13세기에 아이슬란드 영유. 14세기 말에 덴마크, 19세기에 스웨덴의 지배를 받았다. 1905년에 독립.

[수도] 오슬로 Oslo

피요르가 만들어낸 천연 양항. 바이킹 거점으로 번영했다. 1624년에 덴마크 왕 크리스티안 4세가 불태웠지만, 크리스티아니아라는 이름으로 부흥. 1925년에 스웨덴과의 연합을 해제하고 오슬로라는 명칭을 부활시켰다.

바티칸 시국 State of the City of Vatican

로마 교황 주권 가톨릭 국가. 로마 시내 바티칸 언덕에 있는, 세계에서 가장 작은 독립국. 국명은 몬스 바티카누스(바티칸 언덕)에서 따왔다. 고대부터 예배당이었다는 점에서 볼 때, 바티칸은 에트루리아어로 '신탁, 예언'을 의미한다는 학설도 있다. 12사도의 한 명인 베드로를 모시는 산피에트로 대성당이 건립되었고, 756년에 프랑크왕국의 피핀이 영지를 헌상했다. 1870년에 이탈리아가 영지를 몰수했지만 1929년에 독립을 회복했다.

[수도]

없음.

헝가리공화국 Republic of Hungary

자칭 마자르오르사그. 몽골인의 별칭 무가르(강한 사람)가 와전되었다는 일설이 있다. 헝가리의 어원에 대해서는 다양한 학설이 있는데, 이 땅에 동화한 '훈족'의 이름에서 유래했다는 설이 유력하다. '훈'은 '사람(Hungarvaia)'의 약칭이라고 한다. 1000년에 이슈트반 1세가 통일해 중부 유럽의 강대국이 되었다. 1526년에 오스만튀르크, 17세기 말엽에 합스부르크가의 지배를 받았고, 1867년에 오스트리아-헝가리제국이 되었다. 제2차 세계대전에서 독일과 동맹을 맺었으나 패배. 전후 사회주의 체제를 갖추었지만 1956년에 반정부·반소련 운동인 헝가리 동란이 일어났다. 1989년에 공산당 독재가 종료.

[수도] 부다페스트 Budapest

슬라브어로 부다(buda, 오두막)와 페스트(pest, 아궁이)를 합성한 도시명. 1872년에 도나우강 서쪽의 거주 지역 부다와 동쪽의 상업 지역 페스트가 다리로 연결되어 합쳐지면서 붙은 이름이다.

핀란드공화국 Republic of Finland

핀란드어로는 수오미(Suomi, 늪지). 핀란드는 영어 번역어이다. Fen(소택지)과 land로 '소택지의 나라'를 의미한다. 볼가강 유역에서 기원한 핀족이 기원 전후에 발트해 남쪽 해안에서 정주했다. 1155년에 스웨덴의 침공과 함께 그리스도교가 전래. 1809년에 러시아에 합병되었지만 1919년에 일어난 러시아 혁명 때 독립. 1992년에 가장 오랜 역사를 지닌 공산당이 해산.

[수도] 헬싱키 Helsinki

이 땅에 살던 민족 헬싱(Helsing)과 스웨덴어 폴스(fors, 폭포)를 합쳐 '헬싱족의 폭포'. 1550년에 헌터강 하구에 항만 도시로 건설되었지만, 폭포라는 이름에서 알 수 있듯 이 강물의 흐름이 너무 빨라 1640년에 현재 위치로 옮겼다.

(페로 제도) Faeroe Islands

북대서양에 있는 덴마크 자치령. 9세기경에 노르웨이 바이킹이 식민지 개척 당시, 노르웨이어로 파레이(Farei) 제도로 불렸던 데서 유래했다. 의미는 '양'. 토지가 농업에 적합하지 않아서 목양이 성행했기 때문에 붙여졌다. 1380년에 덴마크의 지배 아래에 들어갔지만 1948년에 자치권을 획득.

프랑스공화국 French Republic

고대에는 켈트인이 살던 곳이었지만, 기원전 2세기경에 로마인이 침공한 이후부터 갈리아라고 불렸다. 로마제국이 멸망한 후 게르만 민족의 대이동으로 침입한 프랑크인(Frank)이 프랑크왕국을 건국했다. 프랑크는 고대 작센어로 '투창'이라는 의미이다. 프랑크인이 투창을 주요 무기로 사용했기 때문이다.
1789년, 프랑스 혁명으로 공화제 수립. 그 후 제정과 공화제를 반복했고 현재는 1958년에 드골이 연 제5공화제.

[수도] 파리 Paris

기원전에 센강의 시테섬에 거점을 둔 켈트계 파리시족의 이름에서 유래했다. 시테섬의 시테(cité)는 '시(市)'. 파리시는 '난폭자, 시골뜨기'라는 의미이다. 6세기에 건국된 프랑크왕국 시대부터 국가의 중심지, 수도의 역할을 하며 발전했다.

불가리아공화국 Republic of Bulgaria

7세기에 침입한 아시아 유목민으로 터키계와 슬라브계 혼혈 민족인 불가르족의 이름에서 유래했다. 뜻은 '볼가강 유역에서 온 사람'. '대하'를 의미하는 볼가에 지명 접미사 '-ia'가 붙었다. 681년 불가리아왕국 건국. 비잔틴(동로마), 오스만튀르크의 지배를 거쳐 1908년에 불가리아왕국으로 독립. 1946년에 왕정을 폐지하고 불가리아 인민공화국을 이루었지만, 1990년에 사회주의가 한계에 다다라 현재 국명으로 바꿨다.

[수도] 소피아 Sofia

6세기에 건립된 성 소피아 성당에서 따온 이름이다. '소피아'는 그리스어로 '지혜'. 그리스 시대에는 트라키아인이 거주했으나 기원전 29년에 로마가 침공해 세르디카라고 이름 짓기도 했다.

벨기에왕국 Kingdom of Belguim

유럽 토착 주민인 켈트계 벨가이족 이름에서 유래. 뜻은 켈트어로 bol(늪지)과 gai(삼림, 저습지 삼림) 혹은 골어로 belgoe(전사) 등 학설이 분분하다. 한때 프랑크왕국의 일부였다. 프랑스, 네덜란드의 지배를 거쳐 1831년에 왕국으로 독립. 예전부터 네덜란드계 플랑드르인과 프랑스계 왈로니인 사이에서 인종과 언어 대립이 끊이지 않아 1932년에 언어법을 제정해서 언어 지역을 남북으로 분할했다. 따라서 자칭도 플랑드르어로는 '벨히에', 왈로니어로는 '벨지크'이다. 영어로 '벨지움'으로 부른다.

[수도] 브뤼셀 Bruxelles

프랑스어로 브류크(broek, 습지)와 사리(sali, 정주지)의 합성어로 '습지인 정주지'. EU(유럽연합), NATO(북대서양 조약기구)의 본부가 자리해 유럽의 심장과 같은 역할을 한다. 오줌싸개 동상의 기원지.

보스니아 헤르체고비나 Bosnia and Herzegovina

구(舊)유고슬라비아 연방에 속한 나라. 북부 보스니아 지방과 남부 헤르체고비나 지방의 이름에서 따왔다. 보스니아는 북부를 흐르는 보스나강(Bosna, 푸른)의 영어 번역어. 헤르체고비나는 15세기에 이곳을 통일한 국가를 헤르조그(Herzog, 공작령)라고 부른 데서 유래했다. 동로마제국, 세르비아의 지배를 거쳐 1250년에는 헝가리왕국, 1482년에는 오스만튀르크의 지배를 받았다. 1908년에 오스트리아-헝가리제국에 합병되었다. 1945년에 구유고슬라비아 연방에 속했고, 1992년에 독립. 민족과 종교 차이에 따른 대립으로 국내 사정이 매우 불안정.

[수도] 사라예보 Sarajevo

16세기에 오스만튀르크 총독이 보스나강 유역에 저택을 세울 때, 이곳을 보스나(Bosna)와 사라이(saray, 저택)를 합쳐 보스나사라이(보스나 강둑에 세운 저택)라고 불렀다. 그 후 사라이에 슬라브어 접미사 '-ev'가 붙어 사라예후(Saraiev, 저택 마을)라고 불린 데서 유래했다. 이곳에서 오스트리아 황태자가 세르비아인에게 암살되면서 제1차 세계대전이 발발했다.

폴란드공화국 Republic of Poland

자칭 폴스카(Polska). 중세에 독일어 폴라닌(polanin, 평야의 사람들)에서 유래했다. 15세기에 세워진 폴란드왕국은 한때 보헤미아, 리투아니아에 이르기까지 동유럽을 광범위하게 지배했다. 그러나 점차 쇠퇴해 1795년에는 러시아, 프로이센, 오스트리아에 국토를 분할하고 합병되며 결국에는 소멸했다. 제1차 세계대전 후 1918년에 공화국으로 부활. 그러나 1939년에 나치 독일과 소련의 침공을 받아 또다시 나라를 잃었다. 제2차 세계대전 후, 사회주의 정권이 지배했지만 1989년에 동유럽에서 제일 먼저 민주 체제로 전환했다.

[수도] 바르샤바 Warszawa

어원에는 여러 설이 있다. 체코 호족 바르샤베츠(Varshavets)가의 영지였다는 설, 헝가리어 바로츠(varos, 요새 도시), 또는 이곳에 살았던 민족 이름에서 따왔다는 설도 있다. 베를린과 모스크바를 연결하는 중계점으로 중요한 역할을 담당했다.

포르투갈공화국 Portuguese Republic

로마제국, 서고트왕국, 이슬람제국의 지배를 거쳐 1143년에 포르투갈왕국이 되었다. 오늘날 오포르트를 중심으로 한 지역을 다스리던 포르타스 갈레(Portus Gale) 백작이 건국 주역인 데서 유래했다. 라틴어 portus(항구)와 gale(온화한)가 합쳐져 '온화한 항구'를 의미. 15세기 전반 대항해 시대 무렵에는 엔리케 왕자의 지시에 따라 바다로 진출해 남미, 아프리카, 동남아시아에 수많은 식민지를 건설했다. 바스코 다 가마, 마젤란 등의 활약으로 번창했다. 그러나 쇠퇴일로에 접어들어 1910년에 공화제를 이룩했다. 1933년에 군부 독재 체제 확립. 1974년에 무혈 쿠데타로 민주화에 성공.

[수도] 리스본 Lisbon
자칭 리스보아(Lisboa). 기원전 12세기에 이곳을 식민 도시로 삼았던 페니키아인이 아리스이보(alis-ibbo, 좋은 항구)라고 부른 데서 유래. 아리스(alis, 좋은)와 이보(ibbo, 항구). 로마 시대에는 오리시포(Olisipo).

마케도니아 Republic of Macedonia

알렉산드로스 대왕 때의 고대 마케도니아제국의 이름을 부활시킨 것. 마케도니아는 고대 그리스어로 마케도스(macedos, 고지 사람). 로마 지배를 받은 후 7세기에 슬라브인이 이곳에 들어왔다. 오스만튀르크의 지배를 거쳐 1913년에 불가리아, 그리스, 세르비아 3국으로 분할, 합병되었다. 1945년에 구유고슬라비아연방에 속했고 1991년에 크로아티아, 세르비아와 함께 독립.

[수도] 스코페 Skopje
역사가 로마 시대까지 거슬러 올라간다. 에게해로 들어가는 반달강 연안에 있으며 예로부터 내륙으로 향하는 무역 중계지였다. 지명의 의미는 불분명.

몰타공화국 Republic of Malta

기원전 2000년경, 페니키아인이 지중해 무역 중계 기지로 삼기 위해 정벌했다. 페니키아어로 멜리타(melita, 피난처, 항구)가 와전된 것. 로마제국, 이슬람제국, 오스만튀르크의 지배를 받았다. 1530년에 십자군 요한 기사단(훗날 몰타 기사단)이 영유. 1814년에 영국령이 되었고, 1964년에 독립. 시칠리아섬 남단의 도시국가.

[수도] 발레타 Valletta
오스만튀르크의 지배에서 벗어난 1565년에 대(對) 터키 전쟁을 위해 성새를 건설한 기사단장 발렛(Vallet)의 이름에서 유래했다. 1979년까지 영국군의 지중해 함대 기지가 있었다.

(맨섬) Isle of Man
그레이트브리튼섬과 아일랜드 사이에 있는 작은 섬. 영국 보호령이지만 UK(연합왕국)에는 속하지 않는다. 선주민 켈트어로 '작은'이라는 의미로, 섬 크기가 그대로 이름이 되었다. 현지에서는 모나(Mona)섬이라고 불린다. 노르만인이 정복해 거주했지만 13세기에 스코틀랜드가 합병. 그 후 노르웨이 등의 지배를 거쳐 1828년에 영국령이 되었다.

모나코 Principality of Monaco

바티칸 시국 다음가는, 세계에서 두 번째로 작은 국가.
고대 페니키아인이 건설. 기원전 4세기경에 그리스인이 헤라클레스 신전을 세우고 헤라클레스 모나이코스 포르투스(헤라클레스 은재隱者의 항구)라고 불렀다. 그 후 모나이코스(monoecus, 독신 거주지)로 불리다가 모나코로 바뀌었다. 1279년 이래 이탈리아 제노바의 그리말디 가문의 지배를 받아 지금에 이른다. 그러나 정통 왕위 계승자(남성)의 혈통이 끊어지면 프랑스에 합병되는 조약을 맺었다. 프랑스 남동부 지중해에 면한 입헌군주제 국가.

[수도] 모나코 Monaco
국명과 동일함.

몬테네그로공화국 Republic of Montenegro

발칸반도 남서부에 위치한 국가로 북쪽으로는 보스니아 헤르체고비나, 동쪽으로는 세르비아와 크로아티아, 서쪽으로는 아드리아해에 면하고 남쪽으로는 알바니아와 코소보와 국경을 접한다. 국명은 세르비아어로 '검은 산'을 뜻하며 디나르알프스산맥의 경사면에 가려 어두운 산지가 많기 때문에 붙여졌다. 구유고슬라비아연방을 구성하는 공화국이었다가 1992년 유고연방 해체 시 세르비아와 신유고연방을 결성했고, 다시 2006년 신유고연방으로부터 독립했다.

[수도] 포드고리차 Podgorica

로마 시대 전후에는 듀클리아(Duklja: 영어로 Doclea), 중세에는 리브니차(Ribnica)로 불리다가 1326년 포드고리차라는 이름을 얻었다. 도시명은 세르비아어로 '고리차(Gorica: 작은 산) 아래'라는 뜻으로, 고리차는 도시가 내려다보이는 주변 산의 이름이다. 제2차 세계대전 후인 1946년 몬테네그로가 유고연방공화국을 구성하는 6개 공화국의 하나가 되면서 수도인 티토그라드(Titograd)라고 개칭했다. 1992년 유고연방 중 몬테네그로가 세르비아와 함께 신유고연방을 수립하면서 본래의 포드고리차로 도시명이 바뀌었다.

세르비아공화국 Republic of Serbia

남동부 유럽의 발칸반도 중앙부에 위치하고 있는 나라이다. 1918년 12월 남부 슬라브계 다민족국가인 세르비아—크로아티아—슬로베니아 왕국(일명 베오그라드왕국)의 일원이었으며, 제2차 세계대전 후에는 구유고연방의 하나였다. 1992년 구유고연방 해체 시 몬테네그로와 신유고연방을 결성했고, 또다시 2006년 몬테네그로가 분리되어 연방이 해체되면서 세르비아공화국이 되었다. 2008년에는 자치주로 있던 코소보가 분리, 독립했지만 UN에선 아직 독립 국가로 인정받지 못하고 있다.

[수도] 베오그라드 Beograd

세르비아공화국의 정치, 경제적 중심지이자 수도로 5~6세기 처음 이 지역으로 이주해 내려온 슬라브족들이 '하얀 도시'라 부르면서 유래했다. 오스트리아와의 국경 방면에서 동쪽을 향해 흐르는 사바강이 도나우강에 합류하는 지점에 있다.

라트비아공화국 Republic of Latvia

12세기에 이 나라를 일으킨 선주 민족 발트계 라트비아인의 이름에서 유래했다. 고대 노르만어 lav(낮은 땅)에서 따왔다는 학설과, 독일어 레트란드(Lettland, lette는 '모래'로 '모래의 나라')에서 따왔다는 학설이 있다. 18세기에 러시아 영토가 되었다. 그리스도교 국가지만 러시아 정교보다 프로테스탄트가 많다. 러시아 혁명 이후 1920년에 공화국으로 독립했지만, 1940년에 구소련에 흡수되었다. 1991년에 독립.

[수도] 리가 Riga
마을 서쪽에 드비나강이 굽이치며 흐른 데서 유래. 라트비아어로 리게(ringe, 굽이치다).

리투아니아공화국 Republic of Lithuania

자칭 리에투바(Lietuva). 리에투바는 '해안'을 의미한다. 여기에 지명 접미사 '-ia'가 붙어서 '해안부 나라'가 되었다. 또 리투아니아는 옛 영토였던 지역에 흐르던 네만강 상류 지역의 옛 명칭 리에타(Lieta, 흐르다)에서 와전되었다는 다른 학설도 있다.

[수도] 빌뉴스 Vilnius
나라 안에 흐르는 네리스강의 다른 이름 빌리야강(Viliya)의 연안에 건설된 마을이라는 뜻. 1323년에 게디미나스 대공이 성채를 쌓은 이후 도시로 발전했다.

리히텐슈타인공국 Principality of Liechtenstein

1719년에 신성 로마제국 황제가 합스부르크가의 귀족 리히텐슈타인 공에게 영지로 수여한 나라가 기원. 리히텐슈타인은 독일어로 '빛나는 성벽'. 1866년에 독립. 1867년에 영구 중립국이 되었다. 외교, 국방, 우편, 통화는 스위스를 따른다. 주요 국가 재원은 우표 발행.

[수도] 파두츠 Vaduz
라틴어 vadus(골짜기, 낮은 곳)에서 유래했다. 라인강 연안 골짜기에 자리한 마을이기 때문이다.

룩셈부르크대공국 Grand Duchy of Luxembourg

자칭 뢰상부르. 중세 독일어 lutzel(작은)과 burg(성채, 성 아랫마을, 성)로 '작은 성채'. 963년에 아르덴 백작 지크프리트가 영유, 축성해 이름 지었다. 1354년에 공국이 되었으나 프랑스, 네덜란드의 지배를 받은 끝에 1867년 독립.

[수도] 룩셈부르크 Luxembourg
국명과 동일.

루마니아 Romania

자칭 로므니아(Romania). 로마(Roma)와 지명 접미사 '-ia'로 '로마인의 나라'. 로마인이 이주해 로마 문화가 유입된 역사를 보여준다. 고대 로마 시대 때는 다키아라고 불렸으며 동방 변경지에 불과했다. 14세기 초엽에 왈라키아와 몰다비아공국이 일어나지만 얼마 지나지 않아 오스만튀르크의 지배를 받게 되었다. 1859년에 양국이 통일해 루마니아공국을 세우고 1878년에 독립. 제2차 세계대전 후에는 공산주의 정권이 성립했다. 1965년, 차우셰스쿠 독재 정권 아래에서 루마니아 사회주의공화국이 되었고, 1989년에 반정부 폭동이 일어나 독재 정권이 붕괴하고 민주화 길에 들어섰다.

[수도] 부쿠레슈티 Bucharest
루마니아어로 부크레슈치(Bucuresti). 부크레(bukure, 환희의)와 지명 접미사 '-ski'를 합쳐 '환희의 마을'. 14세기 왈라키아 왕이 수도를 두며 이름 지었다. 1862년 루마니아공국 시절부터 수도가 되었다.

독립국가연합(CIS)

자연 지명

우랄산맥 Ural
터키어족(타타르어)에서는 우랄(띠). 참고로 우랄어족의 코미인은 이즈(iz, 돌)라고 불렸다. 우랄은 18세기 이후에 불린 명칭으로, 옛 러시아어로는 케멘(kamen, 돌) 또는 포야스(pojas, 산맥)로 불렸다.

베르호얀스크산맥 Verkhoyansk
'야나강 상류 땅'. 러시아어 verkho(상류의)와 Yan(야나강)에 지명 접미사 '-sk'가 붙었다.

중앙시베리아고원 Shibir
몽골어로 '늪, 습한 평원'.

중앙러시아고지 Russian
국명 러시아 참조.

흑해 Black Sea
페르시아인이 남쪽 페르시아만보다 색이 짙다는 이유로 '어두운 바다', '흑해'라고 이름 붙인 것으로 추정.

베링해 Bering
러시아 황제 표트르 1세가 파견한 덴마크 탐험가 베링이 1728년에 발견한 데서 유래.

북극해 Arctic Ocean
그리스어로 아르크티코스(arktikos, 북쪽의) 바다에서 유래했다.

아무르강 Amur
'강'. 퉁구스어 아마르(amar, 강)에서 유래. 중국 명칭 헤이룽장(黑龍江)은 만주어 사할리얀(검은)과 울라(강)가 중국어로 변한 것. 한자의 뜻인 '검은 용'은 거대한 철갑상어를 가리킨다.

예니세이강 Enisei
'거대한 강'. 예벤키어로 Enisei(거대한 강).

오비강 Ob
'강'. 페르시아어 ab(강, 물)에서 유래.

볼가강 Volga
'습지, 강'. 슬라브어 블라가(vlaga, 습한)에서 유래했다. 핀란드어 바르게(valge, 하얗게 빛나는)에서 유래했다는 학설도 있다.

레나강 Lena
'강'. 선주민 예벤크족 말로 에리요네(eljoene, 강)가 러시아어로 변했다.

아제르바이잔공화국 Azerbaijan Republic

터키계 유목민 아제르바이잔인의 이름에서 유래. 기원전 328년에 알렉산드로스 대왕이 원정에 나섰을 때 이 지역을 정복한 마케도니아 장군 아트로파테스의 이름을 따서 아트로파텐(Atropatene)이라고 붙인 국명이 아랍어로 와전되어 지금의 이름이 되

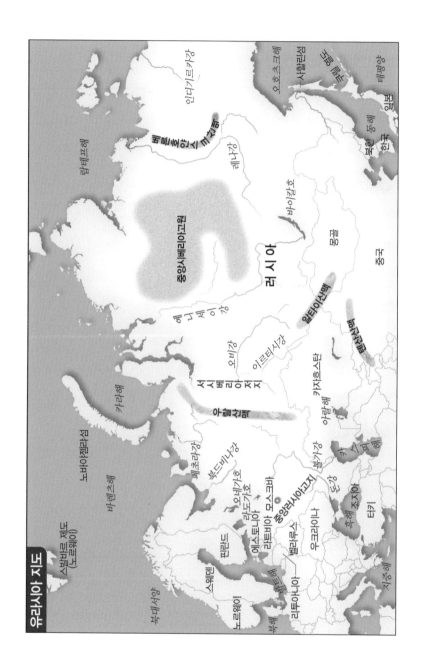

유라시아 지도

스발바르 제도
(노르웨이)

랍테프해

인디기르카강

오호츠크해

축치반도

축치해

베링섬

태평양

북극

캄차카반도

오호츠크해

콜리마강

레나강

중앙시베리아고원

바이칼호

몽골

중국

예니세이강

오비강

이르티시강

알타이산맥

텐산산맥

카자흐스탄

아랄해

카리해

노바야젬랴섬

바렌츠해

서시베리아저지

아랄산맥

메조리강

북드비나강

오네가호

라도가호

핀란드

에스토니아

리투아니아

라트비아

벨라루스

우크라이나

중앙러시아고지

카스피해

볼가강

돈강

흑해

터키

조지아

발트해

스웨덴

노르웨이

북해

북대서양

리투아니아

라트비아

모스크바

지중해

었다.

페르시아, 오스만튀르크의 지배를 거쳐 19세기 후반에 러시아제국의 지배를 받았지만, 러시아 혁명 이후 공화국을 수립했다. 1922년에 구소련에 참가했다가 1991년에 독립. 국민의 80퍼센트 이상을 차지하는 아제르바이잔인은 터키계 이슬람교도. 바쿠 유전과 최근 카스피해 유전 발견으로 번영을 맞았다.

[수도] 바쿠 Baku
9세기경부터 카스피해의 교역 거점으로 번성했다. 페르시아어 바드(bad, 바람)와 쿠베(kubhe, 좁은 길)가 합쳐져 '바람이 지나는 길'. 겨울에는 하즈리라는 강한 북풍이 불고, 다른 계절에도 카스피해로부터 강한 바람이 불어서 붙은 이름이다.

아르메니아공화국 Republic of Armenia

자칭 하야스탄. 아리아계 아르메니아인에서 유래. 원래 아르메니아인은 하예르족이라고 하며, 전설에 따르면 기원전 19세기경에 카스피해 남쪽 연안에 살았는데, 영웅 아르메네케(Armenake)가 일족을 이끌어 아르메니아족으로 독립했다.

기원전 189년에 아르메니아왕국 건설. 301년 이래 그리스도교를 국교로 삼았고, 90퍼센트 이상에 달하는 주민이 그리스도교도(아르메니아 정교). 로마, 페르시아, 이슬람, 몽골, 오스만튀르크의 지배를 받으며 분열과 합병을 반복했다. 19세기 전반에 러시아제국령이 되었고, 러시아 혁명 후 1920년에 공화국을 선언했다. 1922년에 구소련에 참가했다. 1991년에 독립했지만, 나고르노카라바흐 자치주 귀속 문제를 놓고 아제르바이잔과 대립 중이다.

[수도] 예레반 Yerevan
기원전 8세기, 우라루트왕국의 요새 예레브니가 건설된 데서 유래했다.

우크라이나 Ukraine

동유럽, 서슬라브 지역에서 볼 때 동쪽 끝에 있기에 우크라이나어 u(지명 접두어)와 krai(변경)와 na(지역 접미사)가 합쳐져서 '변경 지대'. 유럽에서 러시아를 제외하고 가장 영토가 넓다. 9세기에는 동슬라브에서 최초의 국가 키예프공국이 건설되었다. 몽골, 리투아니아, 폴란드, 러시아의 지배를 거쳐 러시아 혁명 이후 1919년에 공화국이

유럽과 아시아의 경계가 되는 흑해

리투아니아

벨라루스

러시아

폴란드

우크라이나

드네프르강

돈강

카르파티아산맥

루마니아

몰도바

아조프해

트란실바니아
알프스산맥

흑해

조지아

불가리아

보스포루스 해협

그리스

아르메니아

마르마라해
다르다넬스 해협

터키

에게해

흑해를 둘러싼 국가들
보스포루스 해협과 마르마라해, 다르다넬스
해협으로 지중해와 이어져 있으며, 터키,
불가리아, 루마니아, 우크라이나, 조지아 등에
둘러싸여 있다. 전체적으로 단조로운 해안선을
가지고 있으며 대륙붕이 발달했고, 어종이
풍부하다.
그뿐만 아니라 아시아와 유럽을 잇는 중요한
내륙해로 각 나라의 많은 상선들이 드나들고
있다. 하지만 중립 지대라는 이유로 흑해 연안에
영토가 없는 나라의 군함은 들어갈 수 없다는
점이 특이하다.

되었고, 1922년에 구소련에 참가했다. 1991년에 독립. 철광석 등 지하자원이 풍부하고 국토가 매우 비옥하다. 그리스도교도(우크라이나 정교)가 많다. 현재 러시아와 크림반도를 두고 분쟁 중.

[수도] 키예프 Kiev

6세기에 바이킹이 비잔티움(이스탄불)과 교역하기 위한 중계지로 이곳 드네프르강 연안에 마을을 건설했다. 바이킹 삼 형제의 장남 키(Kiy)의 이름에서 유래했다. 키예프 공국이 이곳을 중심으로 건설되어 수도가 되었다.

우즈베키스탄공화국 Republic of Uzbekistan

터키계 유목민 우즈베크인(Uzbek)과 페르시아어 -stan(나라)의 합성어로 '우즈베크인의 나라'. 우즈베크는 15~16세기 몽골제국의 하나로, 이 지역에 정주했던 킵차크한국의 군주 우즈베크의 이름에 어원을 둔다.
우즈베크인의 70퍼센트 이상이 이슬람교도이다. 19세기 전반에 러시아제국령이 되었고, 러시아 혁명 후 1924년에 구소련에 참가했다. 1991년에 독립.

[수도] 타슈켄트 Tashkent

터키계 유목민 말로 타슈(tash, 바위)와 켄트(kent, 마을)로 '바위 마을'. 기원전 2세기에 건설된 석조 성새 도시라는 데서 이름 붙였다. 실크로드 대상 도시로 번영했다.

카자흐스탄공화국 Republic of Kazakhstan

슬라브인과 터키계 유목민(돌궐) 사이의 혼혈 카자흐인에서 유래한 이름. 영어로 코사크(Cossack)라고 한다. 터키어로 카자크(quaazq, 자유 민족, 방랑 민족)에 페르시아어 스탄(-stan, 나라)이 붙어 '방랑 민족의 나라'. 기마 민족, 유목민의 나라였기에 붙은 이름이다. 현재 카자흐인, 러시아인이 대다수이다. 7세기에 서돌궐에 편입되었고 이후 위구르, 몽골, 중국 청나라의 지배를 받았다. 15세기 이후는 유목민이 국민의 대다수였기에 도시국가가 세워지지 않았다. 1860년에 러시아제국령이 되었고, 러시아 혁명 이후 1936년에 공화국으로서 구소련에 참가했으나, 1991년에 독립.

[수도] 아스타나 Astana

카자흐어로 '수도'를 의미한다. 과거에는 아크몰라, 러시아 시대는 첼리노그라드라고 불리다가 다시 아크몰라로 돌아가서 현재 지명으로 남았다. 참고로 첼리노그라드는 러시아어로 첼리노(tselino, 처녀의)와 그라드(grad, 마을, 도시)가 합쳐져 '처녀지'. 아크몰라는 아크(aq, 하얀)와 몰라(mola, 둔덕)로 '하얀 둔덕'.

키르기스공화국 Kyrgys Republic (키르기스스탄)

몽골인과 터키계 유목민 혼혈인 키르기스인의 이름에서 유래. 키르기스어 kir(초원)와 giz(유목하다)가 합쳐져 '초원에서 유목하는 사람들'. 오늘날에도 양과 소의 방목축이 활발하다. 주민 절반 이상이 키르기스인이고 그 밖에 러시아인, 우즈베크인 등이 있다. 6세기에 돌궐의 지배를 받았고 13세기에는 몽골, 19세기 후반에는 러시아제국령이 되었다. 러시아 혁명 후 1936년에 공화국 설립. 구소련에 참가했으나 1991년에 독립.

[수도] 비슈케크 Bishkek
1825년에 우즈베크인의 코칸트한국(汗國)이 요새로 건설한 마을. 비슈케크는 페르시아어로 '태수(太守)'. 1926년에 러시아 혁명이 일어난 이후 프룬제(Frunze)라고 불렸는데, 이는 혁명 후 국내 전쟁에서 중앙러시아를 해방한 이 지역 출신 군인의 이름이다. 독립과 함께 원래 지명으로 돌아갔다.

조지아(그루지야) Georgia

자칭은 사카르트벨로. 남카라카스계 조지아인의 이름 혹은 크루드(Kurd, 크루드인)에 지명 접미사 '-ia'를 붙여 '크루드인의 땅'이라는 학설이 있다. 또 3세기에 등장한 가축 수호성인 게오르기우스(Georgius)의 이름이 러시아어로 변했다는 설도 있다.
예로부터 동서 교역 요충지로 번영했다. 그리스 신화에서 '바위에 묶인 프로메테우스', '황금 양모'의 무대가 되기도 했다. 이슬람, 셀주크튀르크, 티무르, 오스만튀르크의 지배를 거쳐 19세기 초엽 러시아제국령이 되었다. 러시아 혁명 후 1921년에 공화국이 되며 구소련에 참가했다. 1991년에 독립했지만, '캅카스 화약고'라고 불리듯이 소수민족 문제가 심각하다. 현재 독립국가연합에서 탈퇴.

[수도] 트빌리시 Tbilisi

온천지이므로 트빌리(tbili, 따뜻한)라는 단어를 따와 이름 지었다. 기원전에 이미 마을이 있었고 4세기에 성새 도시가 건설되었다. 구소련 시대에 카라카스 지방의 통치 거점으로 발전했다.

타지키스탄공화국 Republic of Tajikistan

이란계 타지크인의 이름에 페르시아어 지명 접미사 '-stan(나라)'이 붙어 '타지크인의 나라'. 타지크의 의미는 타지크어 '관(冠)'이라고 전해진다. 구소련 시대에는 '타지크'라고 불렀다.

9세기에 아랍의 침공으로 이슬람교국이 되었다. 13세기에 몽골, 19세기 후반에는 러시아제국령이 되었다. 러시아 혁명 후 1936년에 공화국으로 구소련에 참가했다. 1991년에 독립했지만 공산당과 이슬람 원리주의 세력의 대립이 격화되어 내전에 이르는 등 사회 정세가 불안정하다. 면 방적, 양과 염소 목축이 성행한다.

[수도] 두샨베 Dushanbe
1922년에 러시아가 계획 도시로 건설을 시작했으며 1924년에 수도가 되었다.

투르크메니스탄 Tuekmenistan

터키계 유목민 투르크멘인의 이름에 페르시아어 지명 접속사 '-stan(나라)'이 붙어서 '투르크멘인의 나라'. 투르크멘은 터키어로 turkmend(터키인 같은, 터키인과 비슷한)라는 의미이다. 5세기부터 이 지역에 투르크멘인이 거주했다. 그 후 몽골의 지배를 거쳐 19세기 후반에 러시아제국령이 되었다. 러시아 혁명 후 1924년에 공화국이 되었고 구소련에 참가했으나 1991년에 독립. 1995년에 영구 중립국을 선언했다. 현재 준회원국으로만 활동.

[수도] 아슈하바트 Ashkhabad
투르크멘어 우스하(uskh, 사랑스러운)와 아바드(abad, 집락)의 합성어로 '아름다운 집락'. 카스피해 연안과 내륙을 연결하는 교통 요충지.

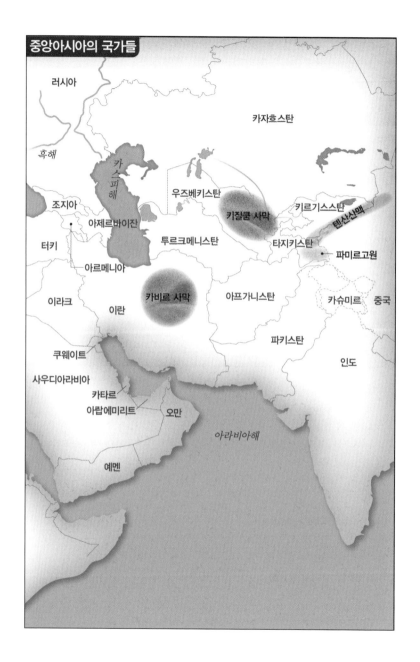

중앙아시아의 국가들

러시아

흑해

카자흐스탄

카스피해

조지아

아제르바이잔

우즈베키스탄

키질쿰 사막

키르기스스탄

톈산산맥

터키

아르메니아

투르크메니스탄

타지키스탄

파미르고원

이라크

이란

카비르 사막

아프가니스탄

카슈미르

중국

쿠웨이트

파키스탄

인도

사우디아라비아

카타르

아랍에미리트

오만

아라비아해

예멘

벨라루스공화국 Republic of Belarus

벨라루스인의 이름에서 유래. 슬라브어로 bela(하얀)와 Rus(러시아)가 합쳐져 '하얀 러시아인'. '백색'은 13세기에 몽골의 지배를 받지 않았던 러시아인을 상징한다.
예부터 러시아와 인연이 깊어 군사, 경제 면에서 긴밀한 협력 관계를 맺었으며 러시아 정교도가 많다. 민족적으로도 문제가 거의 없는 안정된 국가. 18세기 말에 폴란드령에서 러시아령이 되었다. 러시아 혁명 후 1919년에 공화국이 되었고 구소련에 참가했다. 1991년에 독립. 구소련 시대에는 영어로 White Russia(백러시아)라고 불렸다.

[수도] 민스크 Minsk
11세기에 불리던 지명 멘스크에서 유래했다. 러시아어로 멘야트(menyat, 교역하다)에 지명 접미사 '-sk'를 붙여 '교역 도시'. 러시아와 비잔틴(이스탄불)을 연결하는 요충지로 발전.

몰도바공화국 Republic of Moldova

루마니아 동부에 흐르는 몰도바강(Moldova)의 이름에서 유래. 슬라브어의 mol(검은)과 dunav(강)가 합쳐져 '검은 강'. 몰도바인은 민족적으로 루마니아인과 마찬가지로 고대 로마에 기원을 두며, 어원도 루마니아어 계통에 속한다.
오스만튀르크의 지배를 거쳐 1812년에 러시아령이 되었다. 러시아 혁명 혼란기인 1918년에 루마니아에 합병되었다. 루마니아가 쇠퇴하면서 1940년에 다시 러시아에 합병되었다. 1991년에 독립해서 루마니아와 재통합하려고 했으나 선거 결과 국민이 부결했다.

[수도] 키시네프 Kishinev
기후가 온난하다는 데서 chisi(월동지)와 nau(새로운)를 합쳐 '새로운 월동지'. 19세기 초엽에 러시아 방랑 시인 푸시킨은 유대인과 로마(집시)가 주민 대부분을 차지한다는 이유로 '소돔'이라고 불렀다. 러시아령 시절에 유대인 학대가 자행되었다.

러시아 연방 Russian Federation

슬라브 지역에 침입한 스웨덴 바이킹을 부르던 루시(Rus)에 라틴어 지명 접미사

'-ia'를 붙인 것. '바이킹의 나라'라는 의미이다. 루시 자체의 어원은 고대 노르만어 ruotsi (노를 젓는 사람)라고 전해진다.

9세기에 스웨덴 바이킹이 노브고로드공국을 건국했으나 1240년에 몽골의 침입을 받았다. 그 후 15세기 말엽까지 몽골을 축출하고 16세기에 전제 국가가 되어 영토 확장에 나섰다. 1917년에 러시아 혁명이 일어나 로마노프 왕조가 무너지고, 1922년에 소비에트사회주의공화국연방 성립. 1991년에는 공산당 일당 독재 체제가 파국을 맞아 연방이 붕괴하고 러시아 연방 성립.

참고로 '소비에트'는 '협의회'라는 의미이다.

[수도] 모스크바 Moskva

12세기경에 불리던 지명 나모스크에서 유래했다. 전치사 'na'와 Moskva(모스크바, 강)의 합성어로 '모스크바 강변'. '모스크'는 '소택지'라는 의미이다. 시정 중심인 크렘린은 제정 시대에 사용하던 궁전이며 kreml (성새)이라는 뜻이다.

아시아

자연 지명

쿤룬산맥 Kunlun

중국 전설에 등장하는 성스러운 산의 이름에서 따왔다. 중국 북서쪽에 있는 미지의 산, 신비의 산이라 '영산(靈山)'을 연상시키는 이름을 붙였다고 전해진다.

자그로스산맥 Zagros

'자그로 신'. 고대 페르시아 부활신의 이름을 따왔다. 석류(자쿠로)도 이에 기원을 둔다.

타이완산맥 Taiwan

'한인(漢人)'. 토착민 피포족이 타이난시의 안빈 구역에 도래한 한인을 타이오완이라고 불렀다. 한인들은 이를 타이난 부근을 부르는 명칭으로 사용했다. '타이완'은 네덜란드어 발음이다.

톈산산맥 Tianshang
'하늘에 다다른 산'. 중국어.

히말라야산맥 Himalaya
'눈이 있는 장소'. 산스크리트어 hima(눈)와 alaya(있는)의 합성어이다.

위산 Yushan
'옥 산'. 겨울에 눈이 내려 쌓인 모습을 멀리서 보면 옥처럼 반짝거린다는 데서 유래했다.

아나톨리아고원 Anatolia
'동쪽 땅'. 그리스어 anatole(일출, 동쪽)와 지명 접미사 '-ia'의 합성어.

티베트고원 Tibet
'고지 보도족'. 몽골족이 이곳에 살던 사람들을 to(높은) Bod(보도족)라고 부른 데서 유래.

데칸고원 Deccan
'남방국'. 산스크리트어 dakushina(오른손)와 patha(나라)로 '오른손의 나라', 즉 동쪽을 바라보았을 때 보이는 '남방국'이라는 의미.

파미르고원 Pamir
'산들의 기슭'. 페르시아어 pa(기슭)와 imir(산들의)의 합성어.

마리아나 제도 Mariana
스페인 국왕 펠리페 4세의 왕비인 마리아 안나의 칭호 마리아나 오브 오스트리아(Mariana of Austria)에서 따온 것.

아랄해 Aral .
'섬'. 그리스어로 aral(섬).

카스피해 Caspian
'카스피족'. 호수 북안에 살던 카스피족의 이름에서 유래.

카비르 사막 Kavir
아랍어로 '거대한'이라는 의미.

카라쿰 사막 Karakum
'검은 모래'. 터키어 kara(검은)와 kum(모래)의 합성어.

키질쿰 사막 Kyzylkum
'붉은 모래'. 터키어 kizil(붉은)과 kum(모래)의 합성어.

고비 사막 Gobi
몽골어로 '황폐한 땅', '초목의 성장이 나쁜 땅'이라는 의미.

타클라마칸 사막 Takla Makan

'죽음의 사막'. 위구르어 takkiri(죽음)와 makan(끝도 없이 넓은 지역)의 합성어로, '한번 헤매면 나오지 못한다'. 즉 살아서 돌아올 수 없는 곳이라는 의미.

네푸드 사막 Nefud

아랍어로 nefud(모래).

룹알할리 사막 Rub al Khali

'공허한 지대'. 아랍어 rub(거주, 지역)과 al Khali(공허, 공백)의 합성어.

아무다리야강 Amu Darya

'아무르를 흐르는 강'. 고대 도시 아무르(Amul, 몽골어로는 Emur, Amur에서 유래)와 페르시아어 darya(강)의 합성어.

인더스강 Indus

'강'. 산스크리트어 hindu(강)에서 유래. 기원전 235년에 알렉산드로스 대왕이 이 지역을 침공했을 때 이름 붙였다.

이라와디강 Ayeyarwady

'거대한 강'. 힌두어 aira(강)와 wati(강)의 합성어.

갠지스강 Ganges

'강'. 힌두어 ganga(강)가 영어화한 것. 힌두교도는 Gangage(성스러운 대하)라고 부른다.

시르다리야강 Syr Darya

'황색 강'. 튀르크어 sari(황색)와 페르시아어 darya(강)의 합성어

티그리스강 Tigris

'화살과 같이 흐름이 빠른 강'. 수메르어 tig(화살)와 ru(흐르다)와 shu(기세 좋게 흐르다)의 합성어. 아랍어와 《구약성서》에 등장하는 명칭도 모두 '화살'의 강이라고 불렸다.

짜오프라야강 Chao Phraya

chao(사람들)와 phraya(관직의 하나인 공작)의 합성어. 15세기 아유타야 왕조에서 시작된 위계질서에 따른 높은 관직인 짜오프라야(공작)에서 유래했으며, '최고의' 또는 '최대의'라는 의미로 붙였다. 별칭인 메남은 타이어로 '강'.

창장 Chang Jiang (양쯔강)

'강(江)'. 한 단어로도 부른다. 양쯔강(揚子江)은 창장 하구 부근을 말하는데, 유럽인이 강 전체를 가리키는 이름으로 확대했다.

주장강 Tiu Jiang

'진주'. 강 하류에 있는 하이주(海珠)라는 삼각지 이름에서 유래했다. 해주석(海珠石)

은 진주라는 의미.

황허 Huanghe
'황색 강'. 강물이 누렇고 탁한 데서 붙은 이름. '하(河)'라고 하면 황허를 가리킨다.

송코이강 Hong Jiang
'붉은 강'. Song(강)과 Hong(홍색)의 합성어. 철분이 많아 물이 적색을 띤다.

메콩강 Mekong
'큰 강'. 미얀마, 라오스에서 부르는 명칭인 메콘은 타이어 menam(강)과 kong(큰)의 합성어. 중국 명칭 란창은 타이어 란상(코끼리 100만 마리)에서 유래했다. 타이의 명칭 메남콩은 '거대한 운하', 캄보디아의 명칭 톤레톰은 '거대한 강', 베트남의 명칭 끄울룽은 '머리 아홉 달린 용'.

유프라테스강 Euphrates
'잔잔한 흐름'. 페르시아어로는 플라눔(Puranum, 큰 강)이다. 페르시아어 우프라(Ufratu)와 그리스어 Euphrates에서 유래했다. 아라비아명은 알 푸라트(Al Furat).

발하슈호 Balkhash
카자흐어로 바르카슈(balkhash, 소택지, 낮은 땅).

아프가니스탄 이슬람공화국 Islamic State of Afghanistan

자칭 파슈톤. 예로부터 실크로드 요충지로 번영했다. 1880년에 영국 보호령이 되었고 1919년에 독립. 아프간(산의 민족)과 페르시아어 지명 접미사 '-stan'을 합쳐 '산 민족의 나라'.

[수도] 카불 Kabul
기원전 4세기에 생긴 도시. 카불강 이름에서 유래했다는 설과, 교역품을 보관하기 위한 '창고'를 의미한다는 설이 있다.

아랍에미리트 United Arab Emirates

19세기경에 영국이 상업적 목적에서 보호령으로 삼았다. 1971년에 독립. 아랍(arab)은 '사막 민족, 유목 인종'이라는 뜻. 아랍인은 이 세계를 알라브(al-Rab)라고 부르며, 그곳에 사는 동포를 al-Arab이라고 한다.

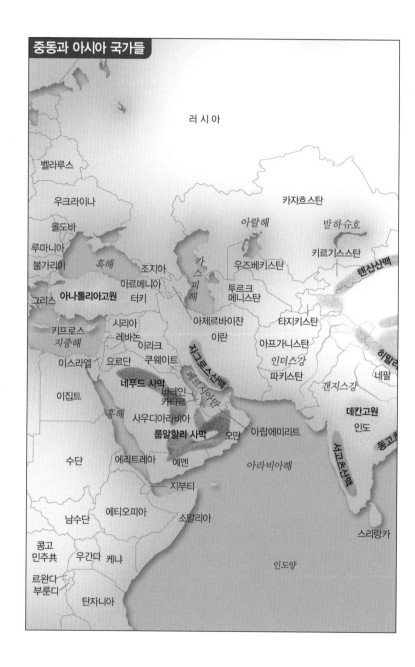

중동과 아시아 국가들

러 시 아

벨라루스

우크라이나

몰도바

루마니아

불가리아   흑해   조지아

그리스   아나톨리아고원   아르메니아   터키

키프로스   시리아

지중해   레바논

이스라엘   이라크

요르단   쿠웨이트

이집트

네푸드 사막

홍해   바레인

카타르

사우디아라비아

롭알할리 사막

수단   에리트레아   예멘

지부티

남수단   에티오피아   소말리아

콩고

민주共   우간다   케냐

르완다

부룬디

탄자니아

카자흐스탄

아랄해   발하슈호

키르기스스탄

우즈베키스탄   톈산산맥

투르크

메니스탄

아제르바이잔   타지키스탄

이란   아프가니스탄

인더스강   히말라

파키스탄   네팔

갠지스강

데칸고원

인도

오만   아랍에미리트

아라비아해

인도양

스리랑카

카

스

피

해

자그로스산맥

페르시아만

서고츠산맥

동고츠

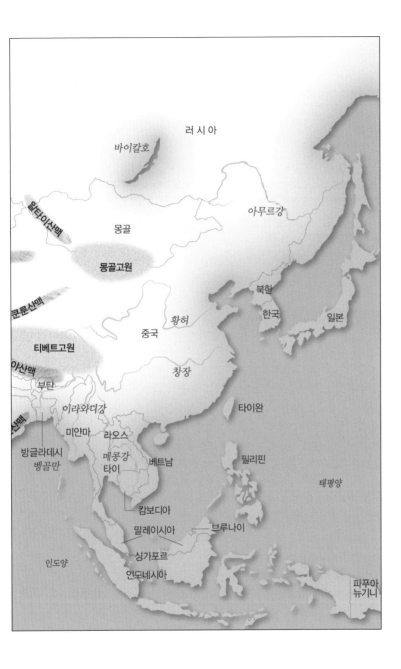

러시아

바이칼호

알타이산맥

아무르강

몽골

몽골고원

쿤룬산맥

황허

중국

티베트고원

창장

야산맥

부탄

북한

한국

일본

이라와디강

타이완

미얀마

라오스

방글라데시

메콩강

벵골만

타이

베트남

필리핀

태평양

캄보디아

말레이시아

브루나이

싱가포르

인도양

인도네시아

파푸아
뉴기니

[수도] 아부다비 Abu Dhabi

아랍어로 abu(아버지)와 dhabi(영양)의 합성어로 '영양의 아버지'라는 옛 명칭.

예멘공화국 Republic of Yemen

자칭 야만(yaman). 아랍어로 '오른쪽'이라는 뜻이다. 메카에 있는 카바 신전을 바라보면 오른쪽에 있는, 즉 남쪽 사막 지방을 예전부터 야만이라고 불렀기 때문이다. 예전부터 홍해와 인도양을 연결하는 요지로 번성했으며, '축복의 비가 많이 내리는 비옥한 아라비아'라고 불렸다. 시바왕국과 힘야르왕국 등 고대 왕국이 번영했다. 1990년 5월에 남북으로 갈라졌던 예멘이 통일을 맞았다.

[수도] 사나 San'a

해발 2,360미터에 달하는 고지에 있다. 에티오피아어로 '바위가 보호함(또는 보호하는 곳)'. 전설에 따르면 《구약성서》에 등장하는 노아의 아들 셈이 세웠는데, 실제로는 6세기에 아랍의 침공에 대비해서 그리스도교도가 건설했다. 그 후 페르시아, 이슬람, 오스만튀르크의 지배를 받았다.

이스라엘 State of Israel

고대에는 가나안이라고 불렸다. 《구약성서》에서는 신과의 계약의 땅으로, 이집트를 탈출한 사람들이 이곳으로 이주했다고 전해진다. 이스라엘인의 선조 야곱이 천사와 싸우는 꿈을 꾸고 yisra(싸우다)와 el(신)을 합친 이스라엘(신의 전사)이라는 칭호를 받았다는 《구약성서》의 기술을 바탕으로 한다. 참고로 헤브라이는 유프라테스강 '건너편에서 온 사람'이라는 뜻이다. 135년에 로마가 이곳을 점령하면서 나라를 잃은 유대인의 방랑이 시작되었다. 19세기에 시오니즘(조국 귀환) 운동이 고양되었고, 1948년에 유럽과 미국의 주도로 팔레스타인 땅에 건국되었다. 그 후 아랍과의 대립이 끊이지 않는다.

[수도] 예루살렘 Jerusalem

헤브라이어 예루(yeru, 도시)와 살렘(shalayim, 평화)의 합성어로 '평화의 도시'. 유대인에게는 옛 신전이 있던 성도(聖都)이고, 그리스도교도에게는 예수 그리스도가 순교한 성지이며, 이슬람교도에게는 예언자 무함마드(마호메트)가 승천한 성지로, 그 귀속 여부를 놓고 오래전부터 분쟁이 끊이질 않는다. 이스라엘은 독립 후 텔아비브가 수도로 정해졌지만 지금은 행정 수도의 역할을 하며, 예루살렘을 수도로 주장한다.

이라크공화국 Republic of Iraq

예전부터 티그리스 · 유프라테스강 하류 일대를 Iraq Arabi(아랍 저지대)라고 부른 데서 유래. 고대 메소포타미아 문명의 무대로 유명하다. 메소포타미아는 그리스어로 meso(사이)와 potamos(하천)의 합성어로 강 사이를 의미한다. 사산 왕조 페르시아, 이슬람제국, 오스만튀르크의 지배를 거쳐 1932년에 독립.

[수도] 바그다드 Baghdad

페르시아어 바그(bagh, 정원)와 다드(dad, 신)로 '신의 정원'. 《구약성서》에 나오는 에덴동산의 무대라고 전해진다. 기원전 2세기경까지 거슬러 올라가는 오래된 도시지만, 762년에 이슬람제국의 아바스 왕조가 수도로 삼으면서 번영하기 시작했고, 13세기에는 몽골이, 15세기에는 티무르가 도시를 파괴했다. 1921년에 영국의 지배를 받을 때 재건되었지만, 1991년에 일어난 걸프 전쟁에서 공습을 받는 등 평화는 요원하다.

이란 이슬람공화국 Islamic Republic of Iran

기원전 5세기에 아케메네스 왕조 페르시아를 시작으로 3세기에는 사산 왕조 페르시아, 이슬람, 티무르제국의 지배를 받았다. 1500년에는 이슬람교 시아파의 사파비 왕조가 일어났다. 1906년에 입헌군주제를 선포하고 1935년에 국명을 페르시아에서 이란으로 바꿨다. 이란은 인도유럽어족 아리아인의 이름인 페르시아어 아리아나(Ariana, 고귀한 사람)에서 유래했다.

[수도] 테헤란 Teheran

해발 1,150미터에 달하는 알보르즈산맥 기슭 고지대에 자리하며, 페르시아어로 '산기슭 끝'을 의미한다. 1786년에 시아파 카자르 왕조가 수도로 삼은 후 페르시아와 이란의 중심지로 번영했다.

인도 India

자칭 바라트(바라타). 아리아인이 처음으로 나라를 일으켰을 때의 왕 바라타의 이름에서 유래했다고 한다. 대서사시 《마하바라타(위대한 바라타 왕)》에도 전해진다. 인도는 인더스강의 산스크리트어 명칭 hindu(물, 대하)에서 유래해 알렉산드로스 대왕의 원정 때 그리스어로 Indos가 되었다. 기원전 1500년경 아리아인이 남하. 중앙 집권 체제 국가를 성립한 것은 1526년 이슬람 무굴제국 치하 때이다. 1877년에 인도제국은 영국의 식민지가 되었지만 1947년에 독립했다.

[수도] 뉴델리 New Delhi
영국 식민지 시대인 1931년, 옛 도시 델리와 다르게 계획도시로 건설. 델리는 기원전 1세기의 왕 라자 딜(Raja Dillw)이 건설한 도시이므로 그의 이름을 따서 붙인 이름이다.

인도네시아공화국 Republic of Indonesia

자칭 누산타라(Nusantara, 자바어로 섬들의 제국, 열도). 인도네시아는 독일의 민족학자 아돌프 바스티안이 1883년 이후 지리 개념 용어로 삼으면서 정착했다. 그리스어로 Indos(인도)와 nesos(섬들)이다. 오래전부터 인도의 영향을 강하게 받았다. 1602년에 네덜란드의 지배를 받았으며, 바타비아라고 불렸다. 제2차 세계대전 때에는 일본이 점유했고, 1945년에 독립. 한 국가로는 이슬람교도의 숫자가 세계 최대이다.

[수도] 자카르타 Jakarta
이슬람교도가 이 지역을 점령했을 당시 산스크리트어로 자이야케루타(Jaia kerta, 승리의 도시)라고 이름 붙였다. 1602년에 네덜란드가 동인도회사의 거점 도시로 영유. 1942년에 일본군이 점유하며 '자카르타'라고 개칭했다.

동티모르 민주공화국 Democratic Republic of Timor-Leste

인도네시아와 오스트레일리아 사이에 있는 티모르섬의 동쪽 지역에 위치한 국가. 1975년 포르투갈 식민지로부터 독립했으나 1976년 인도네시아에 강제 병합된 후, 끈질긴 독립 투쟁 끝에 2002년 독립을 선포했다. 티모르(Timor)는 인도네시아 · 말레이어에서 동쪽이라는 의미로 쓰이는 '티무르(timur)'에서 유래했다. 13개의 주로 구성된 동티모르의 주민들은 거의 모두 가톨릭교도(98%)이고, 포르투갈어와 테툼어(현지어)가 공용어이다.

[수도] 딜리 Dili

천혜의 항구로 네덜란드에 앞서 동인도 제도에 진출한 포르투갈의 무역항이자 식민지 기지였다. 유럽풍의 아름다운 항구 도시로 1769년에 건설되었으며, 1976년 인도네시아 영토가 되었다. 동티모르가 독립 국가가 되면서 수도가 되었다. 여름에는 비교적 서늘하나, 건기가 긴 기후적 특징을 이용해 카카오·커피 등 플랜테이션 작물을 재배한다.

오만 Sultannate of Oman

남예멘 하드라마우트주의 오만 계곡에서 이주한 오만인의 이름에서 유래. 의미는 고대 아랍어로 '이주지'. 고대부터 인도양 교역의 중심지로 번영. 19세기 말에 영국 보호령이 되었다. 세계 최빈국 중 하나였지만 1964년에 유전이 발견되어 부유한 나라로 탈바꿈했다. 1970년 영국으로부터 독립해 카부스 국왕이 즉위하며 개방 정책을 펼쳤다.

[수도] 무스카트 Muscat

마치 산이 바다로 뚝 떨어지는 것같이 산으로 첩첩이 둘러싸인 천연의 양항. 무스카트는 이러한 지형을 일컫는 아랍어.

(카슈미르) Kashmir

전설상의 왕 카샤파(Kashapa)가 이 땅을 열었다고 한다. 그가 산골짜기에 있는 호수를 인더스강과 연결하자 물이 넘쳐흘렀다. 그 물이 마르자 비옥한 넓은 대지가 나타났다. 이 땅을 산스크리트어로 카샤파밀라(Kashapamira, 카샤파의 바다)라고 불렀다. 카슈미르는 여기에서 유래했다. 지역 특산품은 직물로, 캐시미어도 이 지명에서 따온 것이다.

1586년부터 무굴제국의 지배를 받았으며, 1846년에 영국령 인도에 속했다. 1947년에 인도, 파키스탄이 독립할 때 이곳의 귀속 여부가 정해지지 않아 내분이 일어났다. 지금도 인도, 파키스탄, 중국이 귀속 문제를 두고 다투는 중이다.

카타르 State of Qatar

아랍어로 '점, 부분'을 의미. 1760년대부터 영국의 침입이 끊이지 않아 1916년에 영국의 지배 아래에 놓였다. 1971년에 영국이 페르시아만에서 후퇴하면서 독립. 국가 수입의 대부분이 석유에서 발생한다.

[수도] 도하 Doha

아랍어 도우하(dowha, 큰 나무)가 와전된 지명. '만에 있는 마을'이라는 일설도 있다. 진주 채취 거점이면서 교역지로 번영했다. 석유 수출 항구 도시.

대한민국 Republic of Korea

고대 한반도 남쪽에 있었던 마한, 진한, 변한의 '삼한'에서 유래했다. 한(韓)은 '위대한, 군주'라는 의미이다. 676년에 신라가 통일 왕조를 이루었고, 1392년에 이성계가 조선을 건국했다. 1950년에 일어난 한국전쟁으로 인해 38선을 경계로 남북이 분단되었다. 2000년 5월에 분단 이후 처음으로 남북정상회담 실현.

[수도] 서울 Seoul

한국어로 '도읍, 수도'를 의미하는 말로 원래 고유명사는 아니었다. 1394년에 조선의 도읍이 되었다. 1910년 이후 일제강점기에는 경성이라고 불리며 조선총독부가 있었으나, 제2차 세계대전 후 1946년에 서울로 바뀌었다. 중국에서는 얼마 전까지 한성이라고 불렀지만 지금은 서울로 표기한다.

캄보디아왕국 Kingdom of Cambodia

자칭 캄푸챠. 3세기경에 있었던 나라 캄부쟈의 자손이라는 전설에서 유래. 캄부는 나라를 건국한 인도 바라문승이고 쟈는 자손이라는 의미이다. 6세기에 크메르인이 진랍(眞臘)국을 건국. 802년에 앙코르 왕조가 번영했다. 타이, 베트남의 지배를 거쳐 1863년에 프랑스의 보호령이 되었지만 1953년에 왕국으로 독립. 1970년부터 내란으로 많은 희생자와 난민이 생겼다. 1993년에 입헌군주제 국가가 되었다.

[수도] 프놈펜 Phnom Penh
옛날 옛적에 강물에 떠내려가던 불상을 건져서 언덕 위에 모신 펜이라는 여성의 이름에서 유래. 크메르어로 언덕을 뜻하는 프놈(phnom)에 펜(penh)이 붙어 프놈펜

(Phnom Penh. 펜의 언덕)으로 불렸다. 1371년에 크메르인이 건설. 수도이자 교역 요충지로 번영했지만 1975~1978년 폴 포트 정권에 의해 붕괴되었다가 1980년대에 부흥했다.

조선민주주의인민공화국
Democratic People's Republic of Korea: North Korea

고대 중국인이 한반도 북부를 '조광선려(朝光鮮麗. 아침 햇살이 아름다운 땅)'라고 불렀던 데서 유래. 1392년에 이성계가 조선을 건국하면서 국명으로 삼았다. 1948년에 구소련과 중국의 지원을 받은 김일성의 주도로 독립을 선언.

[수도] 평양 Pyeongyang
평(넓은 들판)과 양(평지)의 합성어로 '넓은 평지'. 기원전부터 도시가 있었고, 427년에는 고구려의 도읍으로 번영했다.

키프로스공화국 Republic of Cyprus

고대 지중해 세계에서 동(銅) 산지로 번영했다. 기원전 1000년경에 그리스인, 이어서 페니키아인이 식민지를 개척했다. 국명은 그리스어 키파리소스(kyparissos. 측백나무)에서 유래. 그 후 로마, 베네치아, 오스만튀르크의 지배를 거쳐 1878년부터 영국의 지배를 받았다. 1960년에 독립했지만, 터키계 주민과 그리스계 주민이 대립했다. 1983년에 터키계 주민이 북키프로스터키공화국으로 독립을 선언했으나 아직 대립 중이다.

[수도] 니코시아 Nicosia
기원전 15세기경에 그리스인이 건설했다. 고대 그리스 신화에서 승리의 여신인 니케(Nike)의 이름에 지명 접미사 '-ia'를 붙여서 '니케의 도시'를 뜻한다.

쿠웨이트 State of Kuwait

16세기에 포르투갈인이 교역의 거점으로 삼기 위해 성새를 세우면서 나라의 역사가 시작. 페르시아어로는 kuit(작은 바위). 원래 산스크리트어로 kot(마을. 성새)라고 불렸다고 전해진다. 1756년에 오스만튀르크의 지배를 받는 자치국이 되었지만, 1899년에 러시아의 남하 정책을 경계한 영국이 이곳을 보호령으로 삼아 대항했다. 1961년에 독립.

[수도] 쿠웨이트 Kuwait
국명과 동일함.

사우디아라비아왕국 Kingdom of Saudi Arabia

17세기에 네지드(또는 나지드) 지방에서 번영한 리야드 호족 사우드 가문이 1932년에 국가를 통일, 사우드가의 가문명에 '아라비아(사막 민족의 나라)'를 합쳐서 사우디아라비아(사우드가의 아라비아)가 되었다. 예언자 무함마드(마호메트)의 등장으로 이슬람제국의 나라가 되었다.

[수도] 리야드 Riyadh
사우디아라비아의 시조인 압둘 아지즈 알 사우드, 통칭 이븐 사우드의 탄생지로, 의미는 아랍어로 '정원'.

시리아아랍공화국 Syrian Arab Republic

이집트, 아시리아의 지배를 받은 시기를 지나 기원전 312년에 셀레우코스 왕조의 시리아가 통일했다. 국명은 기원전 7세기경에 번영한 아시리아(Asshur, 일출, 동방)에서 유래했다고 전해진다. '아시아'와 어원이 같다. 서아시아 북부에서 흥한 나라라는 점에서 수리아(북쪽 나라)에 어원을 둔다는 학설도 있다.
시리아 사막은 아랍어로 바디아(초원형 사막)라고 불렸다. 이곳에 살던 유목 민족은 '바다비'였는데, 이 이름이 와전되어 '베두인'이라고 불리게 되었다. 오스만튀르크의 지배를 받은 후 1920년에 프랑스 위임 통치령이 되었다가, 1946년에 독립.

[수도] 다마스쿠스 Damascus
기원전 2500년 전부터 있었던 세계 최고(最古) 도시 중 하나. 일찍부터 농경이 시작되어 아랍어로 '관개된 땅'이라는 의미이다. 아시리아, 로마, 페르시아의 지배를 받았고, 661년에 이슬람 우마이야 왕조의 수도로 번영했다.

싱가포르공화국 Republic of Singapore

산스크리트어로 singha(사자, 영광)와 pura(마을, 도시, 항구)에 어원을 둔다. 10세기 후반 수마트라 스리위자야의 세력권에 속해 있을 무렵, 상 나라 우타마 왕자가 이곳에서 사자를 목격하고, 길조를 상징하는 사자를 기려 '사자의 마을'이라고 이름 붙였다. 포르투갈, 네덜란드의 지배를 받은 이후 1819년에 영국 동인도회사가 영유. 1942년에 일본이 군사적으로 영유했다가 1965년에 독립.

[수도] 싱가포르 Singapore
국명과 동일함.

스리랑카민주사회주의공화국 Democratic Socialist Republic of Srilanka

기원전 6세기에 인도 북부에서 싱할라족이 침입해 지배. 싱할라어 sri(성(聖))와 lanka(찬란하게 빛나다)를 합쳐 '성스럽게 빛나는 섬'을 의미. 랑카는 인도의 대서사시 《라마야나》에 나오는 전설상의 섬이다. 기원전 3세기에 인도의 타밀족이 침입해 왕조를 세웠다. 1505년에 포르투갈, 이어서 네덜란드의 지배를 받았고 1815년에 영국령이 되었다. 옛 국명 싱할라 드비바는 아랍어로 세렌디브, 포르투갈어로 사이란, 영어로는 실론으로 와전되었다. 1972년에 옛 국명을 회복.

[수도] 스리자야와르데네푸라코테 Sri Jayawardenepura Kotte
14세기에 코테 왕조의 수도 자야와르데네푸라(승리를 선사하는 마을)가 건설된 이후 16세기에 황폐해져 콜롬보로 천도. 그러나 1985년에 다시 수도로 정해지면서 스리(Sri, 신성한)와 코테(Kotte, 코테 왕조: 성곽 도시)를 더해 '승리를 선사하는 신성한 성곽 도시'를 의미.

타이왕국 Kingdom of Thailand

타이족의 이름에서 유래. 타이의 어원은 불명확하지만 '자유'라는 뜻으로 해석되기 시작하면서 국명이 '자유의 나라'를 뜻하게 되었다. 옛 명칭 시암은 팔리어 sayam(거무스름한), 혹은 산스크리트어 사얌(황금)이라는 뜻이다. 1257년에 수코타이 왕조가 통일 국가를 이룩한 이래 몇 개 왕조가 이어졌다. 19세기부터 유럽과 미국의 간섭을

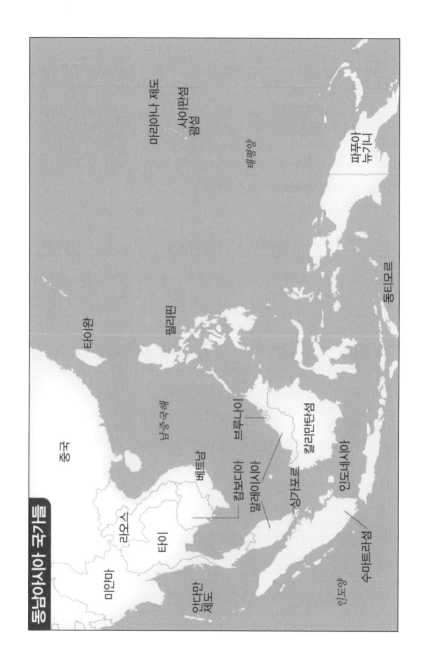

동남아시아 국가들

중국

타이완

미얀마

라오스

타이

베트남

캄보디아

말레이시아

싱가포르

인도네시아

필리핀

자바섬

칼리만탄섬

수마트라섬

동티모르

파푸아
뉴기니

인도양

태평양

팔라우

마리아나 제도

괌

북마리아나
제도

안다만 제도

남중국해

받았지만, 동남아시아에서 유일하게 식민지가 되지 않았다. 1932년에 입헌군주제로 이행했고, 1939년에 시암에서 타이로 국명을 개명.

[수도] 방콕 Bangkok

'암바렐라가 가득한 물가'에 어원을 둔다고 하지만, 이것은 어디까지나 대외적인 통칭이다. 현지의 행정상 공식 명칭은 끄룽텝 마하나콘(Krungthep Mahanakhon, 신의 도시, 위대한 마을)이다.

그러나 이 역시 축약형으로, 정식 명칭은 Kurngthep Mahanakhon Bovorn Ratanakosin Mahintharayutthaya Mahadilokphop Noparatana Ratchathani Burirom Udom Ratchanivetmahasathan Amorn Pimarn Avatarn sathit Sakkatthatthya Visnukarm Prasit(신들이 사는 위대한 도시, 인드라가 만든 고귀한 에메랄드 불상이 안치된 거대한 도시, 아홉 보석이 빛나는 극락정토, 인드라가 내리고 비슈누가 나타난 옛 유적). 이는 1782년에 이곳을 건설한 짜오프라야 챠크리 장군(후에 라마 1세)이 헌사한 문장 일부이다. 타이인도 줄여서 '끄룽텝'으로 부른다.

타이완 Taiwan

중국의 1개 성(省)이지만 실제로는 '중화민국'으로 독립한 상태이다. 15세기경에 타이난(臺南) 지역에 도래한 한(漢)민족을 말레이계 선주민이 타이얀 혹은 타얀(외부에서 온 자)이라고 부른 데서 현재의 국명이 유래했다. '臺灣'은 발음에 맞춰 차용한 한자이다. 포르투갈어로는 Formosa(아름다운 나라)라고 하며, 이 명칭이 유럽으로 전해졌다. 1895년 청일전쟁으로 일본이 영유하게 되었고, 제2차 세계대전 후 중국으로 반환되었다. 그러나 1949년에 중국 국공 내전에서 패한 장제스가 타이완으로 옮겨가 통치하면서 중국과 긴장 관계에 놓였다.

중화인민공화국 People's Republic of China

중화런민궁허궈라고 발음한다. 줄여서 중화 혹은 중궈(중국). 고대 문명 발상지의 한 곳으로, 수많은 왕조가 흥망했다. 중화는 문자 그대로 '세계의 한가운데에 자리한 화려한 나라'라는 의미. 중화사상에 기반을 둔 존칭으로, 쑨원이 중화민국을 건국한 1912년부터 정식으로 사용했다. 1949년에 중화인민공화국으로 개명. 영어명 China는 기원전 221~206년에 중국을 처음으로 통일한 진나라의 발음(Chin)에 접미사 '-a'

를 붙인 것.

[수도] 베이징 Beijing
'북쪽 도시'. 춘추 전국 시대에 연나라가 도읍으로 삼은 이래 역대 왕조의 도읍이자 요지였다. 베이징(北京)은 1420년에 명나라 영락제가 난징(南京)에서 이곳으로 천도하면서 붙인 이름이다. 1928년 국민 정부 시대에는 베이핑(北平)으로 불렸으나, 1949년에 중화인민공화국이 건국되면서 베이징으로 돌아갔다.

터키공화국 Republic of Turkey

유목민 튀르크족에서 유래. '힘이 센 사람, 군단'. 터키는 튀르크가 영어로 와전된 것으로, 영어 터키(칠면조)에서 기원했다. 이곳은 '동서 문명의 십자로'라고 불릴 정도로 기원전부터 수많은 나라의 영향을 받았다. 히타이트, 그리스, 로마, 셀주크튀르크의 지배를 거쳐 1290년부터 오스만튀르크의 중심지로 크게 번영했다. 제1차 세계대전에서 패해 현재의 영토 범위로 줄어들었다.

[수도] 앙카라 Ankara
기원전 1800년부터 기원전 1200년경에 번영한 히타이트제국의 교역 요지. 히타이트어 앙켈(anker, 숙박지) 혹은 옛말 안큐라(골짜기 지역)에서 와전되어 '앙골라'라고 불렸다고 한다. 앙고라, 모헤어라는 섬유 이름도 여기에서 유래했다.

일본 Japan

'일본(日本)'은 '태양이 떠오르는 땅'을 의미한다. 쇼토쿠 태자가 중국 수나라에 자신을 '해가 뜨는 곳의 천자'라고 칭한 것에서 관용적으로 사용하게 되었다. 일본의 알파벳 표기인 재팬(Japan)은 '해가 뜨는 나라'를 복건어(민어)로 지펜쿠(Jih-pen-kuo)라고 불렀기 때문. 《동방견문록》을 저술한 마르코 폴로가 지펜쿠를 지팡구(Zipangu)라고 표기했다.

[수도] 도쿄 Tokyo
메이지 시대에 서쪽 '교토(京都)'와 상대해 동쪽에 있는 수도(京)라는 의미로 '도쿄(東京)'가 되었다.

네팔왕국 Kingdom of Nepal

산스크리트어 nipa(산기슭, 발)와 alaya(거처)에 어원을 둔다고 보는 설이 일반적이다. 카트만두 분지는 예전부터 네팔 계곡이라고 불렸다. 1769년에 인도 구르카족이 이곳에 왕국을 세웠다. 그 후로 군인 전제 정치가 이루어졌으나 1951년에 왕정 복귀.

[수도] 카트만두 Katmandu
힌두교, 불교, 라마교의 오랜 성지로 번영했다. 1596년에 왕이 이곳에 거목 한 그루로 사원을 세웠는데, 산스크리트어로 카스타(kashtha, 나무 한 그루)에 만다파(mandapa, 사원)를 합쳐 카스타 만다프(Kasta mandap)라고 불렀다. 수도명은 여기에서 유래했다.

파키스탄이슬람공화국 Islamic Republic of Pakistan

인더스 문명의 발상지이며, 동서 교역으로 번영. 8세기 이후에 이슬람화했다. 파키스탄은 우르두어에서 pak(깨끗한)과 나라를 뜻하는 접미사 -stan이 결합했다는 설이 일반적이다. 1858년에 영국의 지배하에 놓였다가 1947년에 독립. 1971년에 동파키스탄이 방글라데시로 분리·독립.

[수도] 이슬라마바드 Islamabad
1969년에 건설된 계획도시. 이슬람(Islam, 이슬람교)에 페르시아어 지명 접미사 '-abad'를 붙여 '이슬람교의 도시'.

(팔레스타인 자치 정부) Palestine
기원전 12세기경에 에게해 북부에서 북아프리카를 지나 이주해 온 펠리시테인의 이름을 따서 '펠리시테인의 땅'. 펠리시테는 고대 그리스어로 '속인'.

바레인 State of Bahrain

아랍어로 bahr(바다)와 rein(둘)을 합친 '두 개의 바다'. 소금 바다(아라비아만 또는 페르시아만)와 지하에 흐르는 담수가 뿜어 나오는 바다가 존재한다는 전설에서 따온 이름이다. 포르투갈, 페르시아의 지배를 거쳐 1880년에 영국의 보호를 받게 되지만 1971년에 영국이 페르시아만에서 물러나면서 독립.

[수도] 마나마 Manama

아랍어로 '휴게소'. 어업과 진주 생산업에 종사하다가, 석유 덕분에 금융 도시로 변모했다.

방글라데시 인민공화국 People's Republic of Bangladesh

1971년에 파키스탄에서 분리·독립. '벵골인의 나라'. '벵골'의 의미는 분명하지 않다.

[수도] 다카 Dacca

정식 명칭은 Dhaka. 이 지역 농경의 여신 다게스크리(Dhageskhry)의 이름에서 유래. 오랫동안 교역지로 번영했으며, 1608년 이후 무굴제국의 지배를 받으며 발전했다. 1666년에 영국 동인도회사가 상관을 설치했고 1766년에 영국이 영유.

필리핀공화국 Republic of the Philippines

1521년에 마젤란이 발견. 1542년에 상륙한 스페인의 빌라로부스가 당시 스페인의 황태자 펠리페 2세를 기념해 일대의 섬들을 Islas Filipinas(펠리페 2세의 섬)이라고 이름 지었다. 필리핀은 현지에서 태어난 스페인인을 가리키는 말이었다. 1898년에 독립했지만 미국, 일본이 영유했고 제2차 세계대전 이후에 독립. 아시아에서 유일한 가톨릭 국가이다.

[수도] 마닐라 Manila

1571년에 스페인의 총독 레가스피가 이곳에 성곽 도시 인트라무로스를 세웠다. 제2차 세계대전 이후 케손을 수도로 삼았다가 1976년에 마닐라로 천도했다. 타갈로그어로 마이(mai, 있다)와 니라(nila, 연꽃)를 합친 마이니라의 축약형.

부탄왕국 Kingdom of Bhutan

자칭 종카어로 드럭 걀 캅(용의 나라). 12세기 말엽 라마교를 창시했을 때 겨울 하늘에 천둥이 울렸고, 이를 용의 소리라고 생각한 데서 유래. 부탄은 티베트의 자칭인 산스크리트어 Bhod의 unta(끝)에 있다고 해서 붙은 이름이다. 오랫동안 티베트의 지배를 받았지만 1907년에 통일 왕조 성립. 1910년에 영국의 보호령이 되었다가 1947년에 독립.

[수도] 팀부 Thimphu

1581년에 건설되었다. 해발 3,200미터에 달하는 고지이다. 1950년경에는 왕궁이 있는 푸나카가 수도였고, 팀부는 여름철에 왕이 쉬면서 이용한 수도였다. 그러나 1961년에 대홍수로 푸나카 궁전이 재해를 입은 후 인도의 원조를 받아 팀부로 수도 기능을 옮겼다. '왕의 거주지'를 의미한다.

브루나이 다루살람 Brunei Darussalam

브루나이의 어원은 1521년에 스페인인이 상륙했을 때 섬의 북부를 지배한 브루나이 왕(Brunei)의 이름이다. 의미는 말레이어로 buah nyiur(코코넛). 보르네오섬은 브루나이가 와전된 것이다.

다루살람은 아랍어로 dar(집, 토지, 촌락)와 -salam(평화)이 합쳐져 '평화로운 땅'이라는 의미. 1888년에 영국의 보호국이 된 후 1984년에 동남아시아 식민지 중 마지막으로 독립.

[수도] 반다르스리브가완 Bandar Seri Begawan

말레이어 반다르(bandar, 항구 도시), 스리(seri, 위대한), 베가완(Begawan, 현자)이 합쳐져 '위대한 현자의 항구 도시'를 의미.

베트남사회주의공화국 Socialist Republic of Viet Nam

중국어로 월남(월나라 남쪽 나라)이라고 표기한 것에서 유래. 월나라는 기원전 5세기경에 창장 남쪽에 있던 고대 국가로, 초나라의 침입으로 멸망해 남하하면서 일부가 베트남인의 시조가 되었다. 한때 남월(남베트)이라고 불린 적도 있는데, 19세기 말에 안남국의 구엔 혹 안 황제가 월남으로 바꿨다고 전해진다. 참고로 '안남'이란 8세기경에 중국의 지배를 받으며 '이것으로 남쪽은 안전하다(安南)'라는 의미로 불린 이름이다. 1945년에 베트남으로 개명.

[수도] 하노이 Hanoi

도시 외곽으로 송코이(紅河)강이 흐르고 있는 지형적인 이유로 구부러진 강 안쪽이라는 의미에서 하노이(Ha Noi: 河內)란 지명이 유래했다. 545년에 건설되었다. 1010년부터 수도로 번성. 1635년 이후 통킹이라고 불렸으나 1831년에 하노이로 되돌아왔다.

(홍콩특별행정구) Hong Kong Special Administrative Region

일찍이 홍콩섬 남안에 있는 애버딘에서 향나무를 출하했기 때문이라고 하지만 분명하지는 않다. '홍콩'은 여기에서 비롯한 이름 샹강(香港)의 광둥어 발음이 영어로 와전된 것이라고도 한다. 영국이 1842년 아편전쟁으로 홍콩섬을, 1856년 애로호 사건으로 주룽(九龍)을 할양받았다. 1898년에 99년간 차용이 확정되었고, 1997년 7월에 중국에 반환되었다.

(마카오 특별행정구) Macao Special Administrative Region

포르투갈령이었을 때의 국명으로, 중국명은 아오먼(澳門). 항해의 수호 성녀 아마(阿媽)를 모시는 아마각묘가 있기 때문에 아마항(아마가오)이라고도 불린다. 이것이 포르투갈어로 마코우, 마카오라고 와전되었다고 한다. 1557년에 포르투갈이 조차권을 획득했고 1887년에 포르투갈 영토가 되었다. 1987년에 중국, 포르투갈이 반환 공동 선언을 발표하면서 1999년 12월에 중국에 환원되었다.

말레이시아 Malaysia

산스크리트어 malaya(산지)에서 유래. 원래 인도 남동부 수마트라에서 사용된 지명이었지만, 15세기경에 그곳에 살던 주민이 말레이반도로 이동하면서 지명도 옮겼다고한다. 원주민들은 Bumiputra(땅의 아들). 15세기에 믈라카 왕조가 성립. 포르투갈과 네덜란드의 지배를 거쳐 1824년에 영국이 영유했고 1895년에 영국령 말라야 연방이되었다. 1957년에 독립.

[수도] 쿠알라룸푸르 Kuala Lumpur

19세기 중반에 중국인이 주석을 채굴하기 위해 정주했다. 강이 탁해서 쿠알라(kuala, 합류점, 하구)와 룸푸르(lumpur, 탁한)를 합쳐 '탁한 합류점'.

미얀마 연방 Union of Myanmar

버마어로 미얀마(myanma, 강한 사람). 산스크리트어 무란마(mranma, 강한)에서 유래했다. 옛 명칭 버마는 힌두교의 창조신 브라흐마(Brahma, 불교에서 말하는 범천)에서 따왔다고 전해진다. 1044년에 파간 왕조가 통일 국가를 이루었고, 1735년에 아라운파야 왕조 성립. 1886년에 영국령 인도에 합병되었지만 1948년에 독립. 1989년에 현재 국가명으로 개명.

[수도] 양곤 Yangon

기원전 585년에 불교 신도들의 성지 슈웨다곤 파고다(불탑)를 세우면서 함께 세워졌다고 전해진다. 1755년에 버마족 최후의 왕조인 얼라웅퍼야(또는 꼰바웅, 꽁바웅) 왕조의 초대 왕 얼라웅퍼야가 이 땅에 침공해서 이름 붙였다. 양곤은 yanggoung(전쟁의 끝)을 의미한다. 1852년에 영국이 영유하며 영어 표기 랑군(Rangoon)으로 변경했다가 1989년에 버마어 표기로 되돌렸다.

몰디브공화국 Republic of Maldives

현지어 mala(조금 높은)와 diva(dive, 섬)의 합성어. 포르투갈, 네덜란드의 지배를 거쳐 1887년에 스리랑카 식민지로 영국 보호령이 되었다. 1965년에 독립. 환초군으로 이루어진 나라로, 해발 최고 지점이 3.2미터에 불과해 지구온난화로 인한 수몰 위기에 놓였다.

[수도] 말레 Male

국명 말라(조금 높은)에서 유래했다. 1116년에 이슬람교를 받아들이며 '술탄의 섬'이라고 불리게 되었다. 몰디브의 중심지.

몽골 Mongolia

13세기에 칭기즈칸이 몽골제국을 수립. 몽골은 mong(강한, 용감한)에 gul(사람, 이방인)을 합친 것. 인도에 건국된 이슬람계 무굴제국은 '몽골'이 아랍어로 변한 것이다. 중국에서는 발음에 따라 '몽고(蒙古)'로 표기했다. 17세기에 청나라의 지배를 받았지만 1921년에 구소련의 지원을 받아 몽골인민공화국으로 독립. 1992년에 사회주의가 한계에 다다라 국명도 변경.

[수도] 울란바토르 Ulan Bator

1923년에 나라를 세운 수호바토르(Suhbator)의 이름이 몽골어 바토르(bator, 영웅)와 비슷하다는 데서 붙여졌다. 울란(붉은)에 붙어 '붉은 영웅'. 중국명은 쿠룬(庫倫)으로, 몽골어 쿠레(khure, 사묘, 사원)에서 유래했다.

요르단 하심왕국 Hashemite Kingdom of Jordan

고대 이집트, 아시리아, 페르시아, 로마, 이슬람의 지배를 받았던 지역. 사해로 흐르는 요르단강의 지형을 나타낸 헤브라이어 요르단(흘러내리다)에서 유래했다. 1517년에 오스만튀르크의 속령이 되었고 1921년에 영국령이 되었다. 1946년에 트란스요르단(요르단강 동쪽 지역. 요르단이 영국의 위임 통치령이었던 때의 이름)으로 독립. 1949년에 트란스요르단에서 '요르단 하심왕국'으로 개명했다. Hashemite는 무함마드(마호메트)의 증조부 하심의 자손이라는 의미이다.

[수도] 암만 Amman

《구약성서》에서 암몬인이 건설한 도시 암몬(Ammon)에서 유래했다. 암몬은 그리스어로 아모스(amos, 모래). 이 도시의 사막에는 그리스 신화의 최고 신 제우스의 신전이 있었다. 635년에 이슬람화하면서 암만으로 불리게 되었다.

라오스인민민주공화국 Lao People's Democratic Republic

타이계 라오족 이름에서 유래했다. 옛 타이어로 lao(사람). 담뱃대 설대(라우)의 어원이기도 하다. '란상', '란창'이라는 별명은 메콩강의 통칭이며, '코끼리 100만 마리'라는 의미도 있다. 1353년에 란상왕국이 나라를 통일했다. 버마, 시암의 지배를 받았으며 1893년에 프랑스령이 되었다. 1953년에 독립.

[수도] 비엔티안 Vientiane

라오어 비엔(vien, 마을)과 티안(tiane, 백단)으로 '백단의 마을'. 귀중한 향나무인 백단의 산지라는 데서 온 이름이다. 16세기에 란상왕국의 수도로 번영했다.

레바논공화국 Republic of Lebanon

지중해에서 바라보았을 때, 산맥에 눈이 하얗게 쌓였기 때문에 고대 아람어로 laban(하얀). 자칭은 아랍어로 루브난. 고대 페니키아인의 땅으로 번성했다. 로마, 이슬람, 오스만튀르크의 지배를 거쳐 1922년에 시리아 일부로 귀속되며 프랑스의 위임 통치령이 되었다. 1943년에 독립. 민족, 종교가 매우 복잡한 '모자이크 국가'라고 불린다. 내전으로 국가 상황이 피폐하다.

[수도] 베이루트 Beirut
기원전 15세기경에 페니키아인이 베리투스(berytus, 우물)라는 이름의 항만 도시를 건설한 데서 유래. '중동의 파리'로 불렸지만, 1975년 이후 내전으로 황폐해졌다.

아프리카

자연 지명

아틀라스산맥 Atlas
그리스 신화에 등장하는 '거인 아틀라스'. 그리스인들은 이 산맥에 하늘을 떠받치는 거인 아틀라스(아틀라스는 '짊어지다'라는 뜻)가 산다고 생각했다. 영어로 지도를 아틀라스라고도 부르는 것은 16세기에 한 지리학자가 지도 면지에 거인의 그림을 실은 데서 비롯되었다.
한편, 베르베르어의 adrar(산)가 그리스어로 와전되었다는 학설도 있다.

킬리만자로산 Kilimanjaro
'추위를 가져오는 신의 산'. 스와힐리어 kilima(산)와 njaro(추위를 가져오는 신)의 합성어라는 설과, 스와힐리어 kilima(산)와 mngaro(빛나다)의 합성어로 '빛나는 산'이라는 설이 있다. 마사이어로는 누가에 누가이(신의 집).

드라켄즈버그산맥 Drakensberg
'용의 산'. 네덜란드어 draak(용)와 berg(산)의 합성어.

에티오피아고원 Ethiopia
'햇볕에 탄 사람의 나라'. 그리스어 aitos(햇볕에 탄)와 ops(사람, 얼굴)에 지명 접미사 '-ia'를 붙였다. 별칭 아비시니아는 '혼혈의 땅'.

홍해 Red Sea

갈색 사막(적색)에 둘러싸였기 때문에. 고대 이집트어에서 '사막'과 '적색'은 동의어.

칼라하리 사막 Kalahari
코이족(호텐토트)의 말로 kari kari(괴로움).

사하라 사막 Sahara
'사막'. 아랍어로 '황폐한 토지'라는 뜻.

자이르강 Zaire (콩고강)
'거대한 강'. 반투어 nzadi(거대한 강)가 포르투갈어로 변한 것.

나일강 Nile
'강'. 고대 이집트어 이르(강)에 관사 'na-'가 붙은 것.

나이저강 Niger
'강'. 유목민 투아레그족 말 negiren(강)이 프랑스어로 변한 것.

탕가니카호 Tanganyika
'호수'. 반투어 tanganya(물이 모인 곳).

빅토리아호 Victoria
1858년에 영국인 탐험가 스피크가 이곳을 발견했을 당시 영국 왕이던 빅토리아 여왕을 기념해 붙인 이름. 우간다, 탄자니아, 케냐의 3개국에 의해 분할되어 있다.

말라위호 Malawi
'흔들리는 불꽃'. 난자어 말라비(maravi, 흔들리는 불꽃, 밝은 안개)에서 유래했다. 또 옛 명칭 니아사호는 반투어로 '커다란 물웅덩이', '넓은 호수'를 의미한다. 말라위, 모잠비크, 탄자니아 국경 지대에 있다.

알제리민주인민공화국 Democratic People's Republic of Algeria

수도명 알제가 먼저 생겼다. 로마, 이슬람의 지배를 받았고, 1518년에 오스만튀르크가 후미에 있는 섬 네 곳에 항구를 건설한 것에서 이름 지어졌다. 아랍어 al-jazair(섬들)가 프랑스의 지배를 받으면서 '알제'로 축약되었다. 국명은 알제에 지명 접미사 '-ia'를 붙인 것이다. 1834년에 프랑스에 합병되었지만 1962년에 독립.

[수도] 알제 Alger
기원전 9세기에 페니키아의 위성 도시 카르타고가 이코시움이라는 이름을 붙여 건설. 국명과 같음.

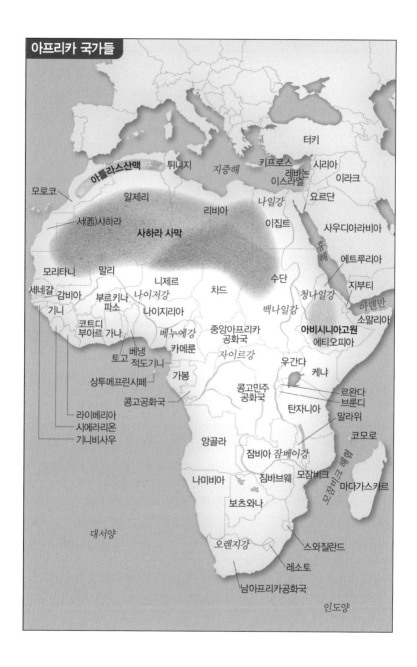

아프리카 국가들

터키
키프로스
레바논
이스라엘
시리아
이라크
요르단
지중해
아틀라스산맥
튀니지
모로코
알제리
리비아
나일강
사우디아라비아
서(西)사하라
사하라 사막
이집트
홍해
에트루리아
모리타니
말리
니제르
차드
수단
지부티
세네갈
감비아
부르키나
파소
나이저강
백나일강
청나일강
아덴만
기니
나이지리아
소말리아
코트디
부아르
가나
베누에강
중앙아프리카
공화국
아비시니아고원
에티오피아
베냉
토고
적도기니
카메룬
자이르강
우간다
케냐
상투메프린시페
가봉
라이베리아
시에라리온
기니비사우
콩고공화국
콩고민주
공화국
탄자니아
르완다
브룬디
말라위
코모로
앙골라
잠비아
잠베강
모잠비크
나미비아
짐바브웨
모잠비크해협
마다가스카르
보츠와나
대서양
오렌지강
스와질란드
레소토
남아프리카공화국
인도양

앙골라공화국 Republic of Angola

16세기까지 번영한 흑인 왕국 반투 응골라(BantuNgola, 반투족 왕)에서 유래. 1482년 이후 포르투갈 식민지 시대에 응골라(왕)가 포르투갈어 앙골라로 바뀌었다. 노예 무역으로 번영. 1975년에 독립.

[수도] 루안다 Luanda
반투어로 '밧줄, 덫'. 1575년에 포르투갈인이 상 파울로 데 루안다(São Paulo de Luanda, 루안다의 성 파울로)라는 이름으로 건설해 노예 선적항으로 이용했다.

우간다공화국 Republic of Uganda

19세기까지 지속된 부간다왕국의 부간다인에서 유래했다. 반투어로 bu(나라)와 ganda(경계)라는 의미라고 전해진다. 1894년에 영국령이 되었고 1962년에 독립.

[수도] 캄팔라 Kampala
반투어 카(언덕)와 팔라(영양)로 '영양의 언덕'. 부간다왕국의 수도로 번성했지만 1890년에 영국이 요새로 삼았다.

이집트아랍공화국 Arab Republic of Egypt

이집트 문명 발상지. 5,000년의 역사를 지닌 최장수 국가. 이집트는 고대 이집트의 수도 멤피스의 고대 명칭인 Hat-ka-Ptah(창조신 프타의 성역)가 그리스어로 아이깁토스로 바뀌고 또 라틴어로의 변화를 거쳐 오늘날의 이름이 되었다. 자국에서는 미스르라고 부른다. 미스르는 아랍이 침략을 위해 이집트 각지에 세운 군영 도시를 말한다. 그 후 로마의 속령이 되었고 이슬람, 오스만튀르크, 영국의 지배를 거쳐 1922년에 독립.

[수도] 카이로 Cairo
968년에 건설되었다. 아랍어로 알 카히라(al-Qahira, 승리)에서 유래.

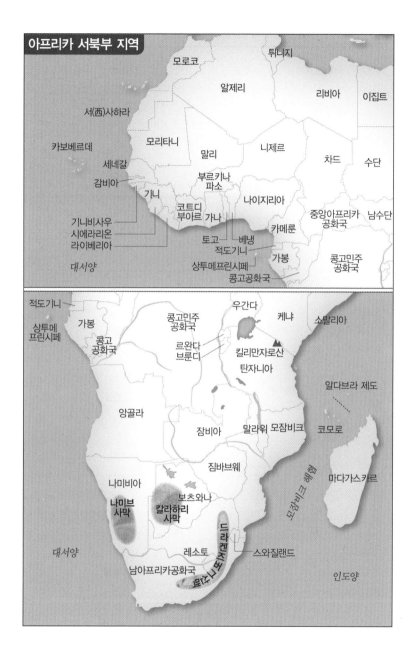

아프리카 서북부 지역

모로코
알제리
튀니지
리비아
이집트

서(西)사하라

카보베르데

모리타니
말리
니제르
차드
수단

세네갈

감비아

기니

부르키나
파소

나이지리아

중앙아프리카
공화국
남수단

기니비사우
시에라리온
라이베리아

코트디
부아르 가나

토고
베냉
적도기니

카메룬

가봉

콩고민주
공화국

대서양

상투메프린시페

콩고공화국

적도기니

상투메
프린시페

가봉

콩고
공화국

콩고민주
공화국

우간다

케냐

소말리아

르완다
브룬디

킬리만자로산

탄자니아

알다브라 제도

앙골라

잠비아

말라위 모잠비크

코모로

마다가스카르

짐바브웨

나미비아

나미브
사막

보츠와나

칼라하리
사막

모잠비크 해협

대서양

레소토

드라켄즈버그

스와질랜드

남아프리카공화국

드라켄즈버그

인도양

에티오피아연방민주공화국 Federal Democratic Republic of Ethiopia

그리스어 aitos(햇볕에 탄)와 ops(얼굴)에 지명 접미사 'ia'를 붙였다. 고대 그리스인은 사하라 사막 남부를 막연하게 에티오피아(아이토스오프시아)라고 불렀다. 기원전 10세기에 왕국이 세워졌고, 1941년까지 국명은 아비시니아였다. 아랍어 habash(검은)에 지명 접미사 'ia'를 붙인 것이 포르투갈어로 변한 것이다. 4세기에 이집트의 콥트교(이단으로 여겨지는 기독교)가 전해진 후 콥트교를 믿는다.

[수도] 아디스아바바 Addis Ababa
메넬리크 2세가 이 지역에 궁전을 세우고 공용어인 암하라어의 아디스(addis, 새로운)와 아바바(ababa, 꽃)를 합쳐 아디스아바바(새로운 꽃)라고 이름 붙였다.

에리트레아 State of Eritrea

고대부터 홍해 교역의 중요한 거점. 홍해의 어원인 그리스어 erythraeum(붉은)에 지명 접미사 'ia'를 붙여 '붉은 땅'. 1885년에 이탈리아가 이곳을 지배했을 때 이름을 붙였다. 1952년에 국제연합의 결의에 따라 에티오피아와 연방이 될 예정이었으나, 에티오피아가 강제 편입을 해서 분리·독립 운동이 일어났다. 1993년에 독립.

[수도] 아스마라 Asmara
그리스어 아스(as, 동)와 mare(바다)로 '동쪽 바닷가 마을'. 1889년에 이탈리아가 식민지 경영 거점으로 삼았다.

가나공화국 Republic of Ghana

4~13세기에 서아프리카 수단 지방에서 번영한 가나왕국의 이름에서 유래. '가나'는 왕의 존칭어라고 하지만 분명하지 않다. 1471년에 포르투갈인이 발견한 이래 18세기까지 노예 무역의 거점이 되었다. 1901년에 영국령 골드 코스트라는 이름으로 불렸지만 1957년에 독립.

[수도] 아크라 Accra
16세기에 아칸족이 동쪽에서 이 지역으로 들어온 가족(族)을 아칸어로 응크란(nkran,

검은개미 무리)이라고 불렸던 데서 유래.

카보베르데공화국 Republic of Cape Verde

대서양에 있는 섬 15개로 구성된다. 아프리카 서단, 현재 세네갈이 있는 베르데곶의 이름을 딴 것으로 포르투갈어 cabo(곶)와 verde(녹색)를 합쳐 카보베르데. 1456년에 포르투갈인이 발견했을 때 지은 이름이다. 1495년부터 포르투갈령이 되었지만 1975년에 독립.

[수도] 프라이아 Praia
1460년에 포르투갈인이 발견하고 프라이아(해변)라고 이름 지었다.

가봉공화국 Gabonese Republic

포르투갈어 가봉(gabão, 선원용 외투)에서 유래했다. 선주민의 의복이 선원이 입는 외투와 비슷했기 때문이라고 전해진다. 1485년에 포르투갈인 디오고 캉이 도착한 이후 19세기까지 노예 무역의 거점이 되었다. 1842년에 프랑스가 지배했으며 1960년에 독립.

[수도] 리브르빌 Libreville
1849년에 프랑스가 노예 해방의 거점으로 삼고 노예들에게 생활 터전을 제공하려는 목적으로 건설한 도시. 프랑스어 리브르(libre, 자유로운)와 빌(ville, 도시)의 합성어로 '자유로운 도시'.

카메룬공화국 Republic of Cameroon

포르투갈어 리오 도스 카메로스(Rio dos Camerões, 새우의 강)에서 유래. 포르투갈인이 도착한 우리강 하구에 새우가 대량 서식했기 때문에 붙여진 이름. 15세기 말엽에 포르투갈인이 찾아왔으며, 1884년에 독일이 해안 지역을 지배했다. 1919년에 영국과 프랑스가 분할 통치. 1960년에 프랑스령이 독립했고, 1961년에 영국령을 통합해 연방제를 시행.

[수도] 야운데 Yaounde

1888년에 독일이 지배했을 때 건설되었으며, 프랑스 위임 통치령 시대에 수도가 되었다. 현지어 에원도어로 '땅콩'이라는 의미.

감비아공화국 Republic of The Gambia

토착 언어로 감비(gambi, 강) 혹은 '둑'에서 유래한다고 전해진다. 15세기 후반에 도착한 포르투갈인이 이를 고유명사로 오인해 이름으로 부르게 되었다. 18세기까지 노예무역의 거점이었다. 1843년에 영국 식민지가 되었다가 1965년에 독립. 땅콩 및 피혁 출하 거점.

[수도] 반줄 Banjul

현지의 만딩고어로 '기름야자가 무성한 땅'. 옛 명칭은 1816년에 금지된 노예 무역을 감시하기 위해 마을을 건설한 영국인 배서스트의 이름을 딴 배서스트였다.

기니공화국 Republic of Guinea

15세기 후반에 포르투갈인이 처음으로 도착했지만 그 후 18세기까지 유럽인의 진출은 없었다. 원래 서아프리카 연안을 통틀어서 일컫는 말로, 베르베르어 akaln(까만 사람)과 lguinawen(토지)의 축약형 아구나우(Agunau)가 Guinea로 와전되었다는 학설, 혹인 왕국 기네아(Ghinea)에서 유래했다는 학설이 있다. 1890년에 프랑스령이 되었고 1958년에 독립.

[수도] 코나크리 Conakry

현지 언어로 '건너편 기슭'. 프랑스인이 마을의 이름을 물어본 장소가 마침 섬이어서 현지인이 '코나크리(건너편 기슭)'라고 대답한 것이 그대로 지명이 되었다. 1890년부터 프랑스의 지배를 받으며 상업 항구로 번영.

기니비사우공화국 Republic of Guinea—Bissau

기니의 어원은 '기니'를 참조. 비사우는 포르투갈의 항해 왕 엔리케가 1415년에 북아프리카 무어인의 거점 세우타를 공략하는 데 성공했을 때 획득했다. 중세 포르투갈 지역에 있던 최고 공령(公領) 비제우에서 따와 이름 붙였다. 1446년에 포르투갈인이 들어온 이후 19세기까지 노예 무역 중계지로 이용되었다. 1879년에 포르투갈령이 되었고, 1974년에 독립.

[수도] 비사우 Bissau
국명과 동일. 1687년에 포르투갈이 노예 무역을 위한 항구로 건설했다.

케냐공화국 Republic of Kenya

7세기에 아랍인이 인도양 무역을 위해 이곳에 마을을 건설했다. 캄바족 언어로 kiinya(원고지 모양)를 어원으로 하는 케냐산에서 유래했다. 산을 바라보면 눈과 바위가 마치 원고지처럼 보였기 때문이라고 전해진다. 16세기에 포르투갈인이 진출. 1895년에 영국의 보호령이 되었고 1963년에 독립.

[수도] 나이로비 Nairobi
1899년에 영국인이 철도 시설 거점으로 건설했다. 마사이어로 '찬물'.

코트디부아르공화국 Republic of Côte d'Ivoire

프랑스어 côte(해안)와 de(~의)와 ivoire(상아)로, '상아 해안'(영어명은 Ivory Coast). 15~18세기에 이 지역에서 상아 거래가 이루어졌기 때문이다. 1475년에 포르투갈인 페르난 고메즈가 이름 붙였다. 1893년에 프랑스령이 되었고 1960년에 독립.

[수도] 야무수크로 Yamoussoukro
초대 대통령 펠릭스 우푸에 부아니의 숙모가 살았기 때문에 야무수크로(숙모의 마을)라고 불렸다. 이것이 그대로 지명이 되었다.

코모로이슬람연방공화국 Federal Islamic Republic of the Comoros

인도양 모자이크 해협 북부에 있는 섬으로 이루어진 해양국. 고대 그리스에서 전설의 섬으로 여긴 '달의 산'을 발견했다고 생각한 아랍인이 제벨(djebel, 산)과 에르 코무르(el komr, 달)를 합쳐 '달의 산'으로 명명했다. 국명은 이 코무르(달)에서 유래했다.

1886년에 프랑스가 영유. 1975년에 독립. 1978년 코모로공화국에서 현재 국명으로
변경.

[수도] 모로니 Moroni

코모로 제도 서부 응가지자섬(그랑드코모르섬) 서안에 있는 마을. 의미는 불명. 어업
항구였지만 독립과 함께 수도가 되었다.

콩고공화국 Republic of the Congo

1482년에 포르투갈인 디오고 칸이 발견. 15세기에 번영한 반투계 바콩고족의 콩고
왕국명에서 유래. 콩고는 반투어로 '산(나라)'. 16~18세기에 걸쳐 노예 무역 거점이
었다. 1885년에 프랑스의 식민지가 되었다. 프랑스 공동체 자치국 시절을 지나 1960
년에 독립. 1970년에 사회주의 국가를 선언하며 콩고인민공화국이 되었다. 1991년
에 사회주의가 벽에 부딪혀 현재 국명으로 돌아왔다.

[수도] 브라자빌 Brazzaville

1883년에 프랑스 탐험가 피에르 브라자(Pierre Brazza)가 내륙 탐험 거점으로 삼은 장
소. 그의 이름을 따 '브라자의 마을'이라고 이름 지었다. 빌(ville)은 프랑스어로 '마을'.

콩고민주공화국 Democratic Republic of the Congo

1498년에 포르투갈인 디오고 칸이 발견. 옛 명칭 자일은 자이르강에서 유래했고, 반
투어로 응자디(nzadi, 거대한 강). 1885년에 벨기에의 지배를 받기 시작했고, 1960년에
독립. 1997년에 현재 국명이 되었다.

[수도] 킨샤사 Kinshasa

반투어로 '과일나무가 무성한 마을'. 1887년에 벨기에 왕 레오폴드 2세가 탐험가 스
탠리에게 명령해 건설한 마을로, 1960년에 독립하기 전까지 레오폴드빌(Leopoldville,
레오폴드의 마을)로 불렸음.

상투메 프린시페 민주공화국
Democratic Republic of São Tome and Principe

상투메, 프린시페라는 주요 두 섬의 이름에서 따왔다.

상투메섬은 포르투갈인 에스코바르가 1471년 성 토마스의 날(7월 3일)에 발견했기 때문. 프린시페섬의 이름은 '왕자'라는 의미로, 항해 왕 엔리케에게 헌상한 것이다. 둘 다 포르투갈어. 1522년에 포르투갈이 영유한 이후 노예 무역 중계지가 되었다. 1975년에 독립.

[수도] 상투메 São Tome
국명과 동일.

잠비아공화국 Republic of Zambia

잠베지강의 이름에서 유래. 반투어 zambezu(거대한 수로)라는 의미. 1798년에 포르투갈인 마젤란이 도착했다. 1889년에 남아프리카를 지배하던 영국인 세실 로즈가 진출하면서 영국 남아프리카회사의 지배를 받았다. 1911년에 로즈의 이름을 따서 북로디지아(남쪽은 짐바브웨)가 되었고, 1964년에 독립.

[수도] 루사카 Lusaka
1905년에 철도 건설과 함께 건설. 족장 루사카스(Lusaakas)의 이름에서 유래했다.

시에라리온공화국 Republic of Sierra Leone

1461년경 포르투갈인이 발견. 16~18세기에 걸쳐 노예 무역 거점이 되었다. 반도 형태가 사자의 등을 닮았다는 데서 포르투갈어 serra(등), da(~의), lioa(사자)를 합쳐 붙여진 이름. 이것이 지도상에 Sierra Leone(사자의 산)이라고 표기되었다. 1808년에 영국령이 되었고 1961년에 독립.

[수도] 프리타운 Freetown
1787년에 아프리카 및 서인도 제도에서 해방된 노예들을 위해 영국이 건설했다. '자유 마을'이라는 의미.

지부티공화국 Republic of Djibouti

이사어로 dji et bout(다우선 정박지)가 아랍어로 와전되었다고 전해진다. 다우선은 커다란 삼각돛을 단 범선으로, 아랍인이 인도양을 항해할 때 주로 사용했다. 19세기에 프랑스가 건설했으며, 1896년에 프랑스령 소말리아 해안이라는 이름으로 불렸다. 1967년에 프랑스령 아파르족·이사족 자치령으로 개명. 1977년에 지부티로 독립.

[수도] 지부티 Djibouti
국명과 동일. 1917년에 에티오피아 아디스아바바 사이에 철도를 개통하며 무역항으로 발전.

짐바브웨공화국 Republic of Zimbabwe

흑인이 세운 짐바브웨 유적 이름에서 유래. 쇼나어로 '돌집'. 1855년에 영국 탐험가 리빙스턴이 발견했다. 옛 명칭 로디지아는 1889년에 영국인 세실 로즈가 영국 남아프리카회사를 세우고 이곳을 지배하면서 붙인 이름. 1911년에 로디지아는 북(잠비아)과 남(짐바브웨)으로 분열했다. 1923년에 영국 자치령이 되었고, 1965년에 로디지아공화국으로 독립 선언을 하고 백인 정권을 수립했으나, 국제적으로 비난이 쏟아지고 무장 봉기도 일어나 1980년에 아프리카인 주권 국가로 독립.

[수도] 하라레 Harare
1890년에 영국 남아프리카회사가 솔즈베리라는 이름으로 건설. 1982년에 독립할 당시 족장이었던 하라레의 이름에서 따왔다.

수단공화국 Republic of the Sudan

수단은 아랍어로 '검은 사람'이라는 의미이다. 아랍인은 일찍이 사하라 남쪽 아프리카 전역을 수단이라고 불렀다. 오래도록 고대 이집트의 지배를 받았다. 7세기에 아랍의 침공을 받으며 이슬람화했다. 1821년에 이집트의 속령이 되었고, 1956년에 독립.

[수도] 하르툼 Khartoum
1821년에 침공해 온 이집트군이 건설한 군영지가 기원. 백나일과 청나일 사이에 있는 가늘고 긴 지형을 아랍어로 알-하르툼(al-Khurtum, 코끼리 무덤)이라고 부른 데서 유래. 세계에서 가장 더운 도시 중 하나.

남수단공화국 The Republic of South Sudan

아프리카 동북부에 있는 내륙국으로 수단의 남쪽, 우간다·케냐·콩고의 북쪽, 에티오피아의 서쪽, 중앙아프리카공화국의 동쪽에 자리 잡고 있다. 2011년 수단에서 분리되어 남부 10개 주가 아프리카 대륙 54번째 독립 국가가 되었고, 193번째 유엔 회원국으로 등록되었다.

[수도] 주바 Juba
주바는 나일강의 포구로 백나일의 주요한 합류 지점이다. 남부 수단의 중심지인 주바는 1, 2차 수단 내전을 일으켰던 남부 반군의 중요한 거점이었다. 내전 이전에는 교통의 요충지로서 케냐와 우간다. 콩고민주공화국을 잇는 고속도로가 있었지만 계속되는 내전으로 인해 기능을 많이 상실했다. 남수단의 유일한 대학인 주바 국립대학과 남수단의 관문인 주바 공항이 있다.

스와질란드왕국 Kingdom of Swaziland

'스와지인의 나라' 어원은 19세기 전반에 이 지역을 통치한 족장 음스와티(Mswati)의 이름이라고 전해진다. 1815년에 스와지왕국이 건국됨. 1907년에 영국 보호령이 되었고, 1968년에 독립.

[수도] 음바바네 Mbabane
20세기 초엽에 건설. 19세기 왕 음반두제니(Mbandzeni)의 이름에서 유래.

적도기니공화국 Republic of Equatorial Guinea

기니만에 있는 주도 비오코섬이 적도 부근에 있기 때문에 붙은 이름. 1472년에 포르투갈인 페르낭 포가 비오코섬을 발견했다. 1494년에 포르투갈령이 되었고 1778년에 스페인에 할양되었다. 1968년에 독립.

[수도] 말라보 Malabo
1827년에 영국이 스페인에서 조차(租借)해 금지된 노예 무역 단속 거점으로 건설했다. 1843년에 산타 이사벨이라는 이름으로 스페인령에 복귀. 카카오, 커피, 바나나 등 아프리카 특산물 선적항으로 번영했다. 독립 후, 당시 부비족의 족장 이름을 따와 말라보라고 개명했다.

세이셸공화국 Republic of Seychelles

인도양에 있는 많은 섬으로 구성된 나라. 1505년에 포르투갈인이 상륙. 1756년에 프랑스 재무장관 모로 드 세셸 자작의 명을 받은 코르세이유 모르페가 향수를 만드는 데 사용하는 식물 채취를 위해 상륙하면서 '의뢰주의 소유지'라는 뜻으로 이름 지었다. 1814년에 영국에 할양되었고 1976년에 독립. 마다가스카르섬의 북동쪽에 위치.

[수도] 빅토리아 Victoria
세이셸 제도에서 가장 큰 섬 마에의 항구. 영국 빅토리아 여왕의 이름에서 유래.

세네갈공화국 Republic of Senegal

세네갈강에서 유래. 의미는 베르베르어로 sanhadja(강), 혹은 올로프어로 sunugal(우리의 카누)이라고 전해진다. 1444년에 포르투갈인이 발견했고 16~18세기에 노예 무역의 거점이 되었다. 1854년에 프랑스가 영유. 1960년에 독립.

[수도] 다카르 Dakar
1857년에 프랑스가 성새를 쌓으면서 마을이 함께 생겼다. '물이 적은 땅'이라는 의미.
(세인트헬레나섬) St. Helena ex, dep.
남대서양에 있는 영국령 화산섬. 1502년에 포르투갈인 J. 노바 카스텔라가 발견한 날이 로마 황제 콘스탄티누스의 어머니 헬레나의 탄생일이어서 붙은 이름. 1633년에 네덜란드가 영유권을 획득. 1659년에 영국 동인도회사의 관할 아래에 들어갔고 1834년에 영국 식민지가 되었다. 1815년에 나폴레옹이 유배된 섬으로 유명함. 앙골라 서쪽 해안으로부터 2,800km 떨어진 남대서양 중앙부에 위치.

소말리아민주공화국 Somali Democratic Republic

'소말리인의 나라'. 누비아어 소말리(somali, 검은)에서 유래한다고 전해진다. 해안 지역은 예전부터 페르시아와 아랍의 인도양 교역 무대로 번영했다. 이슬람교의 소국이 있었는데, 인도양의 동향을 감시하기 좋은 요지여서 19세기에 열 제국이 쟁탈전을 반복했다. 1887년에 북쪽 지역이 영국령, 1908년 남쪽 지역은 이탈리아령이 되었다. 1960년에 남북이 동시에 독립해 단일 국가를 이룩했다. 그러나 민족 간에 권력 분쟁이 일어나 국내 상황은 혼란스럽다. 국제연합군의 개입도 효과 없이 희생자가 나올 뿐이어서 전면 철수. 북쪽 지역이 소말리아공화국이라는 이름으로 일방적인 독립을 선언하는 등 혼란이 끊이지 않는다.

[수도] 모가디슈 Mogadishu
7세기에 찾아온 페르시아인이 이름 지었다고 전해지는데, 의미는 잎담배의 일종인 '차'가 재배되어서 '마가차(차를 발견한 땅)'라고 불렸다는 학설이 있고, 또 족장이 통치했으므로 '샤(지배자)가 계시는 땅'이라고 불렸다는 학설이 있다. 1498년에 인도 항로를 발견하러 가는 도중에 바스코 다 가마가 들렀던 곳이기도 하다.

탄자니아연합공화국 United Republic of Tanzania

탕가니카호(Tanganika, 물이 모이다), 인도양에 있는 섬 잔지바르(Zanzibar, 검은 해안), 그리고 일찍이 아프리카 동해안을 통틀어 부르는 칭호였던 아자니아(Azania, 별천지)의 합성어. 예전부터 아랍의 인도양 교역 무대로 번영했다. 1891년에 탕가니카는 독일령, 잔지바르는 영국령이 되었다. 1964년에 양국이 합병해 탄자니아가 되었다.

[수도] 도도마 Dodoma
옛 수도인 다르에스살람은 1862년에 잔지바르의 술탄(군주)이 건설했다. 아랍어로 다르(dar, 집, 장소)와 살람(salaam, 평화)으로 '평화로운 장소'. 현재 법률상의 공식적인 수도는 도도마이다. 수도 이전 도중에 해당해, 입법부는 도도마에 있지만 실질적인 수도 기능은 아직 다르에스살람에서 수행한다.

차드공화국 Republic of Chad

아프리카 중북부 내륙에 있는 나라. 남서부 지역에 있는 차드호의 이름에서 유래했다. 차드는 '호수'라는 뜻. 흑인의 소규모 왕국이 흥망했으며 유럽의 영향은 그리 크지 않았다. 1900년에 프랑스의 보호령이 되었다. 1960년에 독립. 리비아가 야욕을 드러냈지만 1994년에 철수.

[수도] 은자메나 N'djamena

예전부터 교역 요지였던 곳으로, 아랍어로 '나무 그늘이 있는 땅'. 대상(隊商)이 쉬어
가던 휴게소였던 역사가 그대로 이름에 나타났다. 프랑스는 이곳을 군사 거점으로
삼았다. 특히 제2차 세계대전 중에는 북아프리카 전선 요지로 활약했다.

중앙아프리카공화국 Central African Republic

아프리카 대륙 중앙부에 있는 내륙국. 1894년에 프랑스가 우방기샤리라는 이름을 붙
여 식민지로 삼았다. 1960년에 중앙아프리카로 독립.

[수도] 방기 Bangui

자이르강의 지류 중 하나인 우방기강 중류 연안에 있는 도시. '급류'라는 의미인 우
방기강에서 유래했다.

튀니지공화국 Republic of Tunisia

수도 튀니스에서 유래. 페니키아의 여신 타니스(Tanitkh)가 아랍어로 토노스, 프랑스
어로 튀니스로 변했다고 전해진다. 페니키아인은 지중해 무역 중계지로 카르타고를
건설했고 크게 번영했다. 로마, 비잔틴, 이슬람, 오스만튀르크의 지배를 거쳐 1883년
에 프랑스 보호령이 되었다. 1956년에 독립.

[수도] 튀니스 Tunis

기원전 2~3세기, 페니키아인이 교역 요지 카르타고를 수비하기 위한 요새를 건설한
데서 기원. 타니스 여신을 수호신으로 모시며 지명도 여신의 이름에서 유래. 항만 도
시로 번영.

토고공화국 Republic of Togo

남부 지역 토고호의 이름에서 유래했지만 어원은 분명하지 않다. 15세기 말엽에 포
르투갈인이 발견. 1884년에 독일령 토골란드. 영국령 골드 코스트에 편입되었지만
1960년에 독립.

이 나라 최대의 무역항으로서 국제공항이 있고, 제1차 세계대전 후에는 프랑스 위임
통치령(제2차 세계대전 후는 신탁통치령)의, 1960년에는 토고의 수도가 되었다.

나이지리아 연방공화국 Federal Republic of Nigeria

국토에 흐르는 나이저강(니제르강)에서 유래. 나이지리아는 니제르의 영어 발음인 나
이저에 지명 접미사 'ia'를 붙인 것. 또 투아레그어 은제레온(n'egiren, 강, 대하)에서 유
래했다는 학설도 있다. 나이저강은 만데어로 졸리바(이야기하는 강), 공가이어로 이사
베르(큰 강)라고도 불린다. 15세기 말엽에 포르투갈인이 발견. 16~18세기까지 노예
무역의 일대 거점으로 해안 지역은 '노예 해안'이라고 불리기까지 했다. 1861년에 영
국이 진출해 영유했다. 1960년에 독립.

[수도] 아부자 Abuja
하우사족의 족장 아부자의 이름을 딴 마을로, 1976년에 민족 분포 균형을 고려해 새
로운 수도가 되었다.(옛 수도는 라고스)

나미비아공화국 Republic of Namibia

남쪽에 있는 나미브 사막(namib)에서 유래. 나마족 말로 '장벽', 혹은 코이산어로 '사
람이 없는 땅, 아무것도 없는 땅'이라고 전해진다. 1485년에 포르투갈인 디오고 칸이
발견했다. 1884년에 독일이 '남서아프리카'라는 이름으로 보호령을 삼았지만 1949
년에 남아프리카에 편입되면서 투쟁이 격화되었다. 1990년에 독립.

[수도] 빈트후크 Windhoek
아주 오래전부터 사람이 살았던 곳이라서 나마족 말로 '연기가 오르는 곳'. 1870년에
그리스도교 전도소가 세워지면서 도시화가 시작되었다.

니제르공화국 Republic of Niger

내륙국. 나이저강(강, 대하라는 뜻)의 이름에서 유래. 투아레그어로는 은제레온. 흑인
소수민족 집단의 마을이었는데 1922년에 프랑스가 영유. 1960년에 독립.

[수도] 니아메 Niamey

16세기에 사하라 사막 대상로 남쪽 기점인 나이저강 수운의 요지로 마을이 건설되었다. 프랑스는 이곳을 군사 기지로 삼았다.

(서사하라) Western Sahara

사하라는 아랍어로 '황폐한 토지, 사막'을 의미한다. 1884년에 해안 지역은 스페인령이 되어 1934년에 스페인령 서아프리카가 되었다. 1975년에 스페인이 영유권을 포기했을 때 모로코와 모리타니가 분할해 자국과 합병. 그러나 독립 해방 운동으로 내분이 일어났다. 1979년에 모리타니가 영유권을 포기하고 모로코가 권리를 주장.

부르키나파소 Burkina Faso

내륙국으로 유럽과의 접촉이 적었다. 모시어로 부르키나(burkina, 청렴한, 긍지 높은)와 파소(faso, 나라)라는 의미이다. 옛 명칭은 오트볼타(볼타강 상류 지역). 15~19세기, 모시족 국가가 번영했다. 1904년에 프랑스령 서아프리카가 되었다. 1960년에 오트볼타라는 이름으로 독립했지만 1984년에 군사 쿠데타가 일어나 부르키나파소로 개명.

[수도] 와가두구 Ouagadougou

모시왕국 시대부터 교역 요지로 번영한 마을. 두구(dougou)는 '마을'로 '와고족의 마을'이라는 뜻이다. 와고족의 '와고'는 '행상인'이라는 의미.

부룬디공화국 Republic of Burundi

반투어로 bu(나라)와 룬디(Rundi, 룬디족)로 '룬디족의 나라'라는 의미. 룬디란 '종아리 사람들'이라는 뜻이다. 1885년에 독일이 동아프리카령으로 통치. 제1차 세계대전 후 벨기에가 위임통치. 1962년에 독립했지만 르완다와 마찬가지로 투치족과 후투족의 항쟁이 계속되어 나라가 불안하다.

[수도] 부줌부라 Bujumbura

'불모의 땅으로 가다'라는 의미. 도시의 역사는 1899년에 독일군이 주둔지로 삼으면서 시작되었다.

베냉공화국 Republic of Benin

15세기에 포르투갈인이 발견했다. 국명은 당시 번영했던 베냉왕국에서 유래한 것으로, 베냉은 '비니인의 나라'라는 의미. 옛 명칭 다오메이는 '단 왕의 집안'. 1625년에 폰족이 다오메왕국을 건국했다. 1892년에 프랑스령이 되었으나 1960년에 다오메이 공화국으로 독립. 1975년에 베냉인민공화국, 1989년에 현재 국명으로 변경.

[수도] 포르토노보 Porto Novo
18세기 중반에 포르투갈인이 이곳을 항구 도시로 건설할 당시, 나이지리아의 라고스항보다 새롭다는 의미로 노보(novo, 새로운)와 포르토(porto, 항구)를 합쳐 '새로운 항구'라고 이름 지었다. 노예 무역 거점 중 하나였다. 프랑스령 시대에 항만 도시로 발전했다.

보츠와나공화국 Republic of Botswana

아프리카 남부 내륙국. '츠와나인의 나라'라는 의미. 반투어 bo(족명에 붙는 접두사)와 Tswana(서로 떨어진, 분리된 사람)로, 츠와나인이 반투계에서 떨어져 나온 역사를 표현한다고 전해진다. 1885년에 영국령 베추아날란드에 편입되었고, 1966년에 독립.

[수도] 가보로네 Gaborone
19세기에 바마레테족의 족장 가보로네의 이름에서 유래. 1963년에 수도로 삼기 위해 건설되었다.

(마요트섬) Mayotte
1527년에 포르투갈인이 발견. 1843년에 프랑스령이 되었다. 마요트는 현지 지명 마호레의 프랑스어 발음으로 뜻은 불명. 1975년에 코모로가 독립했을 당시, 마요트섬은 상대적으로 가톨릭교도가 많고 친프랑스파였기 때문에 프랑스령으로 머물기로 했다. 국제연합은 코모로의 주권을 인정했지만 아직 상황이 해결되지 않았다.

마다가스카르공화국 Republic of Madagascar

인도양에 있는 섬나라(세계에서 네 번째로 큰 섬). 소말리아의 모가디슈를 잘못 알아들은 마르코 폴로가 《동방견문록》에 마다가스카르라고 기재했고, 포르투갈인이 장소까지 착각해 붙은 이름이다. 1885년에 프랑스령이 되었지만 1960년에 독립. 주민 대부분이 말레이-인도네시아계로, 아프리카보다는 아시아적인 분위기이다. 뜻은 말레이어로 mala(산)와 gasy(사람들)로 '산 사람들'.

[수도] 안타나나리보 Antananarivo
17세기 초반에 메리나족 안드리안자가 건설했다. 마을이 번성해 현지 언어 접두사 an, 타나나(tanana. 마을들), 아리보(arivo. 천)를 합쳐 '천(千)의 마을'. 1975년에 현재의 도시명이 되었다.

말라위공화국 Republic of Malawi

14~18세기에 번영한 흑인 왕국 말라비(Maravi)의 명칭을 부활시켰다. 냔자어로 '흔들리는 불꽃, 밝은 안개'라는 뜻으로, 말라위호 위에 피어오르는 아지랑이를 형용했다고 전해진다. 1891년 영국의 지배를 받을 당시의 이름인 니아살랜드는 반투어 니아사호(Niasssa. 거대한 물웅덩이, 넓은 호수)라는 의미.

[수도] 릴롱궤 Lilongwe
의미는 불명. 1904년에 영국의 지배를 받을 때 건설되었다.

말리공화국 Republic of Mali

11~16세기에 번영한 흑인 왕국 말리제국의 명칭에서 유래. 말리는 '왕의 처소, 살아 있는 왕'이라는 뜻이다. 옛 명칭 수단은 아랍인이 사하라 사막 남쪽 전체를 수단(흑인의 땅)이라고 불렀기 때문. 1892년에 프랑스가 영유. 1960년에 말리로 독립.

[수도] 바마코 Bamako
'악어가 사는 습지'라는 의미. 1883년에 프랑스가 군사 기지로 건설을 시작했다.

남아프리카공화국 Republic of South Africa

아프리카 최남단이라는 지리적 위치에서 붙은 이름. 1488년에 포르투갈의 바르톨로메우 디아스가 희망봉에 도달했다. 1652년에 네덜란드 동인도회사가 케이프 식민지를 건설. 1814년에 영국령이 되자, 보아인(네덜란드계 백인)은 북동쪽 오지로 이동해 1852년에 트란스발공화국, 1854년에 오렌지 자유국을 건설. 그러나 이곳에서 다이

아몬드와 금이 발견되면서 영국과 전쟁이 벌어졌다. 최종적으로 이 지역도 영국 소유가 되었다. 1934년에 독립. 제2차 세계대전 후, 백인지상주의 아파르트헤이트(인종격리 정책) 등이 국제 문제로 불거지면서 1961년에 영국 연방에서 탈퇴. 1991년 아파르트헤이트 폐지. 1994년, 흑인 대통령 만델라 정권이 발족했다.

[수도] 프리토리아 Pretoria

1860년, 대영 전쟁 당시 네덜란드계 이주민 보아인의 군사령관 앤드리스 프리토리우스(Andris Pretorius)의 이름과 라틴어 지명 접미사 '-ia'를 합성해 '프리토리우스의 도시'. 프리토리우스의 아들이 초대 대통령이 되었을 때 이름 붙였다. 통치를 위한 계획도시.

모잠비크공화국 Republic of Mozambique

예전부터 있던 항구 도시 모잠비크가 국명이 되었다. 반투어 masam(모이다)과 buco(배)를 합쳐 '정박항'. 14~15세기에는 금 교역을 하기 위해 모여든 아랍 선박이 가득했다고 전해진다. 1498년, 포르투갈의 바스코 다 가마가 발견했으며 1629년에 포르투갈령이 되었다. 1975년에 독립.

[수도] 마푸토 Maputo

반투계 마푸투족에서 유래. 1544년에 포르투갈인 로렌소 마르케스가 건설했다. 식민지 시대 당시에는 로렌소마르케스라고 불렸고, 노예와 상아를 선적하는 항구였다.

모리셔스공화국 Republic of Mauritius

1507년에 포르투갈인이 발견. 1598년에 네덜란드인이 식민지로 개척. 당시 네덜란드 황태자인 마우리츠(Mauritz)의 이름을 따와 라틴어로 마우리티우스섬이라고 명명했다. 프랑스 영유를 거쳐 1814년에 영국령이 되면서 모리셔스라는 영어 표기로 바뀌었다. 17세기에 멸종한 전설의 새 도도가 서식했다고 전해진다. 1968년에 독립. 마다가스카르섬의 동쪽에 위치.

[수도] 포트루이스 Port Louis

1715년, 프랑스인 선장이 포트(port, 항구)와 루이 14세의 Louis를 합쳐 '루이 왕의 항구'라고 명명했다.

모리타니 이슬람공화국 Islamic Republic of Mauritania

그리스어로 마우로스(mauros, 피부가 까만 사람)라고 불린 무어인의 호칭에서 파생한 국명. 15세기에 포르투갈인이 발견한 이래, 교역 중계지로 번성했다. 스페인, 영국 영유를 거쳐 1903년에 프랑스령이 되었다. 1960년에 독립. 이슬람계 민족과 아프리카계 민족의 접점으로 긴장 관계가 지속 중이다.

[수도] 누악쇼트 Nouakchott
아랍어로 '바람이 세게 부는 마을'. 프랑스군이 주둔하면서 도시로 발전했다.

모로코왕국 Kingdom of Morocco

예전에는 페니키아, 로마의 지배를 받았다. 8세기에 아랍이 침공. 일찍이 있었던 무라비트 왕조(스페인어로 알모라비데)의 도시 마라케시에서 유래. 마라케시는 이슬람교의 성지 메카에서 서쪽으로 멀리 떨어진 곳에 있는 땅이라는 뜻으로, 아라비아어 al maghreb(서쪽 땅)와 aksa(멀리 떨어진)를 축약한 것이다. 1912년, 프랑스령이 되었고 1956년에 독립. 서사하라 합병 문제가 진행 중이다.

[수도] 라바트 Rabat
1150년에 이슬람 무와히드 왕조 술탄이 스페인 침공을 막기 위한 거점으로 설계한 도시로, 아랍어로 리바트 엘-파스(Ribat el-Fath)라고 이름 지었다. 리바트(ribat)와 엘-파스(el-Fath, 정복, 승리)로 '정복의 진영'. 라바트는 축약어로 '암벽, 진영'.

사회주의인민리비아아랍공화국
The Great Socialist People's Libyan Arab Jamahiriya

리비아는 그리스 신화에 나오는 바다의 신 포세이돈의 아내인 리비아 여신으로, 그리스에서 볼 때 '지중해 너머'라는 의미. 고대 그리스 시대에는 아프리카 지중해 연안 지역, 사하라 사막 북쪽 땅을 가리키는 이름이었다. '아프리카 대륙'이 일반 대명사로 널리 사용되자 '리비아'는 이탈리아 속주의 명칭으로 부활했다. 카르타고(페니키아), 로마, 이슬람, 오스만튀르크의 지배를 거쳐 1912년에 이탈리아의 식민지가 되었다. 1951년에 독립.

[수도] 트리폴리 Tripoli

기원전 7세기에 페니키아인이 건설한 도시로, 트리(tri, 셋)와 polis(도시)로, '세 도시'를 의미한다. 카르타고 식민지 시대, 여기에서 세 곳의 식민도시 대표가 합의한 적이 있다. 이를 기념해 붙인 이름이다.

라이베리아공화국 Republic of Liberia

미국 해방 노예가 귀환해 세운 나라로, liberty(자유)에서 유래. 라틴어로 라이베르(liber, 자유)에 지명 접미사 '-ia'를 합쳤다. 1462년, 포르투갈인 페드로 데 신트라가 발견했다. 포르투갈 시대에는 향신료인 후추 교역이 성행해 후추 해안 혹은 곡물 해안이라고 불렸다. 1847년에 흑인 국가로 독립.

[수도] 몬로비아 Monrovia

1822년에 미국 이민협회가 노예 해방을 위해 건설한 도시로, 당시 제5대 대통령 제임스 먼로(James Monroe)를 라틴어로 바꿔 수도명으로 삼았다.

르완다공화국 Republic of Rwanda

반투어로 r(땅을 뜻하는 접두사)과 wanda(사람들)의 합성어. 원래 이름은 루안다우른디로, 벨기에 국제연합 신탁통치령. 1880년에 독일이 영유. 1962년에 독립.

[수도] 키갈리 Kigali

제2차 세계대전 후, 벨기에로부터 독립하기 위한 운동을 지도한 키갈리 5세(Kigali)의 이름을 따라서 명명했다.

레소토왕국 Kingdom of Lesotho

남아프리카공화국 영토에 둘러싸인 입지 조건이 독특한 나라. '소토인의 나라'. 반투어 le(국가를 의미하는 접두사)와 Sotho(소토인)의 합성어. 18세기, 북쪽에서 내려온 소토족이 산족(부시맨)을 몰아내고 정주했다. 1868년에 영국이 영유해 '바수톨란드(광활한 땅)'라고 불렀다. 1966년에 독립.

[수도] 마세루 Maseru

1869년 영국 보호령 시대에 건설되었다. 당시 권력자인 모셰셰 1세(Mosheshe)의 이름에서 유래.

(레위니옹) Reunion

1513년, 포르투갈의 페드로 마스카레냐스가 발견해 그의 이름을 따와 마스카레냐스라고 명명했다. 후에 바나파르트섬, 부르봉섬 등으로 불리다가, 1848년에 오늘날의 이름으로 정착했다. 레위니옹은 프랑스어로 '합병, 연합'을 의미한다. 마다가스카르섬 동쪽에 위치.

오세아니아

자연 지명

에그몬트산맥 Egmont

뉴질랜드 북섬에 있는 산맥으로 16세기 네덜란드 독립운동 지도자인 에그몬트 백작의 이름에서 유래.

쿡산맥 Cook

뉴질랜드 남섬에 있는 산맥으로 '쿡 선장'. 쿡 사후 52년(1851년)에 그를 기리며 붙인 이름.

그레이트디바이딩산맥 Great Dividing Range

'대분수령'. 분명한 형태의 능선을 나타낸 것.

대찬정 분지 Great Artesian Basin

'깊이 뚫은 우물이 있는 거대한 분지'. great(거대한), artesian(깊이 뚫은 우물), basin(분지). 오스트레일리아 중동부에 있는 광대한 분지.

웨들해 Weddell

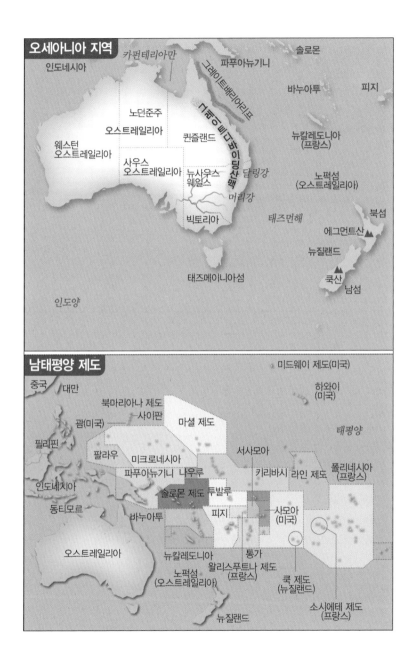

1823년에 이곳을 발견한 영국인 제임스 웨들(James Weddell)의 이름에서 유래. 남극의 북서쪽에 위치.

로스해 Ross

1841년에 이곳을 발견한 영국인 제임스 로스(James Ross)를 기념하기 위한 이름. 남극의 남서쪽에 위치.

달링강 Darling

1828년에 영국인 스튜어드가 발견했다. 당시 뉴사우스웨일스의 총독 라르크 달링(R. Darling)의 이름을 붙였다.

머리강 Murray

19세기 초에 식민지 운영을 관리·담당하던 조지 머리(George Murray)의 이름에서 유래.

(웨이크섬) Wake Island

1796년에 영국 어선의 선장 웨이크(Wake)가 발견해서 붙은 이름.

오스트레일리아 Australia

고대 그리스인과 로마인이 막연하게 인도 남쪽에 있다고 믿었던 미지의 대륙 테라 오스트랄리스 잉코그니타에서 따와 이름 붙였다. 라틴어 terra(대륙), australis(남쪽), incognita(미지)로 '알려지지 않은 남쪽 대륙'에서 유래. 1801년에 지도를 제작한 영국인이 영국 해군에게 이 이름을 제안했다.

[수도] 캔버라 Canberra

선주민 애버리진의 말로 '집회소'. 19세기 초에 이 지역을 개척해 만든 캔버라 목장이 운영되었다. 20세기 초에 수도를 결정하기 위해 시드니와 멜버른을 두고 고민했는데, 마침 그 중간에 있는 캔버라를 수도로 삼자는 타협안이 나와 1909년에 정식 수도가 되었다.

(북마리아나 제도) Northern Mariana Islands

1521년에 마젤란이 내항, 1565년에 스페인령이 되었다. 독일, 일본 등의 지배를 받았고, 제2차 세계대전 후에는 미국 신탁통치령. 1968년에 정식으로 미국 자치령으로 발족. 지명은 선주민 교화 사업에 공헌한 스페인의 펠리페 4세의 왕비 마리아 안나를 위해 붙인 것이다.

키리바시공화국 Republic of Kiribati

영국 해군 대령 토머스 길버트(Thomas Gilbert)의 이름이 현지 언어로 바뀌었다. 나라를 이루는 각 지점이 적도와 날짜변경선에 걸쳐서 퍼져 있는 지리적 환경이 독특하다.

[수도] 타라와 Tarawa
현지에서 부르는 명칭으로, 의미는 불명.

(괌) Guam
'성 후안(요한) 섬'이라는 이름이 점차 현지 언어로 바뀌었다고 전해지지만 확실하지는 않다.

(쿡 제도) Cook Islands
1773년, 영국인 탐험가 제임스 쿡이 발견했기 때문에 붙은 이름.

(크리스마스섬) Christmas Island(키리티마티 섬)
1643년에 영국 동인도회사의 윌리엄 마이너 선장이 크리스마스에 발견했기 때문에 붙은 이름. 인도네시아 자바섬 남쪽에 위치.

(코코스 제도) Cocos(Keeling) Islands
섬에 코코스 야자나무가 무성했기 때문에 붙은 이름. 오스트레일리아 서쪽에 위치.

사모아 독립국 Independent State of Samoa

폴리네시아어 sa(장소를 나타내는 접두사)와 Moa(모아)의 합성어. 모아는 창조신 탄가로아의 아들 혹은 그 화신인 새. 따라서 '모아 신의 땅, 성지'라는 뜻이다.

[수도] 아피아 Apia
말레이-폴리네시아어에서 '마을'을 의미하는 단어에서 유래한다는 학설이 있지만 불명. 1850년에 영국인이 그리스도교 교회 건설을 시작했으며, 포경과 교역의 요지로 번영했다. 1890년에 모험 소설 《보물섬》의 저자 스티븐슨이 이주했다.

(미국령 사모아) American Samoa
'사모아 독립국'을 참조.

솔로몬 제도 Solomon Islands

1568년에 이곳을 발견한 스페인인 탐험가 멘다냐가 탐험 거점이었던 남미 페루로 귀환한 후, 황금 전설로 유명한 솔로몬 왕의 땅을 발견했다는 소문을 퍼뜨렸기 때문에 붙은 이름.

[수도] 호니아라 Honiara
현지 언어로 naho-niara(남동풍이 부는 곳).

투발루 Tuvalu

폴리네시아어 tu(서다)와 valu(여덟)로 '여덟 섬'.(실제로는 아홉 섬)

[수도] 푸나푸티 Funafuti
푸나푸티 환초 동쪽에 있는 섬. 환초가 마치 호수가 연결된 것처럼 보여서 '이어진 호수'라는 의미라고 전해진다.

통가왕국 Kingdom of Tonga

폴리네시아어로 tonga(바람이 부는 방향)라는 의미. 사모아에서 '바람이 부는 쪽', '남쪽'에 있기 때문에 붙은 이름이다. 탐험가 쿡이 프렌들리(Friendly, 우호적인) 제도라고 이름 붙였던 섬 중 하나.

[수도] 누쿠알로파 Nuku'alofa
폴리네시아어로 '사랑의 곳'.

나우루공화국 Republic of Nauru

세계에서 가장 작은 공화국. 폴리네시아어로 '폭포 같은 스콜'이라는 의미라고 전해지지만 분명하지 않다.

[수도] 야렌 Yaren
의미는 불분명.
(니우에) Niue

정식으로는 폴리네시아어로 니우에 페카이(niue fekai, 최선을 다해)라는 의미로 뉴질랜드 자치령.

(뉴칼레도니아) New Caledonia
1774년에 이곳을 발견한 쿡이 고향 스코틀랜드의 고대 로마 시대의 명칭 칼레도니아에서 따와 이름 붙였다. 프랑스령으로 칼레도니아는 켈트어로 '숲'을 의미한다.

뉴질랜드 New Zealand

네덜란드 남서부 젤란드 지방의 이름에서 따온 것. 젤란드(zeeland)는 네덜란드어 zee(바다)와 land(땅)의 합성어로 '새로운 바다의 땅'.(영어화하면서 zee가 zea로 변했다.) 현지 마오리족은 '하얗고 긴 구름이 깔린 땅'을 뜻하는 아오테아로아─ao(구름), tea(하얀), roa(긴)─라고 불렀다.

[수도] 웰링턴 Wellington
1840년에 영국의 뉴질랜드회사가 식민지 집락으로 건설했다. 도시명은 창립 관계자아서 웰링턴의 이름에서 따왔다. 웰링턴 공은 워털루 전쟁에서 나폴레옹을 돌아내 수상이 되기도 했다.

(노퍽섬) Norfolk Island
1774년, 영국 탐험가 쿡이 발견. 잉글랜드 동부 노퍽주의 이름을 그대로 붙였다.

바누아투공화국 Republic of Vanuatu

멜라네시아계 언어 vanu(토지)와 atu(우리)로, '우리의 나라'라는 의미. 옛 명칭 뉴헤브리디스는 1774년에 이곳을 발견한 쿡이 고향 스코틀랜드의 헤브리디스 제도(말을 모르는 사람들의 섬)에서 따와서 붙인 이름이다.

[수도] 포트빌라 Port Vila
영어 포트(port, 항구)와 포르투갈어 빌라(vila, 마을)로 항구 마을.

파푸아뉴기니 Papua New Guinea

파푸아는 파푸아 인명에서 유래. 말레이-폴리네시아어 파푸와(papuwah)는 '고수머리'

라는 뜻이다. 뉴기니는 파푸아인이 아프리카 기니 지방 사람들과 닮았기 때문에 스페인인 레테스가 nueva(새로운) Guinea(기니)라고 이름 붙였다.

[수도] 포트모르즈비 Port Moresby
1873년에 상륙한 영국군 함장 존 모르즈비(John Moresby)가 조부의 이름인 모르즈비와 포트(port, 항구)를 합쳐 '모르즈비의 항구'라고 이름 붙였다.

팔라우공화국 Republic of Palau

말레이어 프라우(pulau, 섬)에서 유래했다고 전해진다. 이것이 현지 언어로 바뀌어 자칭은 벨라우.

[수도] 멜레케오크 Melekeok
의미는 불분명.

(핏케언섬) Pitcairn
1767년에 영국 스완호의 승무원 존 핏케언이 발견했기 때문에 이름 붙었다. 1790년에 영국 선박 '바운티호'의 반란 주모자들이 이곳에 잠복했고, 1808년에 그 마지막 승무원 존 아담즈와 타히티인 여성, 어린이 23명이 18년 만에 발견되면서 일약 유명해졌다. 주민은 모두 '바운티호'의 후손이다. 뉴질랜드와 파나마 중간쯤 위치.

피지 제도 공화국 Republic of the Fiji Islands

수도가 있는 비티레부섬(Viti Leve)의 비티(viti, 태양이 뜨다, 동방)가 영어화한 이름. 타히티의 '히티'와 같은 의미.

[수도] 수바 Suva
피지어로 톰바 코 수바(산호초에 둘러싸인 내해)의 축약형. '초호(礁湖, 산호초 때문에 섬 둘레에 바닷물이 얕게 괸 곳)'를 의미한다. 남태평양 교역 요지로 '남태평양의 십자로'라고 불릴 정도로 번영했다.

(프랑스령 폴리네시아) French Polynesia
그리스어 폴리(poly, 수많은)와 네소스(nesos, 섬들)에 지명 접미사 '-ia'가 붙어 작은 섬들이 많은 환경이 그대로 이름이 되었다.

마셜 제도 공화국 Republic of the Marshall Islands

1788년, 영국 동인도회사의 존 마셜 선장이 부근 해역을 탐사했던 데서 유래.

[수도] 마주로 Majuro
의미는 불분명.

미크로네시아 연방 Federated States of Micronesia

그리스어로 미크로(mikro, 극소)와 네소스(nesos, 섬들)에 지명 접미사 'ㅡia'를 붙였다.

[수도] 팔리키르 Palikir
의미는 불분명. 폰페이섬 북서부에 있는 마을로 1989년에 수도가 되었다.

(미드웨이 제도) Midway Islands
필리핀과 미국의 중간쯤에 있기 때문에 미드웨이(midway, 중간)라고 이름 붙였다.

(왈리스푸투나 제도) Wallis and Futuna Islands
푸투나섬은 1616년, 네덜란드인 루멜이 상륙해 푸투나(미래, 퓨처)를 섬 이름으로 삼았다. 왈리스섬은 1767년에 상륙한 영국인 항해사 사무엘 왈리스(Samuel Wallis)의 이름에서 유래했다.

지도로 읽는다

한눈에 꿰뚫는 세계 지명 도감

초판 1쇄 인쇄 | 2019년 1월 12일
초판 1쇄 발행 | 2019년 1월 15일

지은이 | 21세기연구회
옮긴이 | 김미선
펴낸이 | 황보태수
기획 | 박금희
디자인 | 정의도, 양혜진
교열 | 양은희
인쇄 · 제본 | 한영문화사

펴낸곳 | 이다미디어
주소 | 서울시 마포구 양화진4길 6, 2층
전화 | 02-3142-9612, 9623
팩스 | 0505-115-1890
이메일 | ida@idamedia.co.kr
블로그 | https://blog.naver.com/idamediaaa
페이스북 | http://www.facebook.com/idamedia
인스타그램 | http://www.instagram.com/idamedia77
네이버 포스트 | http://post.naver.com/idamediaaa

ISBN 979-11-6394-010-4 04900
      978-89-94597-65-2 (세트)